LIBERTAD RELIGIOSA Y ESTADO LAICO
Voces, fundamentos y realidades

LIBERTAD RELIGIOSA Y ESTADO LAICO

Voces, fundamentos y realidades

COORDINADOR
JORGE E. TRASLOSHEROS

Editorial Porrúa
AV. REPÚBLICA ARGENTINA 15
MÉXICO, 2012

Primera edición: 2012

Copyright © 2012
JORGE E. TRASLOSHEROS

Esta obra y sus características son propiedad de
EDITORIAL PORRÚA, SA de CV 8
Av. República Argentina 15 altos, col. Centro,
06020, México, DF
www.porrua.com

Queda hecho el depósito que marca la ley

Derechos reservados

ISBN 978-607-09-1071-5

IMPRESO EN MÉXICO
PRINTED IN MEXICO

Contenido

	Pág.
Prólogo	XI
Introducción	XV

Los fundamentos

Fundamentos de la libertad religiosa 3
    Jorge E. Traslosheros

La libertad de creencias y el teorema dinámico fundamental de una sociedad democrática 13
    Fernando Pliego Carrasco

Fundamentos filosóficos y antropológicos del derecho humano a la libertad religiosa 35
    Rodrigo Guerra López

La libertad religiosa frente al derecho internacional y mexicano

La libertad religiosa y su protección jurídica en el ámbito internacional 47
    Jorge Adame Goddard

Los principios fundamentales de la Constitución Mexicana en materia religiosa y la cultura del derecho de libertad religiosa 65
    Raúl González Schmal

Voces desde América Latina

La libertad religiosa en Colombia. Balance parcial y algunas oportunidades de cambio 93
    Sergio González Sandoval

Secularización, laicidad y libertad religiosa en Chile 107
    Jorge Precht Pizarro

Desafíos para la Libertad Religiosa en Argentina 121
    Octavio Lo Prete

La libertad religiosa en América del Sur. Actualidad y desafíos 135
    Juan G. Navarro Floria

Voces desde América del Norte

Bosquejo de una libertad religiosa parcialmente aherrojada: Canadá 153
    Ernest Caparros

Libertad religiosa, democracia estable y seguridad internacional 175
    Thomas F. Farr

Voces en el debate global

Religión, libertad religiosa y derechos humanos: Integración, colaboración o conflicto? 189
    Paolo G. Carozza

Estado laico y libertad religiosa. Un debate en curso 205
    Mary Ann Glendon

La difamación de las religiones. ¿El final del pluralismo? 213
    L. Bennett Graham

Acallando la búsqueda de la verdad. Un panorama general de la "Difamación de las Religiones" 231
    J. Kenneth Blackwell

Tres reflexiones sobre libertad religiosa

Haciéndola bien y haciéndola mal. La libertad religiosa en los Estados Unidos de Norteamérica 241
    Kevin "Seamus" Hasson

La primera libertad 247
   CARL A. ANDRESON

La vida pública, la libertad religiosa y la vocación de los laicos 255
   CHARLES J. CHAPUT, O.F.M. CAP., ARZOBISPO DE FILADELFIA

Prólogo

"Durante el año pasado, mientras los problemas económicos mundiales capturaban los titulares, una crisis progresiva de la misma extensión y alcance pasó inadvertida. En el panorama mundial el derecho fundamental a la libertad religiosa se encontraba bajo un creciente ataque". Estas son las palabras introductorias del informe anual 2012 de la Comisión de Estados Unidos para la Libertad Religiosa Internacional (USCIRF, por sus siglas en inglés). El informe continuaba: "La libertad de pensamiento, consciencia y religión o creencias estaba siendo mutilada hasta un extremo alarmante, amenazando a menudo la seguridad y sobrevivencia de personas inocentes [...] Los abusos a la libertad religiosa nunca deben aceptarse sin resistencia. No se trata únicamente de la opinión de la USCIRF [...] se trata de una afirmación básica de humanidad, una tarea moral, ética y legal".

La libertad religiosa es un derecho humano fundamental claramente reconocido en la Declaración de los Derechos Humanos de las Naciones Unidas, publicada el 19 de diciembre de 1948, que la mayoría de las naciones siguen reconociendo. La Declaración de las Naciones Unidas fue un gran logro porque existía el consenso internacional, como lo declara su preámbulo, de que: "el reconocimiento de la dignidad inherente y la igualdad y derechos inalienables de todos los miembros de la familia humana es el fundamento de la libertad, la justicia y la paz en el mundo".

Si existe el consenso internacional acerca del supremo valor de la persona como fundamento de los derechos humanos, ¿por qué aumentan los ataques a la libertad religiosa? ¿No es acaso un derecho tan inmediatamente evidente como los demás? ¿Acaso los redactores de la Declaración de las Naciones Unidas eran creyentes religiosos y por eso incluyeron algo que en la cultura de hoy debería pasarse por alto?

En su primera encíclica, *Redemptor Hominis*, el ahora beato Juan Pablo II observó que la Declaración del Concilio Vaticano II sobre Libertad Religiosa, *Dignitatis Humanae*, la defendía no sólo desde un punto de vista teológico, sino también: "desde el punto de vista del derecho natural, es decir, de la postura «puramente humana», sobre la base de las premisas dictadas por la misma experiencia del hombre, por su razón y por el sentido de su dignidad." (RH 17).

Cuando Alexander Solzhenitsin recibió el Premio Nobel de Literatura, en 1970, habló del rompimiento con la historia que tuvo lugar en su Rusia natal bajo el régimen soviético. Fue, dijo, "la clausura del corazón de la nación, hizo pedazos su memoria". Luego agregó: "la nación deja de estar consciente de sí misma, se le despoja de su unidad espiritual y a pesar de un lenguaje supuestamente común, los compatriotas cesan repentinamente de comprenderse unos a otros". Como escritor, Solzhenitsin dedicó su vida a impedir que los ateos militantes en su país destruyeran el alma del pueblo ruso. Comprendió claramente que la nación necesita más que un sistema y fronteras políticas. También necesita de "unidad espiritual".

En la homilía de la misa celebrada en la Plaza de la Revolución de la Habana, Cuba, en marzo de 2012, el Papa Benedicto XVI afirmó que la libertad religiosa, "tanto en su dimensión pública como privada, manifiesta la unidad de la persona humana". También señaló la necesidad y trascendencia del fortalecimiento de la libertad religiosa toda vez que: "consolida los lazos sociales, nutre la esperanza de un mundo mejor, crea condiciones favorables para la paz y el desarrollo armonioso y, al mismo tiempo, establece fundamentos sólidos para asegurar los derechos de las generaciones futuras".

La historia nos ha mostrado, y aún hoy podemos verlo, claros ejemplos de las consecuencias del fortalecimiento o del debilitamiento del derecho humano a la libertad religiosa. Pero, si su fortalecimiento conlleva la promesa de un mundo mejor, ¿cuál es el fundamento para reprimirla y atacarla?

Parte de la respuesta puede encontrarse en el trabajo del filósofo francés Paul Ricoeur. Describió a tres de los pensadores más importantes del siglo XIX —Karl Marx, Friederich Nietzshe y Sigmund Freud— como los "maestros de la sospecha" debido a la forma en que trataban a la religión. Son famosas las palabras de Marx al decir que la "religión es el opio del pueblo". Nietzche describió al cristianismo como una religión de esclavos y Freud la llamó una ilusión infantil.

Estos maestros de la sospecha buscaban crear una nueva "cultura de la sospecha" en la que su ateísmo militante pudiera producir un secularismo cultural no menos militante. Si la gente realmente acepta la idea de que la religión es como una droga, una forma de esclavitud o de ilusión, entonces, ¿qué harán con las instituciones y quienes la promueven? En esta lógica, las personas "educadas y bien informadas" deberían impulsar fuertemente su marginación y posterior supresión. El problema que enfrentamos hoy es que, los seguidores de estos maestros de la sospecha gozan del favor de no pocos gobiernos. Están erigiendo barreras gubernamentales injustas para el testimonio público de la fe y, todo parece indicarlo, seguirán buscando formas de excluir a la religión de las sociedades.

Vivimos una época en la que, desde el punto de vista de la libertad religiosa, parece haber más puertas que se cierran de las que se abren. Espero que este libro, donde se contienen reflexiones de expertos de todo el hemisferio, nos ayude a encontrar las claves racionales que abran estas puertas. Quiero terminar mis reflexiones recordando el exhorto del beato Juan Pablo II, pronunciado al principio de su pontificado, a no tener miedo de las dificultades y barreras que encontraremos en el ejercicio de nuestras convicciones religiosas. Fue un llamado a los católicos para dar testimonio público de la fe siempre en beneficio de toda la humanidad, sin excepciones. Este es el compromiso cierto de quienes profesamos una fe con vocación universal.

CARL A. ANDERSON
Caballero Supremo de los Caballeros de Colón

Introducción

Cuando hablamos de libertad religiosa nos referimos a un derecho humano fundamental que se encuentra definido en el Derecho Internacional, no hablamos de religión. Esta libertad no depende del Estado, ni es atributo de un gobierno concederla como si se tratara de un acto de generosidad para los ciudadanos. Pertenece a cada persona quien la puede ejercer de manera individual y colectiva, en el ámbito público y privado, sin más limitante que sus personales decisiones y el respeto a los demás. No es privativa de quienes profesan alguna religión en particular pues extiende su sombra protectora a creyentes, agnósticos y ateos, sin distinción.

En nuestros días la libertad religiosa se encuentra bajo asedio. Es uno de los derechos que más cínica y fuertemente se violentan en no pocos lugares del planeta. Las persecuciones pueden ser de baja o de alta intensidad. En las primeras se echa mano del acoso cultural y jurídico con el fin de controlar, marginar y posteriormente eliminar a una determinada religión, o a la religión en general, del espacio público. Las segundas recurren, además de lo anterior, a diferentes formas de violencia institucional o abierta manejadas por el Estado o diversos grupos sociales con distinto grado de virulencia, como sucede en el África Subsahariana, Medio Oriente, China o India. Lo cierto es que, en la escalada por limitar o suprimir la libertad religiosa no quedan exentos gobiernos que presumen de sus valores democráticos, ya se trate de los propios de la Unión Europea, Estados Unidos o Canadá. Es necesario encender las alarmas y hacer un llamado a la razón para poner en movimiento los mecanismos de protección del derecho humano a la libertad religiosa y desarrollar los que sean necesarios.

La situación que guarda la libertad religiosa es un excelente termómetro para medir la salud de un régimen político, si estamos dispuestos a aceptar que su fuente de legitimidad radica en su capacidad de ponerse al servicio de la población en la construcción del bien común, sin coartar sus derechos. Es claro que esta libertad es incómoda para los Estados, sin importar el régimen político que les de cuerpo, porque surge del reconocimiento de la autonomía de conciencia que caracteriza a cada ser humano y que hace latir el corazón de nuestra dignidad. Es, sin duda, una contención natural a los instintos autoritarios característicos del ejercicio del poder, afirmación dramáticamente cierta si nos referimos al desarrollo de la democracia. Por lo mismo, el Estado laico, si en verdad lo es, requiere como condición de existencia y operación la plena vigencia de la libertad de religión, toda vez que los miembros de la sociedad civil la ejercen por derecho propio y no como concesión del Estado. Existe, pues, una íntima relación entre democracia, Estado laico, libertad religiosa y legitimidad. Por donde quiera que se le vea, estamos ante un derecho necesario para la paz, la justicia y la convivencia social en cada comunidad, en cada país y en el ámbito internacional.

En México, el debate por la libertad de religión se mantuvo bajo tierra después de la absurda persecución que duró de 1914 a 1938, pero nunca se abandonó. En fechas recientes, ante el crecimiento del pluralismo religioso y el desarrollo de la democracia, ha reclamado su lugar en el escenario público al grado de promoverse algunas reformas constitucionales. Por fortuna, la vieja receta de un Estado autoritario capaz de mantener bajo control tan importante expresión cultural de la sociedad civil se ha tornado difícil de sostener. Sin embargo, el tema ha despertado las voces de quienes condenan la presencia de las religiones en el espacio público, el cual no limitan a las instituciones estatales y gubernamentales, sino que extienden a las manifestaciones cotidianas de las personas. Por lo mismo, lo realmente importante es que la sociedad civil, cada vez más participativa, exige espacios de expresión y las manifestaciones religiosas forman parte sustantiva de su desarrollo. Es necesario abordar esta nueva fase del debate por la libertad religiosa con seriedad, atentos a la realidad locales, nacional y los contextos internacionales.

Conscientes de la necesidad de reflexionar sobre la libertad religiosa en nuestro tiempo, no hace mucho se dieron cita en la ciudad de México varios expertos de diversas latitudes y universidades del mundo, con el fin de celebrar un simposio que llevó por nombre "Voces: El Estado laico y la libertad religiosa". Al terminar el evento, cada uno de los participantes nos llevamos alguna tarea a casa. Mantuvimos el contacto y ahora damos a conocer nuestras conclusiones en el libro que ponemos en manos del lector.

En nuestras reflexiones abordamos diversos cuestionamientos, entre otros,: ¿qué es la libertad religiosa o de religión?, ¿cuál es su sustento histórico, antropológico y sociológico?, ¿qué dice el Derecho internacional de los derechos humanos?, ¿qué retos se enfrentan en México para la construcción de una cultura de libertad religiosa?, ¿qué es realmente un Estado laico democrático y cuál su relación con las religiones?, ¿qué retos tiene por delante la libertad de religión en México para llegar a ejercerse plenamente, con independencia de las necesarias reformas al marco jurídico?, ¿cuáles son los debates en desarrollo en el ámbito internacional?, ¿qué situación guarda su ejercicio en distintos países de América Latina y Norteamérica?

INTRODUCCIÓN

Hemos dividido nuestro libro en cinco grandes apartados. En el primero se agrupan los trabajos dedicados a reflexionar sobre los fundamentos antropológicos, históricos y sociológicos que dan sustento a la libertad religiosa. En el segundo, se reflexiona sobre sus grandes definiciones en el Derecho internacional y mexicano. Los siguientes tres apartados dan cuenta de diversas voces que, en su conjunto, dibujan un panorama muy completo de su situación y retos en América Latina, América del Norte y en el debate global. Cierran la obra tres reflexiones nacidas de la experiencia cotidiana de auténticos luchadores por la libertad religiosa.

El común denominador de quienes hemos participado en este libro es la firme convicción de que los derechos humanos son fundamento de la convivencia humana, cimiento de una democracia sustantiva y que, entre ellos, la libertad religiosa es la piedra angular del arco bajo el cual se resguardan nuestras más preciadas libertades, responsabilidades, derechos y dignidad.

Dr. Jorge E. Traslosheros
Ciudad Universitaria, marzo de 2012

Los fundamentos

Fundamentos
de la libertad religiosa

Jorge E. Traslosheros
Instituto de Investigaciones Históricas
Universidad Nacional Autónoma de México

Hace algunos años era casi un lugar común en la sociología, por lo menos en México, afirmar que el proceso de secularización era imparable y que en los años por venir, es decir en los en que ahora vivimos, la religión pasaría a ser un mal recuerdo de culturas pasadas. El pronóstico estuvo equivocado. Muy lejos de haber desaparecido, las religiones han pasado a ocupar su lugar dentro de la sociedad civil diversificando, junto con ésta, sus propias manifestaciones. Vivimos en sociedades donde la pluralidad religiosa es una realidad incontestable, por lo que Jürgen Habermas ha calificado estos tiempos de post-seculares. Podemos simpatizar o renegar de las religiones, pero lo que no podemos es negar su importancia, ni su peso cultural, ni su presencia en todos los rincones de la vida individual y social.

México, como era de esperarse, no ha sido la excepción y la diversidad religiosa ha ganado carta de naturalización dentro de una sociedad civil para la cual, en razón de su pluralidad, la construcción de una vida democrática es una necesidad para alcanzar mejores formas de convivencia. Sin duda, estamos ante una situación nueva dentro de nuestra historia, que nos conmina a interrogarnos sobre el lugar y el papel que pueden ocupar las religiones, es decir que estamos ante una realidad inédita que nos conduce necesariamente a la pregunta sobre el derecho a la libertad religiosa.

En esta ponencia, con la intención de aquilatar la importancia de la libertad religiosa, nos proponemos reflexionar en torno a tres aspectos: primero, averiguar sobre la naturaleza de la religión como fenómeno social; segundo, sobre la base de lo anterior, cuestionarnos si la libertad es un derecho humano o una concesión del Estado; tercero, adentrarnos en el debate entre laicismo y laicidad, por ser éste decisivo en el diseño de una sociedad democrática y en la configuración del Estado laico. En estas reflexiones me mueve la esperanza de mejorar la comprensión de un aspecto que no podemos obviar en la construcción de nuestra sociedad e incipiente democracia: la presencia de las religiones en nuestra cultura.[1]

EL FENÓMENO RELIGIOSO

A lo largo del siglo XX hubo persecuciones con mayor o menor intensidad contra todas las religiones en los cinco continentes. Encontramos ejemplos dramáticos en España, Alemania, Rusia, Checoslovaquia, Polonia, Turquía, Francia, China, Cuba o Centroamérica, sin descontar la trágica experiencia vivida en México de 1914 a 1938.[2] Hubo por igual persecuciones bajo regímenes revolucionarios, democráticos o fascistas, en sistemas capitalistas o comunistas, en naciones del "primer" o del "tercer" mundo, potencias o países emergentes. No hubo distinciones. Fue un siglo de acoso que tuvo como su gran protagonista al Estado Nacional en sus diferentes modalidades. Privó una actitud beligerante en lo cultural con fuerte contenido político y que podemos llamar, sin equívocos, sacrofobia (aversión a lo sagrado).[3] Los Estados nacionales que orquestaron el asedio buscaron por todos los medios construir y mantener el monopolio jurídico, cultural e ideológico dentro de la sociedad, por lo que no debe sorprendernos que identificaran en las religiones el enemigo a vencer, por ser grandes formadoras de cultura, de identidad y de sentido de trascendencia a lo largo de la historia.

Los intentos de quienes gobiernan y rigen los Estados por limitar o prohibir la manifestación pública de la religión desembocan tarde o temprano en persecuciones abiertas o de baja intensidad, en discriminación franca o encubierta, causando serio daño a las personas y al tejido social, que puede llegar incluso al extremo del genocidio. Estos procesos de discriminación o persecución han motivado que el derecho a la libertad religiosa

---

[1] El asunto de la libertad religiosa en México ha sido tratado de manera muy clara por: José Luis Soberanes, *El derecho de libertad religiosa en México (Un ensayo)*, México, Porrúa, CNDH, 2001; Raúl González Schmall, *Derecho eclesiástico mexicano*, México, Porrúa, 1997; y, Alvaro Castro Estrada, *Relaciones Estado-iglesias en México. Ensayo y ponencias*, México, Porrúa, 2007; Jorge Adame Goddard, *La libertad religiosa en México, un estudio jurídico*, México, Escuela Libre de Derecho, 1990.

[2] En el tratamiento histórico de la cuestión religiosa en México son clásicas las obras siguientes: Jean Meyer, *La Cristiada*, México, Siglo XXI editores, 1990; Jorge Adame Goddard, *El pensamiento político y social de los católicos mexicanos*, 1867-1914, México, UNAM, 1981; Manuel Ceballos, *El catolicismo social, un tercero en discordia: Rerum Novarum, la cuestión social y la movilización de los católicos mexicanos, 1891-1911*, México, El Colegio de México, 1991; y, de reciente aparición, María Aspe Armella, *La formación social y política de los católicos mexicanos*, México, IMDOSOC, Universidad Iberoamericana, 2008.

[3] El asedio cultural contra las religiones es un fenómeno complejo. Para una primera aproximación, ver George Weigel, *The Cube and the Cathedral. Europe, America, and Politics Without God*, New York, Basic Books, 2005.

pase a formar parte integral del cuerpo de derechos humanos que hoy dan sustento al Derecho internacional, como queda claro en el artículo 18 de la Declaración Universal de los Derechos Humanos de 1948 y su posterior desarrollo en diversos convenios, pactos, declaraciones y convenciones, de suerte que hoy existe una doctrina y un marco jurídico muy consistentes que protegen la libertad religiosa, por lo menos en el ámbito internacional.

Para aquilatar con mayor precisión la consistencia e importancia del derecho a la libertad religiosa es necesario partir de su principio y fundamento, que no es otro que la misma religión. En otras palabras, debemos partir de la pregunta básica: ¿Qué es la religión?, o, planteada en términos más precisos para la ciencia social, ¿qué son las formas de la vida religiosa? La respuesta nos permitirá comprender, por un lado, la trascendencia de esta libertad, no sólo para cada persona, sino también para una sociedad que quiere construir una democracia sustantiva, es decir, sobre la base firme de los derechos humanos y, por otro lado, también nos ayudará a entender por qué las campañas por controlar o eliminar las religiones orquestadas por regímenes de todos los colores han fracasado, lo mismo que los intentos de fundamentalistas religiosos por imponer como única visión del mundo la de su particular punto de vista sobre la función social y política de la religión.

El fenómeno sociológico de índole religiosa es identificable por las siguientes características:

1. La distinción entre lo sagrado y lo profano como hecho básico
2. La existencia de un sistema de creencias en torno a lo sagrado
3. La existencia de una normatividad que regula el comportamiento del ser humano frente a lo sagrado
4. La presencia de formas de organización social que solemos identificar como congregaciones o iglesias
5. La formación de marcos de referencia y objetos devocionales que orientan y dotan de sentido la vida de la persona y las colectividades y
6. Su permanencia en el tiempo.[4]

---

[4] La bibliografía sobre la sociología de la religión es abundante, lo mismo que los estudios antropológicos. Sin embargo, se mantienen como indispensables cuatro clásicos: Emilio Durkheim, *Las formas elementales de la vida religiosa*, Buenos Aires, Schapire, 1968, si bien cuenta con numerosas ediciones; Max Weber, "Sociología de la religión", *Economía y sociedad*, México, Fondo de Cultura Económica, diversas ediciones; Mircea Eliade, *Lo sagrado y lo profano*, México, Paidós, 1998; Erich Fromm trata en diversas obras el problema religioso, si bien a modo de síntesis se puede acudir a, *Tener o ser*, México, Fondo de Cultura Económica, 1978. Es claro que no pude faltar Jürgen Habermas como, por ejemplo, *Entre naturalismo y religión*, Barcelona, Paidós, 2006. De manera muy especial el encuentro entre Habermas y Josph Ratzinger, *Entre razón y religión. Dialéctica de la secularización*, México, Fondo de Cultura Económica, 2008, texto que por propio derecho debe ser considerado ya un clásico sobre el tema.

Las religiones son una constante en la cultura humana. No existe hoy ni ha existido en el pasado sociedad alguna en cuyo seno no se hayan desarrollado formas de vida religiosa en modo tal que, en más de un sentido, hayan sido factor de gran relevancia en la definición del carácter de las diversas civilizaciones, es decir, en la configuración de su identidad. Debe quedarnos claro, asimismo, que la religión no es un fenómeno primordialmente político, aunque impacte sin duda alguna el mundo de la política. Es un fenómeno cultural complejo que incide en la intimidad de cada persona, pasa por la sociedad y se expande a la cultura y la historia.

A nadie debe sorprender que la religión sea un fenómeno cultural de muy larga duración y que sea una poderosa fuerza civilizatoria. Es propia de la religión su capacidad de adaptación a diversas sociedades y culturas, manteniendo factores de identidad constantes en una misma época y a lo largo del tiempo. La religión mantiene su unidad dentro de la diversidad, afirmándose en la diversidad misma de sus manifestaciones. No se trata de un hecho accidental, ni se presenta de manera excepcional; todo lo contrario, es la causa eficiente de su existencia y permanencia a lo largo de miles de años. Las religiones son cultura en movimiento que abarcan, como lo indicamos, todos los rincones de la vida personal, social e histórica.

Por todo lo anterior, debe quedarnos claro que una religión no es una creencia entre otras. Es una forma de vivir, un modo de ser y organizar el mundo, orientada por la convicción y la vivencia de la sacralidad de la experiencia humana. No es un dato más en la vida, es una realidad antropológica profunda y dominante en la historia. No es un fenómeno anexo o accidental a la condición humana, le es consustancial. Esto no significa que todo ser humano profese por necesidad una religión, tan sólo indica que la religiosidad es algo intrínseco a la condición humana. Puede existir, y de hecho existe, la persona no religiosa que hoy llamamos ateo o agnóstico. Sin embargo, reconozcamos también que se trata de una excepción en la historia, incluso hoy en día a pesar de la fuerza que han ganado estas posiciones en Europa. Lo que no existe es un ser humano que no tenga necesidad de dotar de sentido a su vida, que no construya marcos de referencia existenciales y que no los proyecte en ciertos objetos devocionales.[5]

Las ideas, las creencias, la organización y los modos de vida asociados a la religión conforman una unidad indisoluble. No podemos separar a la religión de la sociedad, como no podemos separar al creyente de su comunidad, ni a la comunidad de su organización.[6] Hacer lo contrario nos

---

[5] Erich Fromm y Mircea Eliade, cada uno por su lado, han sugerido con gran consistencia que el sentido religioso forma parte de la naturaleza humana a tal grado que el secularismo adquiere formas de expresión formalmente religiosas.

[6] Fenómeno histórico muy estudiado. El más atrevido de los estudios, y por lo mismo el más sugerente, me parece que es el de Christopher Dawson, *La religión y el origen de la cul-*

conduciría a cometer un grave error de método que nos llevaría a un análisis deficiente de las formas de la vida religiosa.

A partir de su vida religiosa el ser humano construye comunidades y culturas, formas de existencia y comprensión del mundo y se proyecta en la historia. Sobre esta base elabora referentes éticos y morales. Podemos afirmar que la persona religiosa no solamente tiene ideas y elabora conceptos, sino que está constituida por sus creencias, que su religiosidad no es un apéndice, ni una circunstancia en su vida. La persona religiosa está constituida por su religión, es su propia religión.[7]

LA LIBERTAD RELIGIOSA, ¿CONCESIÓN O DERECHO?

Cuando entendemos las formas de vida y pensamiento religioso en su justa dimensión, caemos en la cuenta del grave error que se comete al reducirla al ámbito estricto de la vida privada o a la dominación del Estado. La religión es una experiencia humana integral y no se puede limitar sin ejercer violencia contra el ser humano, contra su derecho a vivir dentro de su propia cultura y de expresarse en ella y por ella. La libertad religiosa no forma parte de las cosas que pueda otorgar el Estado, toda vez que el fenómeno religioso preexiste al Estado. Éste no la crea ni está en su mano darle o negarle su existencia. Podrá reprimirla, pero jamás suprimirla.

En el terreno de los derechos humanos la libertad religiosa vale por sí misma, es autónoma y tiene su propia fenomenología social e individual. No se puede reducir a ningún otro derecho, ni la podemos derivar de la suma de varios de ellos. El todo es más que la suma de las partes, el todo incluye a las partes. Estamos ante un derecho capital en el cual convergen y a través del cual se gestionan otros derechos. Si reconozco la libertad religiosa por necesidad promuevo libertades como las de expresión, creencia, culto, asociación, publicación o manifestación de las ideas. Puedo, por el contrario, garantizar más o menos estas libertades y promover una cultura y una política sacrofóbicas (con aversión a lo sagrado). Lo que jamás debemos pasar por alto es que, si se permite al Estado lesionar la libertad religiosa, por necesidad también lastimará cada una de las otras libertades, sentándose un precedente autoritario en detrimento de todas y cada una de las personas que conviven en el ámbito de la sociedad civil.

---

tura occidental, Buenos Aires, Sudamericana, 1953; pero no menos claro en este sentido es el de Max Weber, *La ética protestante y el espíritu del capitalismo,* México, Fondo de Cultura Económica, 2003. Los ejemplos podrían multiplicarse; por citar algunos de gran relevancia, en la relación derecho y religión, Harold Berman, *La formación de la cultural jurídica de Occidente,* México, Fondo de Cultura Económica, 1996; Paolo Grossi, *El Orden jurídico medieval,* Madrid, Marcial Pons, 2000.

[7] José Ortega y Gasset, *Ideas y Creencias,* Madrid, Espasa Calpe, 1955.

Así, se estaría cediendo al Estado un poder que no debe otorgársele en manera alguna.

EL DEBATE DE LAICISMO *VS* LAICIDAD
Y EL PAPEL DEL ESTADO

Una vez revisada la fenomenología de la religión y observada la solidez del derecho humano a la libertad religiosa, ya podemos plantearnos ciertos problemas que están en el centro del debate contemporáneo y de los cuales los mexicanos no estamos exentos. Me refiero en concreto al debate entre laicismo y laicidad, es decir, entre dos propuestas muy distintas sobre el lugar que puede ocupar la religión en nuestras sociedades, lo que nos conduce a la definición del Estado laico y su papel en una sociedad plural y compleja con aspiraciones democráticas.

A la vuelta del siglo XXI, las persecuciones burdas, llevadas a cabo por medio de la violencia de las armas, parece que ya no son una generalidad. Sin embargo, tampoco han desaparecido, como ha quedado dramáticamente demostrado en los Balcanes, el África Subsahariana, China, Medio Oriente o la India. En el llamado mundo occidental ha ganado carta de naturalización una persecución de baja intensidad que ha tomado la forma de acoso cultural. Se acusa a las religiones de ser tan sólo modos sofisticados de pensamiento mágico, de ser irracionales, de oponerse al desarrollo de la ciencia y la modernidad, de promover atraso y oscurantismo. Se pretende desterrar a la religión de la vida pública a tal grado que se exige al creyente que renuncie a su ser religioso en el ámbito público, imponiéndole una vida cercana a la esquizofrenia social.[8]

Se ha pasado de calificar a la religión de "opio del pueblo", como en los regímenes marxistas, a tratarla como "tabaco del pueblo":[9] de un vicio que debe ser eliminado llega a ser un mal que debe ser combatido y de preferencia erradicado, por lo menos de los lugares públicos, por ser nocivo a la salud. La religión es considerada un mal hábito tolerable tan sólo si se practica de manera discreta, restringida, allá en la vida privada y bajo la responsabilidad del consumidor. Es un programa cultural y político que

---

[8] Jürgen Habermas trató el asunto en su encuentro con Joseph Ratzinger, hoy Benedicto XVI. De este encuentro hay diversas versiones en internet, si bien recomiendo el excelente trabajo realizado por el traductor al español del filósofo alemán. Se puede buscar como: *"Debate entre el filósofo liberal Jürgen Habermas y el cardenal Joseph Ratzinger"*, **d**ossier preparado por el Prof. Manuel Jiménez, para el curso de doctorado "El discurso filosófico de la Modernidad"-Universidad de Valencia, Marzo de 2004. El acceso es libre.

[9] Es una muy ilustrativa expresión que se viene popularizando. Yo la encontré por primera vez en Andrés Ollero, en su artículo, "La neutralidad engañosa", *Aceprensa.com*, 7 de noviembre de 2007.

podemos denominar **laicismo** y que debemos comprender en oposición a **laicidad**.[10] El asedio contra la religión y el creyente está muy lejos de haber desaparecido.

El laicismo se distingue por su clara intención de eliminar las formas de vida y pensamiento religioso de la escena de la vida pública, no sólo en lo que se relaciona con los asuntos del Estado, sino también con la vida civil. Se trata de excluir la religión de la vida cultural en lo que tiene de público y común, para confinarla a los reductos de la vida individual. La propuesta laicista tiene distintos grados de radicalidad, según si se considera a la religión como "opio del pueblo" o "tabaco del pueblo".

La gran justificación del laicismo es la supuesta necesidad de una neutralidad ideológica y moral del Estado y en general del debate público, con el fin de garantizar la convivencia civil y política. Por lo tanto, sería obligación del Estado mantener a raya a las personas religiosas para que no contaminen la esfera de lo "público" con sus visiones parciales, moralistas, oscuras y poco objetivas de la realidad. Tal práctica configura un acto de discriminación contra la persona religiosa, a veces abierta, otras tantas velada, unas veces directa y otras indirecta, pero siempre es discriminación. Como bien lo caracterizó Habermas, "... tienes derecho a hablar si dejas tu pensamiento religioso en casa".

Sin embargo, la pretendida neutralidad ideológica —y por ende moral— está muy lejos de existir en los hechos. Estamos en el terreno de lo que hace muchos años, en un brillante artículo, don Adolfo Sánchez Vázquez llamó: "La ideología de la neutralidad ideológica". Explicaba el filósofo español y mexicano la imposibilidad de la neutralidad ideológica y cómo, quienes la enarbolan, pretenden superioridad sobre los demás al imponer su visión del mundo bajo la coartada de la "objetividad", lo que revela en realidad una mentalidad autoritaria.[11] La llamada "neutralidad" ideológica es una ideología con complejo de superioridad, es autoritarismo, es un acto de discriminación.

Para el laicismo, como es fácil darnos cuenta, la libertad religiosa está muy lejos de ser un derecho humano. En el mejor de los casos, pertenece al mundo de las concesiones que el Estado, dependiendo de las circunstancias, pudiera conceder a los ciudadanos con creencias religiosas, por lo que puede y debe crear limitaciones a su ejercicio, tantas como se crea conveniente, pues de no hacerlo se contaminaría la sociedad y se atentaría

---

[10] El asedio cultural contra las religiones es un fenómeno complejo. Para una primera aproximación, ver George Weigel, *The Cube and the Cathedral. Europe, America, and Politics Without God*, New York, Basic Books, 2005. Angelo Scola, *Una nueva laicidad*, Madrid, Ediciones Encuentro, 2007.

[11] Adolfo Sánchez Vázquez, "La ideología de la neutralidad ideológica", en *La filosofía y las ciencias sociales*, México, Grijalbo, 1976, pp. 287-315.

contra las libertades de los demás. Para el laicismo todo creyente es un fanático en potencia y en acto. En otras palabras, el Estado puede reconocer el derecho privado a tener una religión, pero puede y debe castigar su manifestación pública de distintas maneras según sea el caso, sea que se le considere opio o tabaco. No debe sorprendernos, por ejemplo, que en lugares como Francia o Inglaterra se pretenda criminalizar la conducta religiosa pública a tal grado que alguien puede ser castigado por portar velos o crucifijos en ciertos lugares como las escuelas o los centros de trabajo, una lamentable historia de la cual los mexicanos ya hemos tenido nuestra dosis.

No hay que ir muy lejos para caer en la cuenta de que la demanda del laicismo no puede ser cumplida dada la naturaleza de las formas de la vida religiosa. Por eso, el recurso obligado es el ejercicio de la violencia directa, velada o simbólica, contra la persona religiosa y sus organizaciones. Como hemos apuntado, la historia del siglo XX está llena de ejemplos dramáticos de lo que sucede cuando se pretende implantar y desarrollar un programa como el propuesto por el laicismo. El programa laicista, hoy tan de moda en México, carece de vocación por la democracia.

Me parece importante señalar que el hermano gemelo del laicismo es el fundamentalismo o el integrismo religioso, según el nombre que se le dé, que proponen a final de cuentas el monopolio de su particular visión del mundo, esto es, lo mismo que los laicistas, si bien de signo contrario. Estamos ante posiciones extremas que, en última instancia, incitan a la eliminación del contrario o, si no se puede, a la molesta tolerancia con tal de que se viva en el rincón de la vida privada. El laicismo y el fundamentalismo por igual cancelan parte importante de la expresión cultural de la población y con ello una serie de garantías y derechos que sustentan la vida democrática. Esto no debe extrañarnos pues, a final de cuentas, son formas culturales de naturaleza autoritaria.

La laicidad, en oposición al laicismo, promueve la convivencia de las religiones sin preferencia por alguna en específico, regulando lo necesario para que sean vividas en libertad. Es una propuesta incluyente y democrática. El Estado laico, como gestor del bien común debe ser está muy lejos de ser neutral pues está a favor de los derechos humanos como la sustancia misma de una vida democrática dentro de una sociedad altamente plural y diversa. En esta lógica, el Estado laico se manifiesta clara e inequívocamente en favor de la libre expresión de todas las formas de la vida religiosa, es decir, de la libertad religiosa. En todo caso, debe asegurar esta libertad regulando la convivencia sin limitarla en su expresión pública o privada, sin intervenir en la vida interior de las iglesias y mucho menos en la definición de las creencias.

Como podemos observar, el laicismo es, por su propia naturaleza excluyente y autoritario; la laicidad, incluyente y democrática. El debate de fondo no es tanto por la organización del poder del Estado como por la cultura, o mejor dicho, por el lugar que la religión ocupa dentro de la cultura.

ALGUNAS REFLEXIONES FINALES

Me parece importante dejar bien sentado que, cuando se habla de libertad religiosa, no se trata de un tema de religión, sino de un derecho que se funda en una característica distintiva del ser humano que goza de un sustento muy fuerte en el Derecho Internacional, tan fuerte como la libertad de pensamiento, de conciencia y de organización. Limitar la libertad religiosa bajo cualquier circunstancia sería un retroceso para el desarrollo de una sociedad que busca construir su democracia, que es el caso de la mexicana, y un atentado contra la libertad de toda persona sin importar que sea creyente, ateo, agnóstico, laico o ministro de culto.

Existe una tendencia cada vez más pronunciada, sobre todo en los medios intelectuales y de comunicación occidentales, que podemos calificar de **sacrofobia**, de aversión a lo sagrado. La sacrofobia en general, con sus manifestaciones específicas como puede ser la cristofobia, islamofobia o judeofobia, es un fenómeno de naturaleza autoritaria distintivo de nuestro tiempo, que se presenta de manera virulenta y corrosiva en la llamada Europa Occidental y que va creciendo en Estados Unidos y en América Latina como, por ejemplo, en Venezuela.

México, una vez más, no es la excepción. Me parece preocupante que hoy existan evidentes signos de discriminación contra las personas religiosas en nuestro país, como ha dejado en claro el debate en torno al aborto. A lo largo del debate se ha descalificado y se ha pretendido excluir a ciertos actores por sustentar sus opiniones en alguna forma de ética religiosa, o por la simple sospecha de que así pudiera suceder. En México, miembros de las elites políticas, intelectuales y académicas, que suelen expresarse por diversos medios institucionales y de comunicación, nos tienen acostumbrados a una descalificación sistemática contra la religión, los creyentes y sus instituciones. Vivimos una situación cultural que va de la reprobación social a la exclusión del ámbito público.[12]

Me parece importante señalar también que hay quien pretende combatir el laicismo con alguna forma de fundamentalismo, lo que difícilmen-

---

[12] El hecho de que las formas de discriminación y opresión triunfan en el momento en que el dominado las hace suyas como algo "normal", ha sido denunciado y estudiado por grandes líderes políticos y religiosos como Juan Pablo II, Martín Luther King, Mahatma Gandhi, Lech Walesa, Nelson Mandela, por citar algunos de los más conocidos. De manera teórica ha sido abordado por Erich Fromm, *El miedo a la libertad*, México, Paidós, 1998; Paulo Freire, *La pedagogía del oprimido*, México, Siglo XXI, 2005.

te puede abonar a un diálogo en beneficio de la libertad religiosa. Como apuntamos con anterioridad, laicismo y fundamentalismo son hermanos gemelos y revelan una mentalidad autoritaria que imposibilita el encuentro en la razón. **Sacrofóbicos y fundamentalistas** se necesitan pues unos a otros y justifican su existencia en el adversario. Por el contrario, la libertad religiosa se ejerce ahí donde se afirma la propia identidad con lealtad a las convicciones, siempre en apertura al diálogo con otras personas religiosas, agnósticas o ateas por igual, y de la religión con la cultura en todos sus ámbitos. La libertad religiosa se afirma en la construcción de un diálogo que por necesidad se debe realizar en el terreno común de la razón y con respeto a la dignidad humana.

El derecho a la libertad religiosa se extiende a todo ser humano, protege por igual y con la misma decisión al creyente, al agnóstico y al ateo. Es la libertad de profesar o no profesar una religión, que es tanto como afirmar el derecho de vivir y expresarse por la propia cultura en público y en privado, sin por ello sufrir violencia ni limitación alguna de carácter físico, moral o jurídico. Las religiones son una parte sustantiva de la expresión de las personas que forman la sociedad civil y de sus organizaciones. Una sociedad democrática, incluyente, participativa, depende para su desarrollo de una sociedad civil independiente; una sociedad civil fuerte y democrática es impensable sin el pleno ejercicio de la libertad religiosa. Un auténtico Estado laico, que por su propia vocación se decanta en beneficio de la persona y sus derechos, tiene el compromiso de velar también por el derecho a la libertad religiosa en la construcción del bien común.

La libertad de creencias y el teorema dinámico fundamental de una sociedad democrática

Fernando Pliego Carrasco
Instituto de Investigaciones Sociales
Universidad Nacional Autónoma de México

INTRODUCCIÓN

Talcott Parsons —reconocido por muchos como el sociólogo norteamericano más influyente a nivel internacional en el siglo XX— propuso en su libro más importante, *El Sistema Social*, publicado en 1951, un esquema de interpretación que llamó *teorema dinámico fundamental de la sociología*, el cual es muy útil para entender los requisitos básicos que debe cumplir toda sociedad para existir como tal. La formulación original del teorema es muy abstracta y no particulariza de manera detallada el caso que interesa en este trabajo: el desarrollo de las sociedades democráticas orientadas al bienestar general de la población.

Sin embargo, ¿qué sostiene el teorema dinámico fundamental que sea útil para dicho tipo de sociedades? Adaptando el esquema interpretativo de Parsons, la respuesta es simple pero de importancia fundamental: *en las sociedades democráticas debe haber, para una cantidad significativa de ciudadanos, un nivel de integración mínimo entre sus valores morales y las responsabilidades que deben ejercer en los ámbitos públicos de dichas sociedades.*

Por lo anterior, si una sociedad quiere promover un proyecto sustantivo de democracia y de bienestar para el conjunto de su población, debe ser capaz de fomentar una congruencia adecuada entre los valores fundamentales que motivan a los ciudadanos, y las normas bajo los cuales deben ordenarse los espacios públicos. Debe haber así sinergia entre moral individual y responsabilidades públicas. Sin dicha integración mínima, y presente para una mayoría significativa de los habitantes de un país, no hay posibilidad de ejercer efectivamente las libertades en conjunción con opciones de desarrollo humano para todos los ciudadanos.

Parsons definió el teorema dinámico fundamental de la sociología con su lenguaje usual que era abstracto y algo obscuro, lo cual era muy criticado por Charles Wright Mills (2003). En realidad, la formulación original es la siguiente:

> Solo en virtud de la internalización de valores institucionalizados tiene lugar una auténtica integración motivacional de la conducta en el sistema social; solo así los 'más profundos' estratos de la motivación quedan pertrechados para el cumplimiento de las expectativas del rol. [Por ello, continúa Parsons] "Se puede decir que el teorema dinámico fundamental de la sociología es el siguiente: la estabilidad de cualquier sistema social, exceptuando el proceso de interacción más evanescente, depende hasta cierto punto de esta integración (p. 49)

LA IMPORTANCIA DEL TEOREMA DINÁMICO FUNDAMENTAL EN LAS SOCIEDADES DEMOCRÁTICAS

Toda sociedad democrática necesita que una mayoría significativa de la población participe activamente en el desarrollo de las tareas públicas de interés general, en todas aquellas actividades políticas, económicas y sociales necesarias para promover el bien común. Participar en la elección de representantes populares, apoyar las políticas públicas orientadas a combatir la pobreza y la desigualdad social, pagar impuestos y contribuciones, cooperar a la sustentabilidad del hábitat, ejercer la libertades con responsabilidad y respetar los derechos de los demás al respecto, cooperar con los individuos y grupos que tienen creencias diferentes y no solamente "tolerarlos", participar en grupos comunitarios y de ciudadanos interesados en atender o gestionar la solución de necesidades colectivas, atender con justicia los derechos laborales de los trabajadores cuando se tiene algún cargo de responsabilidad en empresas privadas, públicas o sociales, son algunos ejemplos relevantes de las actividades que es necesario promover en el contexto de una sociedad democrática orientada al bienestar general.

Pero no se necesita la participación de todos en dichas responsabilidades del bien común; inclusive, esto obstaculizaría el cumplimiento de un ideal. En primer lugar, por motivos simples de edad o salud, las sociedades democráticas siempre eximen a determinados grupos sociales del ejercicio de distintas responsabilidades públicas; corresponderá a los padres o tutores, generalmente, su ejercicio provisional. Por otra parte, razones como la disidencia política, que dentro de ciertos márgenes está garantizada por el régimen de libertades democráticas, justifican que no se cumplan determinadas tareas públicas. Al respecto, diversos movimientos sociales constituyen un ejemplo importante. Finalmente, existe otro tipo de factores, de naturaleza muy distinta, por lo cual no deben confundirse de ninguna manera con los anteriores: es la presencia de conductas de tipo criminal, individuales u organizadas, que explícitamente vulneran el bienestar de la sociedad y atentan contra las garantías democráticas. En este caso, hay incompatibilidad total con las responsabilidades públicas propias de una sociedad democrática, aunque cuando se mantiene dentro de límites acotados, no implica un peligro total para el desarrollo de la mayor parte de la sociedad.

¿Pero qué sucede cuando un sector significativo de la población —por las razones que sean— no atiende de manera suficiente la agenda de las responsabilidades ciudadanas? Las consecuencias son muy importantes: no se podrá garantizar el desarrollo de distintos bienes públicos y habrá serias limitaciones en la promoción del bien común. Tal sociedad, en consecuencia, pertenecerá al grupo de países donde las garantías individuales se ven vulneradas de manera sistemática, y el bienestar social no será una característica mayoritaria. Más bien, la pobreza, la desigualdad social, la corrupción y el uso arbitrario de las instituciones de seguridad, el deterioro continuo del medio ambiente, y la violencia en distintas manifestaciones, serán problemáticas que se observen de manera frecuente.

Para evitar el escenario anterior y promover más bien la agenda de las libertades democráticas y del bienestar general de la población, se necesitan muchos y muy diversos procesos de orden económico, político y social. Pero hay un *prerrequisito fundamental*, condición de todos los ordenamientos institucionales: se requiere que los individuos participantes en las responsabilidades públicas de una sociedad democrática intervengan en tales tareas por convicción personal. Es decir, se necesita que sus orientaciones de valor, su moral individual, converjan mínimamente con dichas responsabilidades.

No se requiere una integración total y completa entre moral individual y responsabilidades democráticas, cómo tampoco se necesita el compromiso de toda la población en favor de tal integración. Sólo debe haber un conjunto suficiente de ciudadanos que de manera voluntaria se esfuercen por coordinar sus motivaciones personales más relevantes —llamadas valores morales— con el ámbito de las responsabilidades que definen las normas fundamentales de una sociedad democrática orientada al bienestar general.

La coordinación entre moral individual y responsabilidades públicas democráticas para una cantidad significativa de ciudadanos es lo que he llamado, siguiendo y adaptando a Talcott Parsons, *teorema dinámico fundamental de las sociedades democráticas*. En consecuencia, cuando a partir de los años sesenta del siglo XX un conjunto de académicos —donde destacaba el mencionado Charles Wright Mills— se lanzaron a criticar y descalificar de manera devastadora la obra de Talcott Parsons, por haber sido el padre del llamado estructural-funcionalismo, acusándolo de ocultar y, entonces, justificar las profundas patologías, injusticias y conflictos de la sociedad norteamericana —las cuales eran muy claras—, cometieron un gran error analítico. No se dieron cuenta de que, al criticar y descartar de manera total la teoría parsoniana, no se podría construir una alternativa social, política y económica, porque se requería que una cantidad significativa de la población se comprometiera moralmente con tal ideal. En efecto, la transformación de un "desorden institucional de escala societal" no puede ser resuelto en el fondo por actos de autoridad, sino ante todo por el compromiso voluntario y activo de un sector significativo de la población.

En la gráfica 1 se ha dibujado el teorema dinámico fundamental de una sociedad democrática: en el lado izquierdo están los valores morales de los ciudadanos y en el lado derecho, las normas que exige una sociedad democrática. En medio, encontramos la dinámica de coordinación mínima o de sinergia mutua entre ambas esferas para una cantidad significativa de la población.

Gráfica 1
El teorema dinámico fundamental de una sociedad democrática

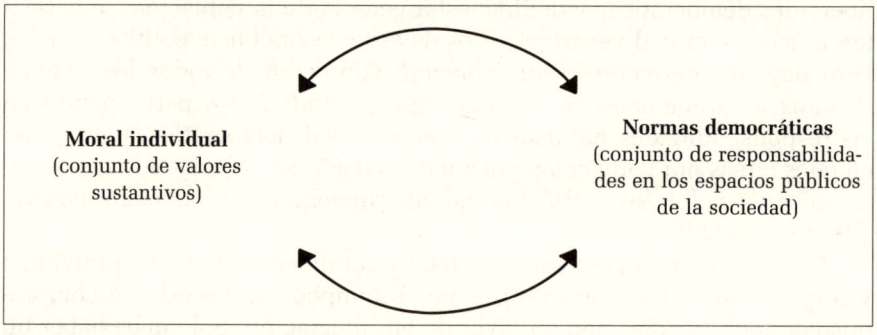

LA LIBERTAD DE CREENCIAS Y EL TEOREMA
FUNDAMENTAL DE UNA SOCIEDAD DEMOCRÁTICA

¿Cómo se construye la congruencia mínima entre la moral individual y las responsabilidades públicas que exige una sociedad democrática orientada al bienestar general? Se requieren numerosos y distintos factores de orden político, económico y social. Pero en el marco de una teoría sociológica que quiere señalar los prerrequisitos fundamentales de la acción social, considero que hay dos orientaciones de valor que deben actuar de manera simultánea: la libertad plena de creencias y la solidaridad a favor de los bienes públicos de interés general. Ambas orientaciones de valor son claramente universalistas, según el modelo de los valores-pauta de Parsons.

El derecho a profesar cualquier creencia en la esfera pública de la sociedad, y la exigencia de reconocer tal derecho a todos los demás, es la primera piedra angular que nos posibilita articular las distintas referencias morales de los individuos con las responsabilidades públicas propias de una sociedad democrática. Nos convierte en sujetos que pueden intervenir activamente en una sociedad democrática porque hace posible dar cuenta de manera dialogada de los valores propios y, por lo tanto, permite la participación mediante argumentos en la creación de acuerdos mayoritarios o de consensos en el marco de una sociedad plural. Cuando los individuos no articulan sus creencias bajo el principio de libertad de creencia plena, y tampoco tienen el derecho de presentarlas en la esfera pública de la sociedad sin peligro de coacción alguna, entonces no pueden participar activamente en la construcción argumentativa de las instituciones propias de una sociedad democrática. En las sociedades, sólo pueden construirse los marcos normativos fundamentales si los ciudadanos, a través de los órganos de representación popular, y los distintos mecanismos de participación existentes, intervienen libremente en la definición de los acuerdos mayoritarios o de consenso requeridos. En las sociedades democráticas no hay lugar alguno para la creación de marcos normativos basados en definiciones autoritarias. Más bien, los individuos deben asumir de manera racional sus propias construcciones morales, cualquiera que sea su origen, y entonces podrán participar en los diálogos públicos de una sociedad plural (Habermas y Ratzinger, 2008).

Cuando los individuos despliegan sus valores morales en la esfera pública basados preferentemente en la costumbre, no tienen las capacidades emocionales e intelectuales para participar activa y cooperativamente en los debates de interés general requeridos por una democracia, pues la falta de explicitación racional de sus referentes morales, y el no reconocimiento de la racionalidad de sus alter-egos, no les permitirán identificar los puntos de acuerdo que pueden tener con otros códigos morales. Lo anterior, porque la construcción de acuerdos entre sujetos con distintas perspectivas morales requiere, de manera necesaria e irrecusable, que tales personas puedan abstraer sus referentes morales de identificaciones particularistas excluyentes, con la finalidad de encontrar los puntos de acuerdo sin la necesidad de abandonar la propia herencia moral.

Articular racionalmente un código moral no significa, de ninguna manera, abandonar una tradición moral específica, ni dejar una herencia cultural de larga historia. Significa, más bien, que el sujeto portador de tal tradición es capaz de identificar lo sustantivo de su herencia cultural, y distinguirlo de las configuraciones prácticas que se han desarrollado de acuerdo a las distintas circunstancias históricas. Con esa distinción, se podrá entonces dialogar en los espacios públicos democráticos con otros códigos morales para atender nuevas circunstancias históricas.

Desde luego, para que se desarrolle una democracia, según lo señala el teorema dinámico fundamental, no se necesita que todos los ciudadanos sean capaces de presentar de manera razonada sus valores morales; pero sí se requiere que lo haga una mayoría significativa. *Tal requerimiento sustantivo se resume en el derecho humano de naturaleza cultural más fundamental de todos: el ejercicio pleno y sin restricción de la libertad de creencias*. Este derecho no tiene límite alguno en el ámbito de la conciencia, y en su presentación pública sólo puede ser limitado por el derecho de los alter-egos para ejercerlo de igual manera.

En las sociedades democráticas occidentales, las manifestaciones culturales más relevantes del derecho a la libertad de creencias son las correspondientes al ejercicio de las creencias religiosas, pues desde el punto de vista de una estricta fenomenología social, sin consideraciones filosóficas por el momento, son las que tienen mayor significado moral para la población, inclusive en sociedades democrática con altos niveles de secularización. En estas sociedades,[1] como pueden ser Alemania, España, Francia, Noruega, Países Bajos, Reino Unido y Suecia, entre otras, es cierto que las creencias religiosas ya no son relevantes para la mayoría de la población, pero quienes las tienen siguen siendo los grupos culturales más importantes dentro de esos países. Asimismo, en dichas sociedades, la religión jugó un papel fundamental en la construcción de las principales instituciones democráticas y en el apoyo que se requirió para orientar las políticas públicas a favor del bienestar general. Ahora tienen niveles altos de secularización, pero sus instituciones no podrían haberse construido sin la participación decisiva de las religiones y de sus creyentes.

Al respecto, el ejemplo de algunos países escandinavos es muy relevante. Suecia y Noruega son algunas de las democracias más consolidadas a nivel internacional y con mejores niveles de bienestar en su población. La construcción de las instituciones que hicieron posible tal situación se hizo con la participación activa de la Iglesia Luterana y de sus creyentes; todavía hoy, los suecos y los noruegos son luteranos por nacimiento, y el estado interviene en la vida religiosa de la Iglesia Luterana.[2] Sin embargo, como la libertad de creencias se ejerce plenamente, los ciudadanos tienen el derecho de rehusar la permanencia en la Iglesia Luterana, lo cual signi-

---

[1] En la Encuesta Mundial de Valores (www.worldvaluessurvey.org), con información de 2005 a 2008 según el país considerado, a la pregunta "¿qué tan importante es en su vida... la religión?", los entrevistados contestaron "muy importante" o "bastante" de la siguiente manera: Alemania: 33.9%; España: 39.1%; Francia: 40.9%; Noruega: 32.7%; Países Bajos: 31.5%; Reino Unido: 40.7%; y Suecia: 29.4 por ciento.

[2] Sobre la Iglesia Luterana en Noruega, puede consultarse www.kirken.com; y sobre la Iglesia Luterana en Suecia, www.svenskakyrkan.se.

fica en la actualidad la presencia de altos niveles de secularización. De acuerdo con la Encuesta Mundial de Valores, en 2006, en Suecia, sólo 29.4% de los entrevistados señaló que la religión era "muy importante" o "bastante importante" para su vida. Y para el caso de Noruega, en 2007, el porcentaje fue de 32.7 por ciento.

Encontramos una situación diferente en otras democracias consolidadas, como Estados Unidos e Italia, o en proceso de consolidación, como Argentina, Brasil, Chile, India, México y Polonia, por mencionar sólo unos ejemplos, donde las creencias religiosas son relevantes para la mayoría de la población.[3] En unos casos, siempre han jugado un papel importante en el desarrollo de las instituciones democráticas desde su fundación como naciones independientes (p. ej., en Estados Unidos), y en otros casos han sido factores relevantes en el desarrollo de la sociedad civil y en la lucha contra el autoritarismo político, además de constituir parte fundamental de la identidad nacional (p. ej., Brasil, Chile y Polonia).

El segundo prerrequisito para que los valores morales de los ciudadanos contribuyan activamente al desarrollo de una sociedad democrática y orientada al bienestar social, es que dichos valores favorezcan el compromiso solidario con las responsabilidades públicas. El criterio básico es la cooperación activa y voluntaria con el desarrollo de los bienes públicos de interés general. Y para que esto sea posible, es insuficiente la existencia de mecanismos de control coercitivo o de incentivos de interés monetario, como lo plantea de manera equivocada Mancur Olson en su libro *La lógica de la acción colectiva* (1971). Lo anterior, porque el costo económico de la acción cooperativa voluntaria es significativamente menor que el costo económico derivado de privilegiar los incentivos económicos o la organización de los aparatos estatales de coerción y sanción (Oliver, 1993); pero sobre todo, porque la integración de índole cultural entre moral individual y normas democráticas es mucho más sólida que cualquier otro procedimiento.

Desde luego, como lo destaca el teorema dinámico fundamental, no se necesita que todos los ciudadanos tengan una orientación valorativa solidaria respecto de los bienes públicos, pero sí una mayoría significativa. Se necesita que esta mayoría ejerza sus responsabilidades democráticas sin la necesidad de presiones coactivas de parte de cualquier autoridad. Y se necesita, asimismo, que dicha mayoría lo haga por propia voluntad sin recibir gratificaciones económicas o políticas directas.

---

[3] En la Encuesta Mundial de Valores (www.worldvaluessurvey.org), con información de 2005 a 2008 según el país considerado, a la pregunta "¿qué tan importante es en su vida… la religión?", los entrevistados contestaron "muy importante" o "bastante" de la siguiente manera: Argentina: 65.4%; Brasil: 91%; Estados Unidos: 71.6%; India: 80.7%; Italia: 76.1%; México: 85.1%; y Polonia: 86.8 por ciento.

La gráfica 2 presenta de manera esquemática los prerrequisitos sociales que permiten la integración mínima entre los valores personales de los ciudadanos y las responsabilidades públicas que deben ejercerse en una sociedad democrática: libertad de creencias y orientación solidaria respecto de los bienes públicos.

Gráfica 2
Los requisitos básicos del teorema dinámico fundamental de una sociedad democrática

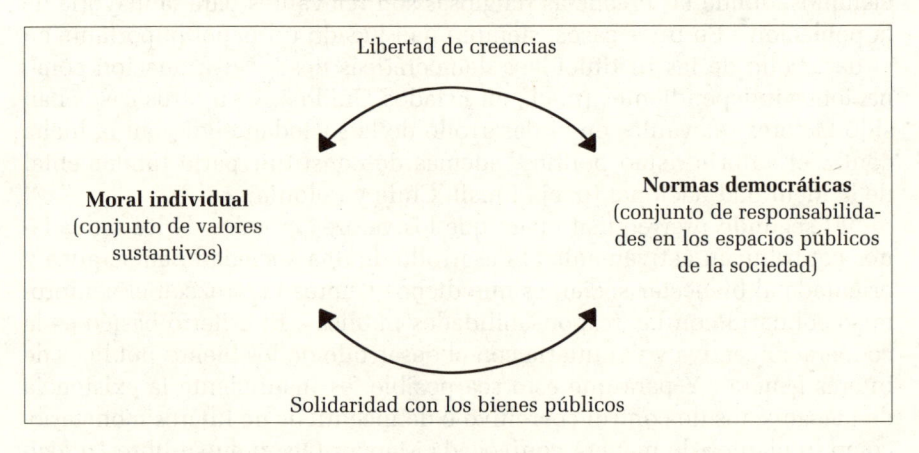

```
                    Libertad de creencias

                                              Normas democráticas
  Moral individual                            (conjunto de responsabilida-
  (conjunto de valores                        des en los espacios públicos
   sustantivos)                                    de la sociedad)


                Solidaridad con los bienes públicos
```

CASOS IMPORTANTES DE CONFLICTO ENTRE MORAL INDIVIDUAL Y NORMAS DEMOCRÁTICAS

Hay diversas situaciones que dificultan la coordinación mínima de la esfera moral de los ciudadanos con las responsabilidades que deben ejercer en los espacios públicos democráticos. Destacaré tres casos particularmente relevantes: el fundamentalismo religioso, el déficit normativo de las instituciones democráticas, y la privatización de las creencias personales o laicismo antirreligioso,

El fundamentalismo religioso

En el marco de una sociedad democrática, la exigencia de establecer como obligatoria y única una creencia religiosa determinada es incompatible con el desarrollo de sus instituciones públicas fundamentales. Es cierto por el lado de estas instituciones, porque dicha pretensión es incompatible con el carácter deliberativo de sus normas, que se construyen mediante debates que ocasionan acuerdos mayoritarios o, en el mejor de los casos, aunque rara vez sucede, consensos entre los participantes. También por el lado de los sujetos que demandan tal intolerancia respecto de otras creencias diferentes a las propias, porque no tienen las habilidades intelectuales y emocionales necesarias para participar en los espacios públicos de las sociedades democráticas, pues carecen del soporte argumentativo y de la disposición para dialogar que requieren de manera sustantiva.

El déficit normativo de las instituciones democráticas

El mayor problema para construir una sociedad democrática plena y orientada decisivamente al bienestar general proviene frecuentemente de las carencias institucionales existentes, expresadas preferentemente como exceso de normas burocráticas, o bien, como déficit de las normas mínimas requeridas. Estos obstáculos contra la plena libertad de creencias suelen estar relacionados con la carencia de instituciones que hagan respetar su libre ejercicio, o bien, con la existencia de normas intolerantes por lo cual ciertos grupos o monopolios de interés imponen sus puntos de vista y sus valores a otros actores sociales. La falta de independencia de los ministerios públicos respecto de los poderes ejecutivos de un país hace posible el uso faccioso de las instituciones de justicia penal y atenta contra los derechos de personas y comunidades inocentes. La falta de ciudadanización de los organismos encargados de administrar la elección de representantes populares facilita la manipulación de los resultados por parte de los partidos que están en el poder. El ocultamiento y falta de transparencia informativa en los asuntos de interés público propicia la corrupción de funcionarios y actores políticos. Y se podrían mencionar muchos otros ejemplos institucionales.

La privatización de las creencias personales o laicismo antirreligioso

Tal vez por el conocimiento de los graves daños que, en distintas épocas, ha ocasionado el fundamentalismo religioso de ciertos grupos en las sociedades premodernas y contemporáneas, o tal vez, por ignorancia de la importancia histórica que han tenido distintas formas de humanismo religioso en el desarrollo de sociedades antiguas y en la misma democracia o bien, debido a la intolerancia de quienes no tienen ninguna fe religiosa respecto de quienes sí la tienen —por lo cual exigen de manera autoritaria que no la manifiesten públicamente— distintos grupos de ciudadanos suelen pensar exactamente lo contrario de lo señalado por el teorema dinámico fundamental de las sociedades democráticas. Para ellos, más bien, debe haber separación e independencia absoluta entre las convicciones morales de los ciudadanos y las tareas o responsabilidades públicas, sobre todo cuando dichas convicciones tienen un fuerte contenido religioso.

Según ellos, debe haber separación e independencia entre los valores que motivan individualmente y lo que exige el orden constitucional de la sociedad. Para diversos sectores más o menos importantes de la población, no es necesaria la sinergia entre moral individual y comportamiento público.

Sin embargo, el desarrollo de una democracia no solo es contrario al fundamentalismo religioso, sino que también es contrario al laicismo antirreligioso, en el cual, de manera intolerante, se exige que los creyentes privaticen sus convicciones y excluyan su presentación en público. Más bien, una democracia necesita que los creyentes de las distintas denominaciones religiosas participen activamente en el diálogo requerido por los distintos espacios públicos, en el marco de la libertad de creencias y de la construcción del bien común. Y como en toda participación en espacios públicos plurales, los creyentes de una religión necesitan presentar de manera racional las propias identidades valorativas (Habermas y Ratzinger, 2008), con el fin de construir acuerdos mayoritarios o consensos con las distintas perspectivas morales involucradas, sean laicas o de otras religiones.

Lo dicho anteriormente es muy relevante en términos históricos, porque las sociedades occidentales que han alcanzado importantes niveles de democracia y de bienestar social construyeron las instituciones que hicieron posible tales estándares de calidad con la participación plural de los principales credos religiosos de sus países, los cuales, operando de manera argumentativa en los espacios públicos plurales, pudieron contribuir al desarrollo de sus países. Se excluyó, entonces, el fundamentalismo religioso, pero también la alternativa de mandar a la vida privada las creencias religiosas, mediante la prohibición de su presentación pública más allá de los espacios de culto. Es decir, dichas democracias se fundamentaron, entre otros aspectos, en el reconocimiento del ejercicio pleno de la libertad de creencias. El estudio del desarrollo de la mayor parte de las democracias occidentales sólidas, como son Canadá, Estados Unidos, Inglaterra, Alemania, Suecia, Noruega, Francia, Italia y España, entre otras, muestra la importancia de tal situación (Sterno, 2005).

Durante los últimos años, se observa en varios países con democracias avanzadas, por ejemplo en España y Francia, esfuerzos para hacer resurgir nuevas formas de intolerancia antirreligiosa, para mandar a la vida privada a los creyentes mediante el recurso de excluir su presentación explícita en la arena de los debates públicos. La intolerancia a veces ha llegado a tal grado, que se exige a los creyentes ocultar sus símbolos religiosos: a los cristianos, la Cruz, y a las mujeres musulmanas, el uso del velo. Tal intención sólo abona a la intolerancia y a la falta de respeto al derecho de libertad de creencias. Esto no contribuye a la democracia, sino a la exclusión.

EL CASO DE MÉXICO: LOS CONFLICTOS DE LA DOBLE MORAL

Si en un país como México se pregunta a un político "típico" de cualquiera de los partidos políticos "típicos" —que son tres—, o bien, se le pregunta a cualquier ciudadano "típico" del país con responsabilidades públicas "típicas", ¿cuál es su religión?, lo más probable es que respondan de manera "típica": "soy católico", o bien, aunque en mucho menor medida, que es miembro de otra denominación cristiana o de otra comunidad religiosa. Sin embargo, de manera expedita aclararán de manera "típica" algo como lo siguiente, aunque nunca se haya objetado su respuesta: "pero yo no dejo que mis convicciones personales influyan en mis decisiones políticas o de gobierno, pues estoy comprometido totalmente con el carácter laico del estado mexicano".

Brillante respuesta, dirán muchos, y será aceptada sin duda alguna pornumerosos intelectuales, académicos, políticos y ciudadanos que no comparten la fe religiosa de los católicos, cristianos en general, o de cualquier otra denominación. Dirán estas personas: "así debe ser el estado laico, y en el caso mexicano, ésa es la gran conquista de la Reforma liberal del siglo XIX".

Pero para quienes hemos leído a Talcott Parsons, una muestra tan apasionada a favor de la separación entre moral individual y responsabilidades públicas sólo sirve para explicarnos el porqué en México hay tantos problemas para construirnos como democracia y para elevar, de manera consistente y sistemática el bienestar de toda la población. La explicación es sencilla: muchos han aceptado la construcción de una cultura marcada por una gran dicotomía entre los valores que se profesan en la vida privada y las responsabilidades que exige el orden público, entre la moral individual que todavía está marcada por la tradición católica para la mayoría de la población, y las responsabilidades públicas que demanda una sociedad para construir un proyecto democrático y de justicia social.

Ejemplifiquemos lo anterior. Suele decirse: "hay que separar las convicciones personales, específicamente las religiosas, de las responsabilidades públicas". En consecuencia, nos podemos preguntar: ¿qué están proponiendo? ¿Que si en el ámbito personal se acepta el octavo mandamiento, el cual dice "no mentiras ni levantarás falsos testimonios", entonces en el ámbito de las responsabilidades públicas "se debe mentir"? Es decir, ¿debemos prometer en las campañas políticas lo que siempre hemos sabido que no se podrá cumplir? ¿Debemos criticar a los contrarios a sabiendas que lo que digamos no es veraz y, más aún, es calumniador? ¿Debemos obstaculizar sistemáticamente la trasparencia pública de las actividades y poner todos los reparos posibles para no rendir cuentas o rendir cuentas a medias? ¿Debemos inventar falsas pruebas para acusar a inocentes? En otras palabras, ¿nos debemos guiar por el principio: "a nuestros amigos y familiares les decimos la verdad, pero en el ámbito público nos guiamos por la simulación y la mentira"? De ninguna manera, porque tal dicotomía es un profundo lastre para la democracia y el bienestar público, pues permite estándares de doble moral: la que se aplica en la vida privada, y la que se aplica en los espacios públicos. En lugar de una sinergia democrática entre ambas esferas, se propone una doble moral.

Otro ejemplo es el siguiente: en el ámbito personal de un creyente católico se acepta el séptimo mandamiento que dice "no robarás". Por lo tanto, se trata de personas cuyos valores las motivan a comportarse solidariamente en cuestiones materiales con sus familiares y amigos. Pero según lo propuesto por los defensores de la dicotomía entre moral individual y responsabilidades públicas, ¿es que se debería dejar en la vida privada tales convicciones morales de clara influencia religiosa?, es decir, ¿se debería robar en el ámbito público? En consecuencia, bajo la doble moral, ¿están invitando a políticos, gobernantes y ciudadanos interesados por lo público a guiarse por la máxima contraria: "utilizar para fines privados los bienes públicos"?, ¿"enriquecerse cuando se tienen cargos de responsabilidad pública"?, ¿"manejar de manera poco trasparente y clara el presupuesto público"? En pocas palabras, ¿se propone no robar en la vida privada y sí robar en la vida pública?

Pues precisamente tal dicotomía es inaceptable en el proyecto de construcción de una democracia con justicia social. Lo que necesitamos es la integración adecuada de la moral individual y de las responsabilidades públicas democráticas en un sector significativo de la población. Porque la dicotomía entre la moral individual, de inspiración religiosa para la mayoría del pueblo mexicano, y las responsabilidades públicas democráticas es un factor explicativo muy importante de las enormes dificultades que tiene un país como México para construir el bien común que requiere la mayoría para su desarrollo integral. Por ello, es un país de profundas desigualdades e inequidades.

Los problemas para construir la democracia y el bien común en México

En la vida privada, alrededor de 88% de la población de México se denomina católica,[4] y otro 8.5% profesa algún tipo de religión diferente, preferentemente de otras denominaciones cristianas; sólo 3.5% se declara

---

[4] Instituto Nacional de Estadística, Geografía e Informática, *Censo General de Población y Vivienda 2000*. El porcentaje de creyentes se mantiene casi igual siete años después, de acuerdo con la prestigiada firma Consulta-Mitofsky (*cfr. La Cercanía con la religión. Encuesta nacional en viviendas*. México, 2007).

sin religión alguna. En el caso concreto del catolicismo —como también sucede en todas las principales tradiciones religiosas—, la adscripción debería conllevar, en mayor o menor medida, el seguimiento de un código de conducta de implicaciones públicas positivas. Sin embargo, en dicho ámbito público, somos un país que se destaca por la presencia de profundos problemas que contradicen el bien común de la sociedad, y que contradicen de igual manera la solidaridad y justicia que exige el Evangelio cristiano y la Doctrina Social de la Iglesia Católica. Sobresale, en primer lugar, el hecho de que casi la mitad de la población vive en condiciones de pobreza y marginación. De acuerdo con el Consejo Nacional de Evaluación de la Política de Desarrollo Social (Coneval),[5] alrededor de 47% de los habitantes registraba pobreza patrimonial en 2007, por lo cual carecía de distintos satisfactores indispensables; inclusive, 18% no tenía acceso a una alimentación suficiente.

Las condiciones de pobreza están relacionadas con la presencia de estructuras de desigualdad muy significativas entre los sectores de mayor y menor ingreso: de los 30 países evaluados por la *Organización para la Cooperación y el Desarrollo Económico (OCDE), nuestro país presenta en 2009 los mayores niveles de desigualdad social (índice de Gini: 0.47);*[6] situación que contrasta claramente con lo que sucede en otros, como son Dinamarca (0.23), Suecia (0.23) y Luxemburgo (0.26).

Otro problema muy importante en México, propio de países con importantes condiciones de pobreza y desigualdad social, es el deterioro del medio ambiente. Es el caso, por ejemplo, de los recursos forestales. Según información proporcionada por la Organización de las Naciones Unidas para la Agricultura y la Alimentación (FAO),[7] la disminución de la superficie forestal del país es continua y parece no detenerse: pasó de 69'010,000 hectáreas en 1990, a 63'717,200 ha en 2007; una disminución de ocho por ciento.

A lo anterior, hay que sumar el agravamiento de la violencia ocasionada por el crimen organizado. Nuestro país, de haber sido durante años una región de trasiego de sustancias ilícitas hacia el mayor mercado del mundo, se ha convertido en consumidor neto, con la consecuente afectación creciente de la población más joven.[8] Por ello, la disputa por el control de los mercados locales entre los grupos criminales ha adquirido un nivel de violencia extraordinaria.

---

[5] Consejo Nacional de Evaluación de la Política de Desarrollo Social (Coneval), 2007. *Validación estadística de las estimaciones de la incidencia de pobreza estatal y municipal por niveles de ingreso*. México: Coneval.

[6] OECD *Factbook 2009: Economic, Environmental and Social Statistics*. OECD, 2009.

[7] FAO, *FAOSTAT*, septiembre 2009.

[8] *Cfr*. Felipe Calderón Hinojosa, "4.1 Crimen Organizado", en *III Informe de Gobierno 2009*. México, Presidencia de la República.

También encontramos graves problemas en la calidad de las instituciones gubernamentales del país y en los niveles de participación ciudadana. En cuanto a la calidad de las instituciones gubernamentales, los estudios disponibles muestran que hay importantes niveles de corrupción e ineficiencia en diversas instancias gubernamentales, tanto federales como estatales y municipales. Según la OCDE, ocupamos el segundo lugar en corrupción en la lista de los 30 países registrados, sólo aventajados por Grecia.[9] En cuanto a los niveles de ineficiencia, el peso de las estructuras burocráticas gubernamentales dificulta el desarrollo de las actividades, no sólo de las que están bajo la responsabilidad directa del mismo gobierno, sino también de las que ejercen los sectores privado y social. En el estudio *Doing Business 2009* del Banco Mundial,[10] México ocupa el lugar 115 en cuanto a facilidades para abrir negocios.

La ineficiencia y corrupción gubernamentales influyen en la evaluación negativa de la población para una gran cantidad de instituciones públicas. De acuerdo con la *Encuesta Nacional sobre Cultura Política y Prácticas Ciudadanas 2008*,[11] elaborada por la Secretaría de Gobernación, a la pregunta "¿qué tanta confianza le inspira [cada una de las instituciones enlistadas]?", la población entrevistada contestó que tenía "mucha o alguna confianza" en las siguientes instituciones: partidos políticos, 23%; policía, 26%; jueces y juzgados, 32%; cámara de diputados, 35%; cámara de senadores, 35%; y presidentes municipales, 41%. Un nivel intermedio correspondió al presidente de la república (54%) y los gobernadores de los estados (56%). Y una buena calificación: la Iglesia (72%), el ejército (66%), el Instituto Federal Electoral (66%) y los maestros (63%).

Finalmente, somos un país con niveles muy bajos de participación ciudadana y política. Por ejemplo, en la última elección federal del país, en 2009, donde se eligieron diputados, sólo votó el 44.7% de los ciudadanos inscritos en el padrón electoral;[12] asimismo, de acuerdo con la encuesta de la Secretaría de Gobernación arriba mencionada, 92% señala que nunca ha participado en ningún partido político, al 80% no le interesan las conversaciones sobre temas políticos, y menos de 20% ha participado en alguna actividad pública donde se presenten peticiones o solicitudes para el gobierno.

Todas las deficiencias democráticas y de promoción del bien común anteriormente señaladas, y otras muchas que podrían mencionarse, son muestras claras de que en México no hay una cantidad significativa de

---

[9] OECD *Factbook 2009: Economic, Environmental and Social Statistics*, OECD, 2009.
[10] Banco Mundial. *Doing Business 2009*. Washington: Banco Mundial.
[11] Secretaría de Gobernación, *Encuesta Nacional sobre Cultura Política y Prácticas Ciudadanas 2008, Anexo 2. Resultados*. México: SG.
[12] Instituto Federal Electoral, *Programa de Resultados Electorales Preliminares 2009*.

ciudadanos que desarrolle una moral individual orientada favorablemente al desarrollo de los bienes públicos de interés general. Desde luego que sí hay muchos ciudadanos comprometidos con el bien común, y que a través de su acción personal y pública evitan que las situaciones críticas sean aún peores. Pero es claro que, de acuerdo con el teorema de la dinámica fundamental de las sociedades democráticas, no es una condición presente en una cantidad significativa de la población, lo cual sí permitiría cambiar de manera clara la situación de injusticia y desigualdad existente, así como la frecuente corrupción e ineficiencia gubernamentales.

Son numerosos y de diversas índoles los factores que explican la falta de una cantidad significativa de ciudadanos comprometidos decisivamente con el desarrollo de los bienes públicos de interés general, necesarios para la construcción de una sociedad democrática. Sin embargo, en el tema que nos ocupa en este trabajo, el factor más importante es la importancia en México de la cultura favorable a la doble moral, a la escisión entre moral individual y responsabilidades públicas. Escisión que se puede denominar *privatización de creencias o laicismo antirreligioso*.

La relación entre moral individual y responsabilidades públicas en el proyecto de nación

En México, las dificultades para articular las motivaciones que descansan en los valores morales individuales y las responsabilidades públicas democráticas tienen una doble fuente histórica: la compresión integrista de la religión católica que caracterizó a los padres fundadores de nuestra nación, y la respuesta antirreligiosa que promovió la dicotomía cultural entre moral individual y responsabilidades públicas, propia de los reformadores liberales del siglo XIX y de los revolucionarios de la primera parte del siglo XX. El integrismo religioso prácticamente ya no existe; sólo lo encontramos en algunas comunidades muy pequeñas, sobre todo rurales, aunque también en algunos grupos urbanos. En cambio, la dicotomía cultural todavía es dominante en México hasta el presente.

Morelos y los Sentimiento de la Nación

Como puede conocerse a partir de la lectura de cualquier texto serio sobre la historia de México, la idea de formar una nación independiente no surgió en 1810 con el movimiento encabezado por Miguel Hidalgo. Surgió más bien alrededor de 1813, en el contexto de la organización del Congreso de Chilpancingo que daría origen después a la Constitución de Apatzingán. En específico, la idea de formar una nación independiente la encontramos expresada por primera vez de manera clara en el documento llamado *Sentimientos de la Nación*, que presentó José María Morelos y Pavón en 1913 en la sesión inaugural del Congreso de Chilpancingo.

Los *Sentimientos de la Nación* están formados por 23 tesis o artículos. Constituye un proyecto de nación basado en cuatro pilares fundamentales: gobierno republicano, elección democrática de gobernantes, justicia social y carácter católico de la sociedad mexicana.

Con las primeras dos características, se asume un proyecto liberal de Estado. Morelos busca que la naciente nación mexicana se base en lo mejor del pensamiento liberal. Por ello, en el artículo sexto nos dice que la soberanía reside inmediatamente en el pueblo, el cual la deposita en "sus representantes dividiendo los poderes de ella en Legislativo, Ejecutivo y Judiciario, eligiendo las Provincias sus vocales, y éstos á los demás, que deben ser sujetos sabios y de probidad".

Pero Morelos no solo plantea el desarrollo de un estado liberal, republicano y democrático; también quiere una sociedad basada en la justicia. Por ello, en el artículo 12 nos dice: "Que como la buena ley es superior á todo hombre, las que dicte nuestro Congreso deben ser tales que obliguen á constancia y patriotismo, moderen la opulencia y la indigencia, y de tal suerte se aumente él jornal del pobre, que mejore sus costumbres, aleje la ignorancia, la rapiña y él hurto". Y en el artículo 16 establece: "Que la esclavitud se proscriba para siempre, y lo mismo la distinción de castas, quedando todos iguales y sólo distinguirá á un americano de otro, él vicio y la virtud".

Como puede leerse, la propuesta de nación de Morelos contempla integrar tres ejes sustanciales: gobierno republicano, democracia representativa y justicia social. Es la propuesta de nación moderna que quiere para México, la cual, en sus aspectos de justicia social, es notoriamente superior a la carta magna que dio origen a la Unión Americana como país independiente.

Pero Morelos también propone un cuarto eje articulador de la nación mexicana, un eje que busca realizar una síntesis con el pasado histórico. En el artículo segundo de los Sentimientos de la Nación, señala: "Que la Religión Católica sea la única, sin tolerancia de otra". En consecuencia, para Morelos, el proyecto de nación es: gobierno democrático, democracia representativa, justicia social, y religión única y obligatoria.

En una primera lectura de carácter positivo de los *Sentimientos de la Nación*, y recuperando la perspectiva analítica de Talcott Parsons, diré que Morelos es consciente de que no puede construirse un espacio público moderno sin una determinada construcción moral para un sector significativo de ciudadanos. Para construir un estado republicano y democrático, y una sociedad justa, es necesario movilizar los valores morales de los habitantes. Y esto último sólo puede hacerse si apelamos a las tradiciones culturales más profundas de una sociedad, las cuales, todavía hasta el presente, en México tienen que ver con la herencia cultural católica.

Sin embargo, Morelos no solo propone realizar una síntesis entre modernidad política, justicia social y tradición cultural, también, como yavimos, propone que tal tradición cultural sea el catolicismo entendido como religión única y obligatoria. Y en la historia de nuestro país, como en cualquier otro, la visión que quiere sostener los valores morales a partir de una religión única y obligatoria es por principio contraria a las ideas modernas de lo que debe ser una sociedad republicana y democrática, la cual incluye la construcción de un estado laico, respetuoso de todas las creencias. La propuesta de Morelos es así una alternativa integrista al requerimiento formulado por el teorema dinámico fundamental de una sociedad democrática, pues una sociedad republicana y democrática supone que el espacio público se construya de manera deliberativa, donde todos deben tener el derecho de presentar sus propios argumentos, ser escuchados, y debatir para llegar a acuerdos mayoritarios. En cambio, la idea de una religión única y obligatoria es contraria a la idea de los espacios públicos como espacios deliberativos.

Por lo mismo, la propuesta de síntesis de Morelos, entre la modernidad política republicana y democrática, la justicia social y los valores morales, será una fuente de tensiones irresolubles entre sí y de grandes conflictos, que sólo podrían resolverse por medio del reconocimiento de la libertad de creencias, del derecho inalienable a profesar públicamente cualquier convicción religiosa, incluyendo ninguna.

Un proyecto de nación fundamentado en una visión de la libertad de conciencia y religión no solo sería congruente con la idea evangélica de la libertad de los hijos de Dios, sino que permitiría fundamentar el desarrollo de una moral individual convergente con las instituciones republicanas y democráticas. Pero los laicos y los sacerdotes católicos que fundaron nuestra nación a partir del movimiento independentista en los comienzos del siglo XIX no fueron conscientes de la incompatibilidad de su manera de entender el catolicismo respecto de los ideales de un estado republicano y democrático.

La Constitución de 1824

Alcanzada la independencia, el México naciente tampoco tomó el camino de la libertad de creencias para articular la moral individual y las responsabilidades públicas democráticas. En la primera Constitución que tuvimos como país independiente, la de 1824, leemos lo siguiente en el artículo tercero: "La religión de la nación mexicana es y será perpetuamente la católica, apostólica, romana. La nación la protege por leyes sabias y justas, y prohíbe el ejercicio de cualquier otra".

Por ello, y otras muchas razones, nuestro país se enfrascó en una lucha profunda, donde las partes en conflicto nunca llegaron a visualizar la importancia que tiene una religión humanista para el desarrollo de la República y de la democracia. Por una parte, ello se debe a que la visión de nuestros padres fundadores sobre el rol público de la religión era de carácter integrista, excluyente de la liberad de conciencia y de profesión religiosa. Y por el lado contrario, quienes no aceptaban tal perspectiva, exigieron y demandaron la reclusión de las convicciones religiosas de la población a la vida privada. Con ello, se condenó al país a una gran escisión cultural: una cosa son las convicciones morales individuales, y otra cosa son las tareas y responsabilidades de orden público. Y un país con tales aporías, con un proyecto cultural de doble moral, es un país que tendría y ha tenido profundas limitaciones para construir una sociedad democrática y orientada al bien común.

La dicotomía cultural en la reforma liberal del XIX y en la Constitución de 1917

Pasados dos años de la aprobación de la Constitución liberal de 1857, Benito Juárez, Melchor Ocampo, Manuel Ruiz y Miguel Lerdo de Tejada elaboraron el documento *Justificación de las leyes de Reforma*,[13] donde explicaban las razones fundamentales de dichas leyes. En el texto destaca, en primer lugar, el reconocimiento claro y explícito de la libertad religiosa, de la cual se dice que es indispensable para proteger la República "por ser esto necesario para su prosperidad y engrandecimiento, a la vez que una exigencia de la civilización actual".

En este punto, sin duda alguna encontramos un gran avance. Pero el grave problema de fondo es que no se propone una presencia pública de las instituciones religiosas en el marco de una sociedad democrática y plural, sino que lo que se propone es la libertad religiosa entendida como privatización de las creencias. Se quiere enviarla al foro estrictamente individual de la vida social, sin presencia efectiva en el contexto de un orden público democrático en construcción. Y con ello, se asume como proyecto cultural de estado la escisión entre moral individual y comportamientos públicos, la escisión entre motivaciones individuales y responsabilidades públicas. Por último, con tal decisión, se hace tabla rasa del pasado histórico cultural que permitió la construcción de una nueva nación.

¿Cómo realizó el gobierno liberal tal escisión cultural? Después de una guerra civil, el Estado liberal calificó toda la labor de la Iglesia Católica como contraria a los intereses del país, y, en consecuencia, le quitó todos sus recursos públicos sin distinción alguna. Recordemos algunas acciones mencionadas en el documento justificativo que estoy comentando (pp. 22-23):

---

[13] México: Instituto Nacional de Estudios Históricos de la Revolución Mexicana, 2009.

En primer lugar, para poner un término definitivo a esa guerra sangrienta y fratricida, que una parte del clero está fomentando hace tanto tiempo en la Nación, por sólo conservar los intereses y prerrogativas que heredó del sistema colonial, abusando escandalosamente de la influencia que le dan las riquezas que ha tenido en sus manos y del ejercicio de su sagrado ministerio, y despojar de una vez a esta clase de los elementos que sirven de apoyo a su funesto dominio, cree indispensable:

1. Adoptar, como regla general invariable, la más perfecta independencia entre los negocios del Estado y los puramente eclesiásticos.

2. Suprimir todas las corporaciones de regulares del sexo masculino, sin excepción alguna, secularizándose los sacerdotes que actualmente hay en ellas.

3. Extinguir igualmente las cofradías, archicofradías, hermandades y, en general, todas las corporaciones o congregaciones que existen de esta naturaleza.

4. Cerrar los noviciados en los conventos de monjas, conservándose las que actualmente existen en ellos, con los capitales o dotes que cada una haya introducido y con la asignación de lo necesario para el servicio del culto en sus respectivos templos.

5. Declarar que han sido y son propiedad de la nación todos los bienes que hoy administra el clero secular y regular con diversos títulos, así como el excedente que tengan los conventos de monjas, deduciendo el monto de sus dotes y enajenar dichos bienes, admitiendo un pago de una parte de su valor títulos de la deuda pública y de capitalización de empleos.

La Reforma liberal del siglo XIX no trata, entonces, de garantizar únicamente los requerimientos constitucionales y las libertades necesarias para un proyecto democrático de nación: libertad de creencias y separación institucional entre el Estado y la Iglesia Católica. No busca sólo limitar la pretensión de ciertos grupos católicos de restringir dicha libertad y de obstaculizar la construcción de una sociedad laica. Más bien, como consecuencia de un gran conflicto histórico, resumido tradicionalmente como el conflicto entre conservadores y liberales, se propuso una reforma que se volvió intolerante a toda manifestación institucional de las creencias religiosas. Se abrió así un proyecto cultural, promovido desde el estado, favorecedor del desarrollo de una dicotomía moral, pues ante una sociedad mayoritariamente católica, no se propuso la restricción del integrismo religioso y su sustitución por un humanismo católico, promotor de los derechos ciudadanos. Más bien, se propuso privatizar todas las construcciones culturales religiosas, sin distinción alguna, condenando a la población a una doble moral: la que confesaban en su vida privada, y la que exigía el nuevo orden constitucional en los espacios públicos de la sociedad.

Los efectos negativos en el ámbito social de la reforma liberal ya fueron analizados en su tiempo por estudiosos como Andrés Molina Enríquez, quien en su trabajo *Los grandes problemas nacionales*, de 1909,[14] realizó un análisis detallado del acaparamiento de tierras y riqueza desencadenado después de la desamortización de los bienes eclesiásticos. No se promovió la igualdad social entre los ciudadanos, sino un nuevo sistema profundamente inequitativo.

Los participantes en el Constituyente de 1917 trataron de resolver las grandes injusticias sociales que habían favorecido los reformadores liberales del siglo XIX; introdujeron, entonces, un ideario de reformas que, si se aplicaban de manera adecuada, podrían revivir el ideal de Morelos de conjuntar en el proyecto de nación las demandas de justicia social. Sin embargo, el modelo cultural subyacente a los constitucionalistas de 1917 tampoco es favorable al logro de tal objetivo. Es cierto que recuperan en el texto constitucional el requerimiento de toda sociedad democrática de garantizar la libertad de creencias, en especial bajo la forma jurídica de separación institucional entre Estado y religión, pero en la práctica no garantizan el ejercicio de tal derecho de manera plena, pues su proyecto fue privatizar la religión y prohibir su presentación pública. En consecuencia, el modelo cultural de los constituyentes de 1917 es la doble moral, donde no es posible articular de manera sustantiva los valores personales de los individuos y las exigencias públicas que requiere una sociedad democrática orientada al bienestar general. El espectáculo de la violencia desencadenada después del Constituyente de 1917, el enriquecimiento sistemático de los principales grupos revolucionarios en el poder, el abuso autoritario que hicieron de sus facultades y las restricciones a un pleno ejercicio democrático no solo en relación con las Iglesias, sino también con los sindicatos, organizaciones rurales, grupos empresariales y demás actores de la sociedad civil, son muestra de una sociedad que no ha podido articular, para una mayoría de la población, una adecuada sinergia entre motivaciones personales y normas democráticas.

CONCLUSIÓN

La escisión cultural entre moral individual y responsabilidades públicas que ha caracterizado a México nunca ha prosperado con tal fuerza en las actuales sociedades democráticas avanzadas, pese a los intentos que se han realizado tanto en el pasado como en el presente. Como lo señalamos con anterioridad, en países como Canadá, Estados Unidos, Inglaterra, Alemania, Suecia, Noruega, Francia, Italia y España, por mencionar sólo algu-

---

[14] México: Imprenta de A. Carranza e Hijos.

nos ejemplos, la consolidación de sus instituciones democráticas sí corrió paralela con el reconocimiento pleno de la libertad de creencias, pero nunca implicó la prohibición de su presentación pública. Por lo mismo, su escisión cultural es mucho menor que en México, y los compromisos morales de los individuos con las instituciones democráticas y el bienestar público general es significativamente mayor.

Durante los últimos años, se han fortalecido los espacios de libertad de creencias y de manifestación de ideas en México. Sin duda alguna, hay muchas y diversas muestras al respecto. Sin embargo, todavía nos rodean los fantasmas de la intolerancia y de la doble moral. Algunos —pocos, afortunadamente— quieren intervenir en los espacios públicos de manera integrista, promoviendo sanciones a quienes no piensan como ellos. Otros, mucho más numerosos, demandan poner un serio dique a las pretensiones de las iglesias y demás confesiones religiosas de participar activamente en los espacios públicos de deliberación. Exigen que se les prohíba dicha actividad, y que se les exija que se atengan únicamente al culto. Por lo mismo, ambas posiciones son incapaces de articular un espacio público democrático, donde todos tengan el derecho de intervenir en los diálogos públicos orientados a construir acuerdos normativos mayoritarios o, en el mejor de los casos, consensos. Ambas posiciones son, indudablemente, fundamentalistas en términos culturales, y mucho provecho intelectual les haría el leer a Talcott Parsons.

Fundamentos filosóficos y antropológicos del derecho humano a la libertad religiosa

Rodrigo Guerra López
Director
Centro de Investigación Social Avanzada

INTRODUCCIÓN

La religión expresa las aspiraciones más profundas de la persona humana, determina su visión del mundo y orienta su relación con los demás. En el fondo, ofrece la respuesta a la cuestión sobre el verdadero sentido de la existencia, tanto en el ámbito personal como social. La libertad religiosa, por tanto, es como el corazón mismo de los derechos humanos. Es inviolable hasta el punto de exigir que se reconozca a la persona incluso la libertad de cambiar de religión, si así lo pide su conciencia. En efecto, cada uno debe seguir la propia conciencia en cualquier circunstancia y no puede ser obligado a obrar en contra de ella. Precisamente por eso, nadie puede ser obligado a aceptar por la fuerza una determinada religión, sean cuales fueran las circunstancias o los motivos.[1]

Con estas palabras, Juan Pablo II se dirigía al mundo entero el 1º de enero de 1999 en el mensaje por la Jornada Mundial de la Paz. En este breve texto no sólo resume una convicción propia de una determinada confesión religiosa —la Iglesia Católica— sino que expresa de una manera sintética tanto el contenido esencial como la importancia que posee el reconocimiento pleno del derecho humano a la libertad religiosa. Al escuchar las palabras de Juan Pablo II es importante considerar que no solo son relevantes por quien las pronuncia, sino que en sí mismas son verdaderas y relevantes para la construcción tanto de un auténtico Estado de Derecho como de una sociedad más libre en la que todas las personas seamos respetadas como personas.

---

[1] Juan Pablo II, *Mensaje para la celebración de la Jornada mundial de la paz*, 1 de enero 1999, n. 5.

En la actualidad, el estudio sistemático del derecho humano a la libertad religiosa se enmarca dentro del denominado *Derecho eclesiástico del Estado*, es decir, al interior de esa parte del Derecho que investiga la legislación estatal sobre materia religiosa y que se distingue netamente del Derecho canónico.[2]

Desde una perspectiva histórica, el derecho humano a la libertad religiosa ha sido objeto indirecto de estudio en países como México, al momento de mostrar los avatares sobre las relaciones entre la Iglesia y el Estado, no siempre fáciles, y al estudiar momentos particularmente críticos como el denominado "conflicto religioso" vivido en nuestra nación entre los años 1914 y 1938.[3] Finalmente, existen algunos intentos de interpretación de este derecho humano al interior de la literatura liberal ilustrada que intentan fundamentar la pertinencia del *laicismo* como uno de los sellos distintivos del Estado mexicano.[4]

Todas estas aproximaciones son importantes ya que muestran que un mismo hecho —el fenómeno religioso y el derecho humano que versa sobre él— puede ser afrontado desde diversas perspectivas y con distintas intenciones.

En las siguientes páginas buscaremos abordar el derecho humano a la libertad religiosa desde el punto de vista de su *fundamento filosófico*, y más precisamente, su fundamento *antropológico*. Este tratamiento no suele ser frecuente ya que la presión que ejercen las diversas controversias históricas en las que suele estar enmarcado este derecho dificulta en muchas ocasiones el análisis profundo de su estructura esencial.[5]

---

[2] Para un estudio de la naturaleza y fuentes del Derecho eclesiástico del Estado, véase el magnífico libro de R. González Schmal, *Derecho eclesiástico mexicano. Un marco para la libertad religiosa*, Porrúa, México 1997, cap. VI. También muy recomendable es: A. Molina Meliá (Coord.), *Las libertades religiosas. Derecho eclesiástico mexicano*, UPM, México 1997.

[3] De entre la abundante literatura a este respecto, vale la pena señalar como referencia fundamental las obras de J. Meyer, *La Cristiada*, Siglo XXI, México 1973, 3 vols.; y, *La cruzada por México. Los católicos de los Estados Unidos y la cuestión religiosa en México*, Tusquets, México 2008.

[4] Dos recientes obras a este respecto son: R. J. Blancarte, *El Estado laico*, Nostra Ediciones, México 2008; R. Vázquez (coord.), *Laicidad. Una asignatura pendiente*, Ediciones Coyoacán, México 2007.

[5] En otro lugar hemos expuesto un análisis sobre el estado de la cuestión en el Derecho constitucional mexicano y la necesidad de reformular el contenido del artículo 24 de nuestra Carta Magna de una manera tal que permita una *laicidad abierta* respetuosa de la libertad de conciencia de todas las personas, creyentes y no-creyentes: "Libertad religiosa: una agenda pendiente en México. Elementos para promover una revisión de la Constitución Política de los Estados Unidos Mexicanos en materia de libertad religiosa y algunas reflexiones críticas sobre la Ley reglamentaria y el Reglamento en esta materia", en *Ars Iuris. Revista del Instituto de Documentación e Investigación Jurídicas de la Facultad de Derecho de la Universidad Panamericana*, n. 33, 2005, pp. 363-377.

Procederemos con el siguiente orden: en primer lugar trataremos de mostrar brevemente la necesidad de reformular el derecho natural bajo una perspectiva personalista. Posteriormente intentaremos explorar el significado filosófico de la Declaración *Dignitatis humanae* del Concilio Vaticano II como lugar privilegiado para comprender el fundamento iuspersonalista del derecho humano a la libertad religiosa. Finalmente, haremos una recapitulación que nos permita mirar los elementos fundamentales de orden antropológico que es preciso descubrir para poder fundamentar este importante derecho humano.

POR UNA GRAMÁTICA DE LA ACCIÓN

La acción humana, a diferencia de la operación que realizan los entes no-personales, se caracteriza, entre otras cosas, por la necesidad de descubrir de manera consciente y libre referentes que la guíen. El principio *operare sequitur esse* que exhibe la dependencia ontológica de todo obrar respecto del ser que realiza la operación no puede ser interpretado de igual manera cuando se aplica a las cosas o a las personas.

En efecto, mientras que en los entes no personales el obrar tiene una correspondencia directa con la naturaleza, es decir, con la esencia en cuanto principio de operaciones, en el caso de la persona humana, precisamente la "naturaleza" de la persona consiste en su racionalidad y su libertad. Por ello, actuar "secundum naturam" significa en la persona humana principalmente actuar "secundum rationem".[6]

Un cierto iusnaturalismo poco atento al carácter personalista de la acción intentó en el pasado derivar las normas que guían la acción libre a partir de las inclinaciones incoadas en la naturaleza del ser humano sin prestar suficiente atención a la razón como momento esencialmente normativo. Esto condujo, entre otras cosas, a que el derecho natural fuera acusado de caer en una falacia naturalista, es decir, en una rápida y poco justificada deducción del *deber-ser* a partir del *ser*.[7]

---

[6] Para una exposición más amplia de estas cuestiones, véase: R. Guerra López, *Afirmar a la persona por sí misma. La dignidad como fundamento de los derechos de la persona*, CNDH, México 2003.

[7] De entre los textos que pueden ejemplificar *en diversos grados* la posición que criticamos pueden consultarse: E. Rolland, *La loi de réalisation humaine dans saint Thomas*, Vrin, París 1935, 2 Vols.; H. Rommen, *The Natural Law. A Study in Legal and Social History and Philosophy*, Herder, St. Louis-London 1948; F. M. Schmölz, *Das Naturgesetz und seine dynamische Kraft*, Paulusverlag, Freiburg 1959; J. Mausbach-J. Ermecke, *Teología Moral Católica*, Eunsa, Pamplona 1971, T. I; R. MacInerny, *Aquinas on Human Action. A Theory of Practice*, The Catholic University of America Press, Washington, D.C. 1992; J. Hervada, *Introducción crítica al derecho natural*, Editora de Revistas, México 1985 (véanse especialmente las pp. 142-146).

Hoy sabemos con más claridad que en el pasado que la lógica inmanente de la naturaleza humana es incapaz de descubrirnos el fundamento de la moralidad y de la juricidad, es decir, no puede mostrarnos qué debemos hacer, sólo nos muestra una generalidad no obligante. Las tendencias e inclinaciones intrínsecas a nuestra esencia, si bien están ordenadas intencionalmente a ciertos objetos, necesitan el concurso de la *razón práctica* para discernir cuáles son los valores que es preciso afirmar al momento que ellas parecieran señalar un cierto bien a realizar.

Toda la esfera de las inclinaciones y tendencias, por otra parte, no debe ser interpretada por nadie como dañina. Al contrario, es parte integrante de la vida humana y puede colocarse al servicio de los valores descubiertos por la razón, dándole así a la acción una riqueza cualitativa muy importante e imprescindible si se busca hacer el bien en términos humanos. Las tendencias e inclinaciones son verdadera fuente de conocimiento práctico ya que pueden revelar diversos aspectos de la importancia positiva que posee un objeto, aunque no su orden y jerarquía.

Esto nos muestra que en la búsqueda de referentes para nuestra acción debemos ser cuidadosos. No basta decir que la acción humana debe ser normada. Mucho menos basta afirmar la necesidad de un cierto elenco de "valores" más o menos consensuados para encontrar auténticas normas. Lo importante es descubrir *con la razón* que, así como el lenguaje requiere una *gramática* que delimita de manera normativa los usos sintácticos y semánticos de las palabras y sus construcciones, la acción humana también necesita una *peculiar gramática* que saque a la luz las reglas racionales y los significados fundamentales que, más allá de determinados contextos, transhistóricamente regulan la acción humana. Esto es a lo que tradicionalmente se ha denominado *lex naturalis,* ley natural.

Para recuperar la centralidad de la razón en el discernimiento real de la verdad sobre el bien que guía a la acción humana, es preciso atender con cuidado a la propia experiencia, la experiencia humana elemental. Esta experiencia no es un dato más entre otros muchos, sino el conjunto de datos, de evidencias y de exigencias que fungen como premisa metodológica en toda incursión antropológica. Karol Wojtyla, al enfrentar este tipo de cuestiones, justamente considera con gran agudeza que antes de buscar los fundamentos normativos para la acción en un autor, en una teoría o en una costumbre, lo más primario es mirar nuestra propia experiencia y, afinando la mirada, descubrir que es al interior de la experiencia del propio yo, y del yo del otro, donde hallamos un primer referente axiológico de manera indubitable e inevitable.[8] Este referente no es otro que la

---

[8] *Cf.* K. Wojtyla, "L'uomo nel campo della responsabilità", en Id., *Metafisica della persona. Tutte le opere filosofiche e saggi integrativi,* a cargo de G. Reale y T. Styczen, Bompiani, Milán 2003, p. 1236.

constatación que el sujeto humano hace de su propia humanidad como un ser que, desde dentro, desde su interior más profundo, es consciente de ser y por ende consciente de que su valor es superior al de la cosas.

Dicho de otro modo, la dignidad, antes que una conclusión, es una evidencia que se encuentra conformando la experiencia del "yo". Decir "yo", es decir, poseo dignidad, poseo un carácter auténticamente ininstrumentalizable. El dato del "yo" nunca es axiológicamente neutro.

Posteriormente, conforme la vida se desarrolla y la acción humana se despliega, encontraremos muchos momentos diversos en los que el carácter personal y digno del yo humano emerge y confirma esta evidencia originaria. La experiencia de la libertad, en particular, será un camino privilegiado para advertir justamente que el yo humano decide por sí mismo sus fines, y por ende, revela su condición de fin ante la propia conciencia. Cuando la conciencia advierte esto, descubre no sólo un interesante dato teorético —el ser que soy es fin— sino inmediatamente un contenido axiológico: ser "yo", significa, valer como vale un fin. Ser "yo" significa que la única conducta adecuada ante mi ser y ante el ser de los *otros-como-yo* es que seamos respetados como fines y nunca usados como meros medios: *Persona est affirmanda propter seipsam!* ¡Hay que afirmar la persona por sí misma! Esta es la norma personalista de la acción.[9]

La norma personalista de la acción es el precepto fundamental de la ley natural (es la *norma normarum*). Esta norma no es formal ya que versa sobre la persona, es decir, sobre un sujeto individual con dignidad, máximamente único, irrepetible e insustituible. Coincide con el precepto *fac bonum, haz el bien*, pero le asigna un contenido material de manera inmediata. Es, en estricto sentido, un *imperativo categórico concreto* que afirma el bien en cuanto a perfección adecuada para la persona.

El resto de las normas que la razón práctica descubre encontrarán su integración adecuada en la vida real de la persona a la luz de la norma personalista de la acción. De hecho, los derechos humanos no serán más que un despliegue analítico de las diversas modalidades en las que la norma personalista de la acción incide en diversos ámbitos de la vida personal y social. Cuando los derechos humanos se argumentan de este modo aparece con claridad, y no sólo como un recurso retórico, que su fuerza normativa depende de la *dignidad humana*, es decir, del valor suprautilitario que posee cada historia personal en razón, no de su pertenencia a la especie, sino de su carácter individual e irreductible. Esto quiere decir que

---

[9] *Cf.* K. Wojtyla, *Amor y responsabilidad*, Palabra, Madrid 2008; R. Guerra López, *Afirmar a la persona por sí misma*. Algunas otras consideraciones sobre esta cuestión pueden verse en: R. Guerra López. *Volver a la persona. El método filosófico de Karol Wojtyla*, Caparrós, Madrid 2002.

no procedemos operando un salto del *ser* al *deber-ser,* sino que el *deber-ser* lo encontramos *ab initio* en la experiencia. Precisamente por esto, la experiencia humana elemental se configura como protoexperiencia moral y jurídica: *primum antropologicum et primum ethicum et iuridicum convertuntur.*

EL SIGNIFICADO FILOSÓFICO DE LA DECLARACIÓN SOBRE LIBERTAD RELIGIOSA DEL CONCILIO VATICANO II

El origen histórico de la formulación del derecho humano a la libertad religiosa como un auténtico derecho, y no sólo como cierta tolerancia al error invencible, tiene antecedentes muy remotos. De hecho, es reconocido que el nacimiento histórico de las declaraciones de derechos humanos se encuentra en más de una ocasión asociado indisolublemente con el reconocimiento de que todo ser humano es libre de realizar las opciones en conciencia que en materia religiosa prefiera, con el único límite del respeto al derecho de terceros.

Durante el siglo XX contribuyeron de manera decisiva, aportando materiales para las formulaciones actuales de este derecho, hombres como Jacques Maritain, Emmanuel Mounier y, en el seno del Magisterio eclesial contemporáneo, Karol Wojtyla. Este último caso merece una observación más detallada. Karol Wojtyla participó en el Concilio Vaticano II y realizó importantes intervenciones sobre el derecho a la libertad religiosa. En ellas tuvo que afrontar un escenario que aún no es diferente del todo: por una parte se encontraban quienes consideraban que la libertad religiosa era una concesión liberal que jamás debería ser promovida por la Iglesia. Si la Iglesia católica posee un depósito de la fe verdadero no debería auspiciar un supuesto derecho a la decisión libre en materia religiosa, ya que sólo la verdad debe ser afirmada mientras que el error debe ser combatido o —si esto no es posible— al menos tolerado.

Por otra parte, se encontraban las tendencias que afirmaban la autonomía radical de la conciencia sin referencia a una verdad objetiva. En este ámbito se sostenía la importancia de la libertad religiosa, pero en detrimento de la vigencia de la idea de verdad. La libertad religiosa, así considerada, se convertía en el dominio de la opinión subjetiva y en el rechazo de cualquier verdad objetiva, que por serlo, se interpretaba como autoritaria.

Este planteamiento no sólo pervive en materia de libertad religiosa, sino que, en muchas actitudes y discusiones sobre otros temas, la misma cuestión reaparece continuamente: pareciera que no hay otra posibilidad más que la que ofrece la disyuntiva entre la verdad contra la conciencia o la conciencia contra la verdad.

Cuando Karol Wojtyla enfrenta este escenario considera que el verdadero problema radica en que la discusión se ha planteado a partir de premisas equivocadas. La actitud anti moderna que caracterizó a una buena parte del pensamiento católico tradicional antes del Concilio Vaticano II se definía como una opción a favor de una filosofía del ser que se presentaba como radical antagonista de cualquier modalidad de filosofía de la conciencia.

El tomismo, como filosofía que reconoce la primacía radical del ser, fue utilizado como herramienta fundamental para el rechazo del pensamiento de Descartes, de Kant, de Husserl o de cualquier otro pensador que insistiera en la centralidad de la subjetividad humana y en los derechos de la conciencia. El inmanentismo filosófico racionalista se establecía como el gran enemigo a vencer y ante el que ninguna concesión era posible.

Karol Wojtyla, a través de sus obras, fue mostrando que esta convicción entraña un gran error. Desde hacía un tiempo se habían planteado frentes de lucha a partir de la antinomia subjetivismo-objetivismo, idealismo-realismo. Muchos temían que el ocuparse de la subjetividad condujera "inevitablemente al subjetivismo. Entre los filósofos que se movían en el terreno del realismo y del objetivismo epistemológico, este temor estaba motivado con frecuencia por el carácter o, incluso también, por el *tono* subjetivo e idealista de los análisis llevados a cabo sobre la base de la *conciencia pura*".[10] Para Wojtyla, esta tensión debe desaparecer. Pero el motivo de la desaparición de la tensión no es un acuerdo irenista ni una negación de los problemas de fondo existentes entre las partes, sino la afirmación vigorosa de que la experiencia del hombre puede hacer salir a la conciencia pura como sujeto pensado y fundado *a priori* introduciéndonos en la existencia concreta del hombre, es decir, en la realidad del sujeto consciente.[11] Gracias a la contribución de la fenomenología al interior del pensamiento cristiano ya no es posible mantener la lucha tal y como había sido definida por las partes que constituyen las antinomias mencionadas.[12] En la actualidad, dirá Wojtyla, es necesario tratar el problema concentrándonos en lo *irreductible en el hombre,* es decir, en "lo que es

---

[10] Idem, *La subjetividad y lo irreductible en el hombre,* en HD, p. 26.
[11] Cf. *Ibidem*, pp. 26-27.
[12] "Teniendo presente todos los análisis fenomenológicos realizados sobre la base de tal objeto, o sea de la consciencia pura, no podemos ya, desde este momento, ocuparnos del hombre solamente como ser objetivo, sino que debemos ocuparnos de él como sujeto en la dimensión en la que es la consciencia la que determina esta subjetividad del hombre específicamente humana. Parece que esto sea precisamente la subjetividad personal" (*Ibidem,* p. 27).

originaria y fundamentalmente humano", en "lo que constituye la originalidad plena del hombre en el mundo".[13]

Esto implica una reconsideración de un aspecto teorético y de un elemento histórico-filosófico. El aspecto teorético puede ser resumido así: si la filosofía del ser es verdadera, debe reconocer que la conciencia y la subjetividad son también ser y por ende lugar privilegiado para recuperar de un modo nuevo la objetividad del ser desde el terreno fértil que brinda la experiencia de la propia subjetividad. Este itinerario fue el que San Agustín de Hipona realizó en sus obras filosóficas y al que tampoco Tomás de Aquino es ajeno si se le estudia con el debido detenimiento y no se le sobre-simplifica de manera puramente aristotélica.

Por su parte, el elemento histórico-filosófico implicado es la valoración que podemos realizar de la misma modernidad. En efecto, la modernidad ha sido todo un clima cultural que ha marcado al mundo y a sus instituciones, conduciendo muchas veces a personas y pueblos hacia atolladeros y contradicciones difíciles de remontar. Sin embargo, cuando realizamos una lectura no-política sino trans-política de la modernidad, es posible que miremos que aún en medio de los errores y deficiencias más graves, existe una cuestión antropológica fundamental que exige ser resuelta.

El problema central de la modernidad es una cuestión antropológica que no sólo es resuelta por vía ilustrada sino que ofrece algunos derroteros, a veces ignorados, que pueden abrir vías importantes para la reconstrucción de una imagen más complexiva del hombre y del mundo. Piénsese en la tradición que nace en las *Meditaciones metafísicas* de Descartes y se continúa en Pascal, Malebranche, Vico, Rosmini, Sciacca, Scheler, Hildebrand y el propio Wojtyla. Piénsese en hombres como Kierkegaard que, sin dejar de ser modernos, afirmaron un realismo existencial que permitió el surgimiento del existencialismo cristiano de pensadores como Marcel, Mounier o Guardini.

Ambos aspectos, tanto una filosofía del ser reformulada que permita entender que el mundo de la subjetividad no puede ser excluido metodológicamente al hacer una reconstrucción de la filosofía, como una reconsideración de la modernidad que permita afirmar que no es un enemigo a vencer sino un territorio a reconstruir y completar, son elementos fundamentales para comprender la toma de postura de la Iglesia en el Concilio Vaticano II sobre libertad religiosa.

La exigencia fundamental de este documento conciliar consiste en que la persona humana al vivir dentro de la sociedad debe verse libre de toda coacción y de todo obstáculo legal o extralegal en lo referente a las opciones en conciencia que realice en materia de religión: fe, culto, testimonio,

---

[13] *Ibidem.*

práctica religiosa tanto privada como pública, de manera individual o asociada. Sin embargo, para poder sostener esto con rigor, es preciso colocar como fundamento una nueva perspectiva filosófica. Rocco Buttiglione con gran precisión afirma a este respecto:

> La integración de la filosofía del ser y de la filosofía de la conciencia en una antropología acabada de la persona parece ser, en la perspectiva que hemos esbozado sumariamente la única forma de comprender a fondo la novedad de la enseñanza conciliar y, al mismo tiempo, su sólido anclaje en la tradición (que es algo muy distinto del tradicionalismo). (...) Es probable que una gran parte de las desviaciones posconciliares puedan explicarse por el hecho de que, dejando a parte algunos ejemplos luminosos, falta esta nueva reflexión filosófica entre nosotros los occidentales.[14]

Esta nueva perspectiva filosófica es justamente la que Karol Wojtyla se empeñó en desarrollar a través de sus obras filosóficas hasta antes de ser elegido Sucesor de Pedro en 1978.[15] En ellas, muestra de manera amplísima que la verdad al momento de ser afirmada no debe de lastimar la verdad sobre el hombre, es decir, que éste es un sujeto con dignidad, con conciencia y con libertad. De hecho, la conciencia sin la verdad no puede cumplir con su vocación de ser verdadera luz para la acción humana. Por su parte, la verdad sin la conciencia no posee lugar para interiorizarse y asimilarse existencialmente. Sólo cuando se reconoce que la verdad debe ser aceptada con entera libertad y sin coacción es posible también afirmar que la conciencia debe buscarla y obsequiarle su adhesión cuando la encuentra.

LAS EVIDENCIAS ELEMENTALES

Este breve recorrido nos ha permitido sensibilizarnos de una manera rápida sobre algunas cosas de manera directa y sobre otras de modo indirecto. Intentando hacer un resumen de los aspectos más fundamentales podríamos decir que el derecho humano a la libertad religiosa encuentra su fundamento filosófico en las siguientes evidencias:

1. La persona humana es un sujeto individual con dignidad que merece siempre y sin excepción ser reconocido como fin y nunca usado como mero medio.

2. El fundamento de los derechos humanos es la dignidad de la persona. La dignidad es un elemento normativo que se encuentra al interior de la experiencia gracias al cual se puede superar en principio el riesgo de falacia naturalista.

---

[14] R. Buttiglione, *El pensamiento de Karol Wojtyla*, Encuentro, Madrid 1992, p. 215.
[15] Véase, K. Wojtyla, *Metafisica della persona. Tutte le opere filosofiche e saggi integrativi*, a cargo de G. Reale y T. Styczen, Bompiani, Milán 2003.

3. La conciencia es el santuario más íntimo de la persona y merece ser reconocida como el lugar donde emerge la búsqueda de la verdad en general y la verdad en materia religiosa en particular.

4. Una adecuada articulación entre conciencia y verdad se hace urgente. Esta articulación no debe lastimar la verdad de la conciencia que consiste en ser una dimensión antropológica especialmente delicada y digna al interior de la estructura de la persona humana.

5. La modernidad es un problema antropológico que exige una reconsideración radical. No basta con rechazar el error, sino que es preciso reaprender a descubrir la verdad también en medio de las búsquedas realizadas con resultados no satisfactorios. De hecho, en el seno de la modernidad existen importantes contribuciones que permiten comprender que la polarización entre ser y conciencia puede ser resuelta a partir de una antropología adecuada.

6. La dimensión religiosa de la persona humana es la más definitoria y esencial debido a que la estructura más profunda del ser humano precisamente consiste en su *sentido religioso,* es decir, en su anhelo de encontrar una respuesta definitiva a la cuestión de su origen, de su significado y de su destino.

7. Una nueva ontología que permita reformular de manera personalista la metafísica clásica no sólo es una cuestión especulativa importante sino que constituye una posibilidad para desarrollar un pensamiento que supere las antinomias que particularmente la ilustración ha colocado como falsos dilemas en la cultura contemporánea.

8. El derecho humano a la libertad religiosa debe ser reconocido en toda su amplitud por parte del Estado y debe ayudar a construir una cultura renovada en la que la dimensión religiosa de la existencia pueda desarrollarse sin trabas de ninguna especie.

La libertad religiosa frente al derecho internacional y mexicano

La libertad religiosa y su protección jurídica en el ámbito internacional

Jorge Adame Goddard
Instituto de Investigaciones Jurídicas
Universidad Nacional Autónoma de México

INTRODUCCIÓN

Escribo este trabajo movido por una preocupación acerca del régimen jurídico de la libertad religiosa, que me parece que es un tema que hoy, por la tendencia hacia la pluralidad cultural y religiosa que se observa en la mayor parte de los países occidentales, debe reconsiderarse con detenimiento, a fin de mantener la unidad política, sin importar la diversidad religiosa o cultural. En Latinoamérica, cuya población es mayoritariamente católica, hay una diversidad religiosa creciente (quizá principalmente por el desarrollo de otros grupos cristianos) pero, sobre todo, hay una divergencia cultural importante entre creyentes, que quisieran ver reflejadas las concepciones éticas propias en las políticas públicas, y no creyentes, que parece que quieren excluir de la vida pública cualquier referencia expresa a una ética de signo religioso.

El objeto del trabajo es analizar el régimen jurídico vigente en los tratados internacionales multilaterales acerca de la libertad religiosa, con el fin de conocerlo y, posteriormente, valorarlo. Pero, antes de iniciar el análisis jurídico, conviene observar que es necesario distinguir entre el bien jurídicamente protegido y la protección jurídica de ese bien. Así, una cosa es la vida humana, bien protegido, y otra el derecho a la vida o la protección jurídica de la vida; una cosa es la educación, y otra el derecho a recibir educación, es decir la protección jurídica de ese bien. Lo mismo sucede con la libertad religiosa: una cosa es la libertad religiosa, que es una libertad natural del ser humano, y otra el derecho de la libertad religiosa que es la protección jurídica que asegura el gozo y ejercicio de ese bien.

Por eso, el punto de partida de este trabajo es un análisis de lo que es la libertad religiosa, considerada en sí misma, para luego entrar en el análisis del régimen jurídico de la misma en los tratados internacionales. La valoración del régimen jurídico se hará en atención a lo que es la libertad religiosa considerada en sí misma, ya que el régimen jurídico no es más que un medio para el mayor despliegue del bien jurídico protegido. Se concluye proponiendo la adopción de un sistema de objeción de conciencia en los tratados de derechos humanos.

QUÉ ES LA LIBERTAD RELIGIOSA

La libertad humana es la propiedad[1] (o característica esencial) que tiene la voluntad humana de elegir y decidir acerca de la propia conducta sin coacción externa o interna.

La libertad se pone en juego principalmente en dos actos de la voluntad, que aunque están íntimamente relacionados, son distintos: la elección y la decisión. La elección consiste fundamentalmente en escoger uno entre varios bienes, el que es considerado el mejor entre ellos; es, por ejemplo, lo que hace el estudiante cuando elige una carrera universitaria como la mejor para él. La decisión consiste en el acto por el que la persona se auto-determina a obtener el bien elegido; la decisión comporta hacer uso de los medios necesarios o convenientes para alcanzar el fin; por ejemplo, el estudiante que eligió una carrera, cuando se decide a seguirla, comenzará a hacer lo necesario para inscribirse en alguna universidad que le ofrezca esos estudios.

La sola elección es un acto que puede darse en el interior de la persona sin ninguna manifestación exterior, por lo que cabe afirmar que se refiere a la libertad interior. En cambio, la decisión se materializa en actos externos, por lo que cabe referirla a la libertad exterior.

La libertad religiosa es la libertad de todo ser humano de relacionarse con Dios. Lógicamente la libertad religiosa requiere del previo reconocimiento de la existencia de Dios. Este reconocimiento es un acto intelectual por el cual la inteligencia asiente al hecho de la existencia de Dios. Es un conocimiento que se puede adquirir por el solo ejercicio de la razón natural, sin necesidad de la fe.

El acto intelectual por el cual se reconoce la existencia de Dios no es propiamente un acto de libertad religiosa, sino simplemente un acto de la libertad de pensamiento. Se puede reconocer la existencia de Dios, pero no querer relacionarse con Él, o incluso afirmar que es imposible esa re-

---

[1] Actualmente, dada la importancia que se concede a la libertad, se habla de ésta como si fuera una facultad del ser humano. En realidad, no es una facultad sino una propiedad o característica esencial de la voluntad, que no está determinada a querer necesariamente algún bien, lo que le permite optar y elegir entre los diversos bienes. Sobre esto publiqué el trabajo "La libertad como la propiedad personal de hacer lo que uno quiere", en *Ars Iuris* 25, México, 2001.

lación. Sucede lo mismo que en otros campos: una cosa es la libertad de pensar en el trabajo, y otra la libertad de trabajar; una es la libertad de pensar en emigrar del país, y otra la libertad de entrar y salir de él; del mismo modo, una cosa es la libertad de pensar en Dios, de reconocer su existencia, y otra la libertad religiosa de relacionarse con él.

La libertad religiosa es propiamente la libertad de la persona de elegir una relación con Dios y decidirse a vivir conforme a ella. Comprende la elección de la religión, o modo de relacionarse con Dios, que considera mejor, pero también la decisión, por la que la propia persona se constriñe, se determina a seguir una determinada religión o relación con Dios.

La elección y la decisión de relacionarse con Dios es el acto humano más importante que uno puede realizar, por razón de la Persona a la que tiende. Es un acto que solo puede hacerse en libertad, es decir sin coacción externa, de las diversas instancias del poder legítimo o *de facto*, y sin coacción interna, es decir sin que la persona esté determinada por el miedo o alguna otra pasión o debilidad dominante. En muchas ocasiones, a lo largo de la historia humana, se ha violentado a las personas, incluso a comunidades enteras, imponiéndoles una determinada religión, frecuentemente la religión de los poderosos o la religión de los pueblos vencedores. Hoy existe una fuerte conciencia, a nivel mundial, de que tal imposición debe ser rechazada y que las organizaciones políticas deben contar con los medios jurídicos para evitar que eso suceda o, si sucede, para que se repare debidamente esa situación.

La relación con Dios tiene una característica peculiar que la distingue de cualquier otra relación. Es siempre una relación de subordinación, entre un ser humano que se sabe limitado, muy limitado, y Dios, a quien se reconoce como Ser Supremo, perfecto en poder, saber, bondad y en cualquier otro atributo. La forma de concebir esa relación varía en las diversas religiones: puede ser concebida como relación entre el Creador y la criatura, o entre Padre e hijo, entre el Salvador y el necesitado, o entre el Protector y el elegido, pero es siempre una relación que implica la subordinación del ser humano al Ser Supremo. Es además una subordinación, por decirlo así, ontológica, puesto que se funda en la diferencia radical del ser limitado de uno y el ser Perfecto del Otro.

La relación de dependencia del creyente respecto a Dios es lo que distingue la religión de la superstición o magia. En ésta, el ser humano pretende dominar supuestas fuerzas sobrenaturales para beneficio de sí mismo, de modo que en vez de una relación de dependencia de la creatura respecto del Creador, se da una relación de pretendido dominio del hombre sobre fuerzas o poderes sobrenaturales.[2]

---

[2] La distinción entre superstición (magia, esoterisrrmo, espiritismo, etc.) y religión es algo que debe considerarse en la legislación que regula las relaciones del Estado con las iglesias, a fin de no otorgar a las prácticas supersticiosas el mismo trato que a las religiosas.

La elección de una religión, es decir la consideración de una determinada religión como la mejor, es un acto interno, que no se materializa necesariamente en actos exteriores. En cambio, la decisión de seguir una determinada religión se manifiesta en mucho actos externos, como los actos de culto, la enseñanza o difusión de la religión, la práctica de determinados comportamientos, etcétera. La protección jurídica debe atender ambos aspectos de la libertad religiosa, es decir, proteger la libertad interior de elegir una religión y la libertad exterior de manifestarla, o de conformar la propia vida de acuerdo con ella.

La protección jurídica respecto a la libertad de elegir una religión se dirige principalmente a evitar que las personas sufran cualquier coacción que pueda limitar su libertad de elección. Esta libertad comprende la posibilidad de elegir una religión y la de cambiar de religión, pero también la posibilidad de no tener una religión, y la de tener una religión estrictamente personal, que no se identifique con las formas religiosas establecidas. La protección jurídica de esta libertad implica, por lo tanto,1 evitar que se ejerza coacción sobre las personas para que adopten una determinada religión (una religión impuesta), o para que no adopten otra religión determinada (una religión prohibida). Pero también incluye la protección respecto a la coacción dirigida a impedir que se adopte una religión, cualquiera que sea (ateísmo impuesto), o a forzar que se adopte alguna, cualquiera que sea (ateísmo prohibido).

La decisión de seguir una determinada religión implica, por la relación de dependencia que hay entre el creyente y Dios, la decisión de conformar la propia vida por la fe y la moral de la religión elegida. Esta decisión, como ya se dijo antes, implica la realización de numerosos actos exteriores, que pueden agruparse en cuatro categorías: *i)* la práctica de actos de culto; *ii)* la conformación de la propia vida de acuerdo con la opción religiosa; *iii)* la asociación entre creyentes, y *iv)* la difusión de la religión.

i) Los actos de culto. Son los actos más característicos de la religión, puesto que consisten en actos de alabanza y reconocimiento del Ser Supremo, es decir actos de adoración a Dios. Toda religión tiene sus propios actos de culto. La libertad religiosa implica la libertad de practicarlos. Los actos de culto pueden ser practicados por una persona en privado, por ejemplo haciendo una oración o un acto de adoración interno. Pero el ser humano es por naturaleza social, lo que significa que se desarrolla plenamente solo actuando con otros y para otros, y lo mismo sucede en el ámbito religioso. Una religión «individualista» que solo contemple la relación de cada individuo con Dios sería incompleta, porque el hombre existe siempre en relación con otros, y las relaciones del hombre con Dios son relaciones que, en principio, comprenden a todos los hombres, a las comunidades nacionales, y también a las familias y otras comunidades. Por eso, la libertad religiosa requiere libertad para realizar actos de culto público, es decir, celebrados colectivamente y en un lugar abierto a todos los que quieran participar.

ii) Conformar la propia vida. La libertad religiosa consiste, como se decía arriba, no solo en elegir una religión sino en decidirse a seguirla, lo cual implica conformar la propia vida con las verdades religiosas y morales del credo elegido. Relacionarse con Dios implica, como en toda relación, asimilarse a la persona con quien uno se relaciona. Este proceso dura toda la vida, y lo puede llevar a cabo cada creyente con más o menos intensidad, pero es algo implícito en la libertad religiosa, y que no puede negarse sin negar al mismo tiempo esa libertad; sería absurdo, por ejemplo, reconocer jurídicamente la libertad de elegir una religión y negar la posibilidad de seguirla efectivamente.

La libertad de seguir la religión incluye la de conformar la propia conciencia moral, es decir el juicio sobre la conducta personal, de acuerdo con la moral religiosa; cada creyente tiene por lo tanto la libertad de formar su conciencia de acuerdo con su fe. Pero también la de practicar todos los actos que su fe le propone como debidos, y especialmente los actos más importantes en la vida de una persona, como la elección de una profesión u oficio, la decisión de contraer matrimonio, el ejercicio de la profesión u oficio, la educación de los hijos, el cuidado de la salud, la preparación ante la muerte, y otros más.

iii) La asociación de los creyentes. La fe o creencia religiosa no es solo una vivencia individual, sino principalmente una experiencia colectiva. La fe se aprende de alguien que ya la tiene y enseña, y es natural que todos los que tienen una misma fe se asocien entre sí, para conservar su fe, profundizarla, transmitirla, difundirla y ayudarse a vivir en conformidad con ella. Por eso la libertad religiosa incluye la libertad de los creyentes de asociarse en comunidades que tienen como razón asociativa primaria la fe común.

iv) La difusión de la religión. La vida social humana es comunicación y colaboración. La comunicación de la propia fe religiosa a otras personas es también un acto propio y necesario de la libertad religiosa. Quien tiene fe naturalmente quiere comunicarla, como naturalmente se comunica todo bien que uno posee. La difusión de la religión se hace hoy a través de la educación familiar y la educación escolar y, fuera de las aulas, a través de los medios de comunicación masiva, los espectáculos, eventos culturales y fiestas populares. La libertad religiosa incluye la libertad de educar en la fe dentro de la familia y en las escuelas, y también la de hacerlo por vía de los medios de comunicación masiva, y los espectáculos culturales y fiestas tradicionales.

Considerando lo expuesto, puede proponerse como síntesis este concepto de libertad religiosa: es la libertad de optar por una religión y de practicarla, mediante los actos de culto, la conformación de la propia vida, la asociación entre creyentes y la difusión de la misma por medio de la enseñanza y los diversos medios de comunicación pública.

LA PROTECCIÓN JURÍDICA INTERNACIONAL DE LA LIBERTAD RELIGIOSA

El objeto de este apartado es analizar la protección jurídica de la libertad religiosa en los tratados internacionales en vigor. Concretamente se analizarán las disposiciones de los siguientes tratados (en orden cronológico): *Convenio de Ginebra relativo al trato de los prisioneros de guerra* (Ginebra, 1949);[3] *Pacto internacional de derechos civiles y políticos* (Nueva York, 1966),[4] *Pacto internacional de derechos sociales, económicos y culturales* (Nueva York, 1966);[5] *Convención americana sobre derechos humanos* (San José de Costa Rica, 1969);[6] *Protocolo adicional a la Convención interamericana de derechos humanos en materia de derechos económicos, sociales y culturales* (San Salvador, 1988);[7] *Convención sobre los derechos del niño* (Nueva York, 1989);[8] *Convención internacional sobre la protección de los derechos de todos los trabajadores migratorios y sus familiares* (Nueva York, 1990).[9] También se considera, aunque no tiene vigor jurídico, otro documento internacional que puede servir para entender mejor lo que los tratados prescriben en materia de libertad religiosa, que es la *Declaración sobre la eliminación de todas las formas de intolerancia y discriminación fundadas en la religión o en las convicciones*, proclamada por la asamblea de las Naciones Unidas el 25 de noviembre de 1981.

En adelante se analizará el régimen jurídico de la libertad religiosa en estos tratados, siguiendo el orden cronológico. No obstante, cabe advertir que el tratado principal en la materia, del que dependen las disposiciones de los otros, es el *Pacto internacional de derechos civiles y políticos* del año 1966.

CONVENIO DE GINEBRA RELATIVO AL TRATO DE LOS PRISIONEROS DE GUERRA (GINEBRA, 1949)

Las disposiciones de este convenio son interesantes porque son el resultado de la experiencia que se tuvo en la Segunda Guerra Mundial. Como el objetivo del tratado es definir reglas respecto del trato a los prisioneros, no ofrece una definición del derecho de libertad religiosa, sino simplemente lo da por supuesto y fija una serie de reglas para que los prisioneros puedan tener servicios y asistencia religiosa.

---

[3] Vigente en México y publicado en el *Diario oficial de la Federación* el 29,10,1953.
[4] Vigente en México y publicado en el *Diario oficial de la Federación* el 09,01,1981.
[5] Vigente en México y publicado en el *Diario oficial de la Federación* el 09,01,1981.
[6] Vigente en México y publicado en el *Diario oficial de la Federación* el 09,01,1981.
[7] Vigente en México y publicado en el *Diario oficial de la Federación* el 09,09,1998.
[8] Vigente en México y publicado en el *Diario oficial de la Federación* el 31,07,1990.
[9] Vigente en México y publicado en el *Diario oficial de la Federación* el 13,08,1999.

Señala que el trato humanitario deberá darse por igual a todos los prisioneros sin discriminación por motivos religiosos (arts. 3-1 y 16). Para asegurar que puedan tener servicios religiosos, se prescribe que el personal religioso retenido tendrá un estatuto especial en el campo de prisioneros (art. 4-c) y no será considerado, al igual que el personal de servicios médicos, como prisionero de guerra (art. 33).

Tiene el tratado un capítulo especial sobre las actividades religiosas, intelectuales y físicas de los prisioneros. Señala ahí que "Se dejará a los prisioneros de guerra toda libertad para el ejercicio de su religión" (art. 34), y que se reservarán en el campo de prisioneros lugares convenientes para los oficios religiosos. Los capellanes militares podrán ejercer libremente su ministerio, y lo mismo los ministros de culto retenidos aunque no sean capellanes. Se les proporcionarán facilidades para ejercer su ministerio, especialmente medios de transporte, y tendrán libertad de correspondencia, bajo reserva de censura, con las autoridades eclesiásticas del país donde estén detenidos y con organizaciones religiosas internacionales. Cuando entre los detenidos no hubiera capellanes ni ministros religiosos de algún culto, podrán las autoridades del campo, con la aprobación de los prisioneros del mismo culto y la autoridad religiosa local, nombrar a un "laico calificado" que proporcione asistencia religiosa a los prisioneros. Los prisioneros podrán recibir artículos para usos religiosos, y se procurará enterrar a los que murieran de acuerdo con los ritos de la religión a la que pertenecían. Los jefes del campo de prisioneros deben dar buena acogida a las organizaciones religiosas que ofrecieren ayuda a los prisioneros y concederles todas las facilidades para que puedan prestar sus servicios.

De estas disposiciones resalta que el tratado obliga a los Estados, no solo a respetar la libertad religiosa de los prisioneros, sino a realizar conductas específicas que promuevan su ejercicio, como proporcionar locales, facilitar medios de transporte, respetar el ejercicio de los capellanes y ministros de culto o recibir adecuadamente a las organizaciones religiosas internacionales.

RÉGIMEN DEL PACTO INTERNACIONAL DE DERECHOS CIVILES Y POLÍTICOS

El objeto de este tratado es hacer una lista y definición de los derechos humanos que los Estados se comprometen a respetar. Ahí aparece el derecho de libertad religiosa como uno de los derechos fundamentales, con mayor grado de protección, pues establece que los Estados no pueden suspender su protección en ningún momento, ni siquiera en circunstancias críticas (artículo 4.2). Las disposiciones de este tratado en materia de libertad religiosa pueden considerarse como las principales en esta área, pues han sido seguidas en otros tratados posteriores.

El derecho de libertad religiosa está definido en el artículo 18, que textualmente dice:

> 1. Toda persona tiene derecho a la libertad de pensamiento, de conciencia y de religión; este derecho incluye la libertad de tener o de adoptar la religión o las creencias de su elección, así como la libertad de manifestar su religión o sus creencias, individual o colectivamente, tanto en público como en privado, mediante el culto, la celebración de los ritos, las prácticas y la enseñanza.
> 2. Nadie será objeto de medidas coercitivas que puedan menoscabar su libertad de tener o de adoptar la religión o las creencias de su elección.
> 3. La libertad para manifestar la propia religión o las propias creencias estará sujeta únicamente a las limitaciones prescritas por la ley que sean necesarias para proteger la seguridad, el orden, la salud o la moral públicos, o los derechos y libertades fundamentales de los demás.
> 4. Los Estados partes en el presente Pacto se comprometen a respetar la libertad de los padres y, en su caso, la de los tutores legales, para garantizar que los hijos reciban la educación religiosa y moral que esté de acuerdo con sus propias convicciones.

El primer párrafo del artículo señala los dos aspectos que contiene el derecho de libertad religiosa, a saber, el de adoptar una religión (la opción religiosa) y el de practicarla o manifestarla. Además aclara que esta exteriorización puede hacerse en forma individual o colectiva, en público o en privado. Menciona expresamente que dicha libertad implica la de practicar actos de culto y los "ritos", así como la de efectuar las "prácticas" propias de esa religión, es decir observarla (como lo dice expresamente la Declaración Universal de Derechos Humanos, art. 18) o seguirla en la práctica.

La formulación del derecho a practicar la religión es sintética, pero abarca prácticamente todos los ámbitos de la vida humana. Es evidente que la práctica individual de la religión, es decir la que cada quien puede realizar interiormente y en sus propias decisiones (es decir en su propia vida) es el ámbito más propio de la libertad religiosa, y tiene por lo tanto que estar jurídicamente protegida. Pero la libertad religiosa no puede reducirse a ese ámbito individual porque el hombre es por naturaleza social, de modo que la práctica de la religión es también una práctica social, que se lleva a cabo con otras personas y también para otras personas. La práctica social o colectiva de la religión requiere también la protección jurídica, y es quizá el ámbito de la libertad religiosa que requiere mayor protección jurídica, pues se dirige ordinariamente hacia lo colectivo y no hacia lo individual.

La práctica colectiva de la religión requiere necesariamente la existencia de asociaciones de creyentes, el establecimiento de lugares públicos donde puedan llevarse a cabo los actos de culto, la posibilidad de difundir la religión por los medios de comunicación disponibles y la de enseñarla a las nuevas generaciones. Todo esto implica otros derechos contenidos en la libertad religiosa: la de tener locales destinados al culto, derecho de asociación, de comunicación y enseñanza de la religión, todos los cuales están previstos en el citado artículo.

La práctica colectiva de la religión se traduce en costumbres sociales y familiares, días de fiesta, modos de ser y de juzgar, convicciones compartidas, modos colectivos de entender y vivir, entre otras cosas, el matrimonio, la amistad, el poder político, la oración y la muerte. La práctica colectiva de la religión es cultura, es un modo de ser colectivo y objetivado de un pueblo o de una porción del pueblo. Si bien para un no creyente la vida religiosa colectiva es parte de la cultura, para el creyente es la parte principal o el fundamento de la cultura misma. Esto requiere que la práctica religiosa pueda realizarse, como lo contempla el artículo analizado, en lugares públicos, es decir en lugares que son del pueblo y están destinados al uso común, como las calles, las plazas públicas, pero también los edificios públicos como hospitales, escuelas, asilos, reclusorios y, en general, cualquier espacio público destinado al uso común.

El párrafo segundo prohíbe cualquier tipo de "medidas coercitivas" que se dirijan a que una persona adopte, deje o cambie una determinada religión o creencias. El contenido de esta prohibición es amplio, pues no solo se prohíbe la coacción que pudiera forzar a una persona a tener o dejar una religión, sino cualquier coacción que pudiera "menoscabar" su libertad religiosa. Esto permite entender que una coacción no es solo la amenaza de un mal grave a una persona o a sus familiares, como la de privarles de la vida, sino también otro tipo de presiones de tipo económico, por ejemplo la de negar un ingreso o un aumento de salario, o social, como el rechazo o exclusión de algún grupo.

El derecho de adoptar y tener una religión no tiene en el *Pacto* ninguna disposición restrictiva, ya que el acto por el que una persona lo ejerce, el acto de fe, es esencialmente interno. En cambio, el derecho a manifestar libremente la propia religión sí puede ser limitado, de acuerdo con lo previsto en el párrafo tercero. Las limitaciones posibles son únicamente las que cumplan con todos los requisitos dispuestos en el párrafo 3 del artículo 18. Ahí se dice que deben ser limitaciones "prescritas en la ley", por lo que no caben las que deriven de reglamentos o disposiciones administrativas, y que sean "necesarias para proteger" ciertos bienes sociales, por lo que deben excluirse limitaciones que, pudiendo ser convenientes para ellos, no son necesarias, y las que, pudiendo ser necesarias para promover o aumentar esos bienes, no son necesarias para protegerlos o conservarlos. Los bienes cuya conservación permite la limitación de esta libertad son la seguridad pública, el orden público, la salud pública, la moral pública y los derechos y libertades fundamentales de los demás.

Evidentemente, será una cuestión de interpretación el ir definiendo, en presencia de situaciones concretas, cuál es el contenido de esos conceptos. Será necesario hacer una interpretación objetiva, que evite que se consideren como razones de orden público o seguridad pública, motivos que no son más que intenciones políticas para limitar los derechos humanos. Por ejemplo, sería abusivo interpretar que por razón de orden público no se permite la adopción o la práctica de una religión que no sea la religión mayoritaria u oficial en un país determinado. No existe en todo el texto del Pacto alguna indicación acerca del contenido y limitación de esos conceptos, por lo que su definición tendrá que irse haciendo por la doctrina internacional y por las resoluciones de organismos internacionales encargados de la protección de los derechos humanos, como las comisiones, comités o cortes internacionales. Quizá pueda servir de regla de interpretación, en este campo, lo que dice el artículo 22 respecto a las restricciones al derecho de libre asociación: sólo se aceptan las limitaciones "que sean necesarias en una sociedad democrática".

El párrafo cuarto del artículo precisa, como contenido de la libertad religiosa, la libertad de los padres o tutores para que sus hijos reciban educación religiosa o moral de acuerdo con sus convicciones. La regla que da el *Pacto* es exigente, pues no se limita a señalar el deber de los Estados de respetar la libertad de la enseñanza religiosa y moral, sino que además señala que es obligación del Estado "garantizar" el ejercicio de esta libertad.

Como el Pacto reconoce el derecho de las personas para adoptar y manifestar individual o colectivamente la religión, se entiende que también les reconoce el derecho de asociarse con esos fines. Esto lo corrobora el artículo 22 del mismo tratado que establece (párrafo 1) el derecho de toda persona "a asociarse libremente con otras", sin más restricciones que las "previstas por la ley, que sean necesarias en una sociedad democrática, en interés de la seguridad pública o del orden público, o para proteger la salud o la moral pública o los derechos y libertades de los demás".

Además, las obligaciones del Estado respecto a los derechos humanos reconocidos en el *Pacto internacional de derechos civiles y políticos*, no se limitan a reconocer y tutelar los derechos, sino que prescriben (artículo 2-2) que "Cada Estado Parte se compromete a adoptar con arreglo a sus procedimientos constitucionales y a las disposiciones del presente Pacto, las medidas oportunas para dictar las disposiciones legislativas o de otro carácter que fueren necesarias para hacer efectivos los derechos reconocidos en el presente Pacto y que no estuviesen ya garantizados por disposiciones legislativas o de otro carácter."

Esto significa que al Estado le corresponde también un deber de promoción del ejercicio de los derechos humanos y, en concreto, del ejercicio de la libertad religiosa. Esto no quiere decir que el Estado deba promover directamente el ejercicio de la libertad religiosa, pero sí que debe facilitar las condiciones sociales necesarias para, como dice el artículo transcrito, "hacer efectivo" el derecho de libertad religiosa. Por ejemplo, no tiene el Estado que proporcionar asistencia religiosa a los enfermos en los hospitales públicos, pero sí facilitar lo necesario para que las asociaciones religiosas puedan prestarla; no tiene el Estado que enseñar religión, pero sí dar facilidades para que los padres puedan ejercer su derecho a que sus hijos reciban la educación religiosa que aquéllos elijan; no tiene el Estado que organizar una fiesta religiosa popular, pero sí dar facilidades para que tenga lugar, etcétera.

EL PACTO DE DERECHOS SOCIALES, ECONÓMICOS Y CULTURALES (NUEVA YORK, 1966)

Este tratado es complemento del anterior. En materia de libertad religiosa, solo señala la prohibición de discriminar a cualquier persona por razón de su religión (art. 2-2), y reconoce el derecho de los padres (o tutores) a que sus hijos (o pupilos) reciban la educación religiosa que los primeros elijan (art. 13-3).

Tiene otra disposición relativa a la educación (art. 13-1) de la cual derivan consecuencias para el ejercicio de la libertad religiosa. Dice que la educación debe orientarse, entre otros fines, a fomentar la "amistad" entre los diversos grupos religiosos. De esto se desprende que la convivencia entre éstos exige de cada creyente, cuando menos, el respeto a las creencias y prácticas de cada grupo, pues sin respeto es imposible la amistad.

Es más enfático que el pacto de derechos civiles y políticos en lo relativo al deber de promoción, pues dice (art. 2-1) que los Estados se obligan a adoptar medidas, técnicas y económicas, "para lograr progresivamente, por todos los medios apropiados, inclusive en particular la adopción de medidas legislativas, la plena efectividad de los derechos aquí reconocidos." Esto es aplicable respecto al derecho de los padres a que sus hijos reciban educación religiosa.

LA CONVENCIÓN AMERICANA SOBRE DERECHOS HUMANOS

La Convención considera también que el derecho a la libertad religiosa es un derecho fundamental que los Estados jamás pueden suspender (artículo 27.2). Dedica el artículo 12 exclusivamente al derecho de "libertad de conciencia y de religión", separándola, a diferencia del Pacto y la Declaración, de la libertad de pensamiento, de la que se ocupa en el artículo 13. Textualmente dice el artículo 12:

1. Toda persona tiene derecho a la libertad de conciencia y de religión. Este derecho implica la libertad de conservar su religión o sus creencias, o de cambiar de religión o de creencias, así como la libertad de profesar y divulgar su religión o sus creencias, individual o colectivamente, tanto en público como en privado.
2. Nadie puede ser objeto de medidas restrictivas que puedan menoscabar la libertad de conservar su religión o sus creencias o de cambiar de religión o de creencias.
3. La libertad de manifestar la propia religión y las propias creencias está sujeta únicamente a las limitaciones prescritas por la ley y que sean necesarias para proteger la seguridad, el orden, la salud o la moral públicos o los derechos o libertades de los demás.
4. Los padres, y en su caso los tutores, tienen derecho a que sus hijos o pupilos reciban la educación religiosa y moral que esté de acuerdo con sus propias convicciones.

El texto es sustancialmente igual al artículo correspondiente del *Pacto*. Reconoce (párrafo 1) la libertad para "conservar" y "cambiar" la religión, que es equivalente a la libertad de "tener" y "adoptar" una religión de la que habla el *Pacto*. Explica (párrafo 2) que esta libertad consiste en estar exento de "medidas restrictivas" (el *Pacto* habla de "medidas coercitivas"). Reconoce asimismo la libertad (párrafo 1) de "profesar y divulgar" la religión (expresión que se corresponde a la que usa el *Pacto* de "manifestar" la religión, y que la propia Convención, emplea en su párrafo 3), tanto individual como colectivamente, en público y en privado.

En cuanto a las limitaciones a este derecho, fija (párrafo 3) las mismas que el *Pacto*: que sean definidas por una ley y necesarias para proteger la seguridad, el orden, la salud o la moral públicos o los derechos y libertades —el *Pacto* dice "libertades fundamentales"— de los demás. Pero contiene la Convención una norma general que limita más que el *Pacto* la posibilidad de establecer restricciones; dice su artículo 30 que éstas sólo pueden ser definidas por medio de leyes "que se dictaren por razones de interés general" y aplicadas exclusivamente "con el propósito para el cual han sido establecidas" (artículo 30). Esto viene a impedir que los Estados dicten restricciones con el pretexto de conservar el orden público, pero que no son conformes con el interés general, como podrían serlo las dictadas para favorecer intereses parciales de ciertos sectores influyentes de la población.

También contempla el derecho de los padres o tutores a que sus hijos reciban educación religiosa de acuerdo con sus convicciones. En cuanto a la libertad de asociarse con fines religiosos, la Convención es más clara que el *Pacto*, pues textualmente dice (artículo 16-1) que todas las personas tienen derecho a asociarse "con fines religiosos", sin más restricciones que las que estuvieran previstas por la ley y que "sean necesarias en una sociedad democrática" (párrafo 2), para proteger aquellos bienes públicos y los derechos y libertades de los demás.

Igual que los pactos antes citados, la Convención contempla que los deberes del Estado respecto de los derechos humanos son no solo de reconocimiento y tutela sino también de promoción. Por eso dice su artículo 1-1 que los Estados partes de esta convención "se comprometen a respetar los derechos y libertades reconocidos en ella y a garantizar su libre y pleno ejercicio", y para lograr esto último se obligan (art. 2) a tomar "las medidas legislativas o de otro carácter que fueren necesarias para hacer efectivos tales derechos y libertades."

EL PROTOCOLO ADICIONAL DE LA CONVENCIÓN AMERICANA SOBRE DERECHOS HUMANOS, EN MATERIA DE DERECHOS ECONÓMICOS, SOCIALES Y CULTURALES («PROTOCOLO DE SAN SALVADOR», SAN SALVADOR, 1988)

Es un complemento de la Convención americana sobre derechos humanos, pero en materia de libertad religiosa no añade algo nuevo. Simplemente reitera (art. 3) que no se podrá discriminar a persona alguna por razón de su religión o creencias, y que la educación pública tenderá (art. 13-2), entre otros fines, a fomentar la "amistad" entre los diversos grupos religiosos.

LA CONVENCIÓN SOBRE LOS DERECHOS DEL NIÑO (NUEVA YORK, 1989)

Este tratado simplemente refiere a los niños (menores de 18 años) el derecho de libertad religiosa definido en el *Pacto internacional de derechos civiles y políticos*. Señala (art. 14-1) que los Estados respetarán el derecho del niño a "la libertad de pensamiento, de conciencia y religión", que tal derecho solo puede limitarse (art. 14-3) por disposiciones legales y que sean necesarias para proteger la seguridad, el orden, la moral o la salud públicos, o los derechos y libertades de los demás. Enfatiza (art. 30), en el caso de niños que pertenezcan a minorías religiosas, su derecho "a profesar y practicar su propia religión".

LA CONVENCIÓN INTERNACIONAL SOBRE PROTECCIÓN DE LOS DERECHOS DE TODOS LOS TRABAJADORES MIGRATORIOS Y SUS FAMILIARES (NUEVA YORK, 1990)

Atribuye a los trabajadores migratorios el derecho de libertad religiosa, tal como está definido en el *Pacto internacional de derechos civiles y políticos*, para lo cual la convención reproduce en su artículo 12 las disposiciones que tiene el *Pacto* en su artículo 18 respecto de la libertad religiosa.

LA DECLARACIÓN SOBRE LA ELIMINACIÓN DE TODAS LAS FORMAS DE INTOLERANCIA Y DISCRIMINACIÓN FUNDADAS EN LA RELIGIÓN O EN LAS CONVICCIONES (ASAMBLEA DE LA ONU, 25 DE NOVIEMBRE DE 1981)

Este documento, si bien no tiene eficacia jurídica, es un instrumento apto para interpretar el sentido y alcance que tienen los preceptos de los tratados en materia de libertad religiosa.

Contiene, en su parte introductoria, una declaración en la que señala la importancia que tiene el respeto de la libertad religiosa. Dice textualmente: "Considerando que la religión o las convicciones, para quien las profesa, constituyen uno de los elementos fundamentales de su concepción de la vida y que, por tanto, la libertad de religión o de convicciones debe ser íntegramente respetada y garantizada".

En su artículo primero, reitera el concepto de libertad religiosa en los mismos términos que el *Pacto internacional de derechos civiles y políticos*. Luego señala (art. 3) que toda discriminación por motivos religiosos "constituye una ofensa a la dignidad humana, y una negación de los principios de la Carta de las naciones Unidas", por lo que todos los Estados tomarán medidas para prevenir y eliminar cualquier forma de discriminación.

Tiene una serie de disposiciones que vienen a hacer explícitos ciertos aspectos contenidos en el derecho de libertad religiosa reconocido en los tratados. Señala (art. 5-1) que los padres podrán organizar su vida familiar de acuerdo con su religión y moral, y que los niños (art. 5-2) gozan del "derecho a tener educación en materia de religión o convicciones", lo cual viene a ser un complemento del derecho que los tratados reconocen a los padres a que sus hijos reciban la educación religiosa que los primeros eligen.

El artículo sexto es interesante porque establece una serie de actividades concretas que quedan comprendidas en el derecho de libertad religiosa reconocido en los tratados y en el artículo 1 de esta Declaración. Dice el artículo sexto que esta libertad comprende: *i)* la libertad de practicar actos de culto y de tener, fundar y mantener lugares adecuados para ello; *ii)* la de fundar y mantener instituciones de beneficencia; *iii)* de adquirir y tener los artículos y materiales necesarios para el culto y prácticas religiosas; *iv)* de escribir, publicar y difundir mensajes en materia religiosa; *v)* de enseñar la religión en lugares aptos, *vi)* de solicitar y recibir contribuciones voluntarias, en dinero o de otro tipo, de parte de personas particulares o de instituciones; *vii)* de capacitar, nombrar, elegir o designar a los dirigentes de cada religión, según sus propias reglas; *viii)* de observar los días de descanso y de fiesta según las costumbres y preceptos de cada religión, y *ix)* de establecer y mantener comunicación en materia de religión con individuos y comunidades nacionales e internacionales.

Añade la Declaración que los Estados concederán en su propia legislación los medios necesarios para que todas las personas "puedan disfrutar de ellos en la práctica".

EVALUACIÓN DEL RÉGIMEN INTERNACIONAL DE LA LIBERTAD RELIGIOSA

Se advierte que el régimen establecido en los tratados protege adecuadamente el aspecto interno de la libertad religiosa, garantizando la ausencia de coacción para elegir, y también el aspecto externo, al referirse en general a la libertad de manifestar la religión en forma individual o colectiva, en público o en privado, y señalando como actos concretos de dicha manifestación los actos de culto, la asociación, la difusión y la enseñanza de la religión. Reconoce que esta libertad exterior puede limitarse, solo mediante leyes que sean "necesarias" para la conservación de la seguridad pública, el orden público, la salud pública, la moral pública y los derechos y libertades fundamentales de los demás. Tiene además el mérito de reconocer que el papel del Estado no se reduce al reconocimiento y tutela del derecho de libertad religiosa, puesto que tiene el deber de poner las condiciones para que pueda ser realmente ejercido. Por todo esto, me parece que es un régimen adecuado, que constituye un progreso para la paz dentro de los pueblos y entre los pueblos.

Pero hay un aspecto en el que conviene reparar. Los tratados mencionan la libertad religiosa junto con la "libertad de pensamiento y de conciencia", como si fuera una sola libertad. Libertad de pensamiento, libertad de conciencia y libertad religiosa son tres libertades de contenido diferente.

La libertad de pensamiento consiste en la ausencia de coacción para que cada persona pueda pensar en lo que quiera, razonar como y cuando quiera, y juzgar y asentir a lo que le parezca verdadero. Esta libertad es interior, es, podría decirse, un hecho que ocurre en la conciencia individual, de modo que no requiere mayor protección jurídica. Otra cosa es la libertad de manifestar exteriormente el pensamiento, lo cual tiene que ver con la libertad de manifestación y publicación de las ideas. A esta libertad de expresión se refiere el artículo 19 del *Pacto internacional de derechos civiles y políticos*, que señala que nadie puede ser "molestado a causa de sus opiniones" y que tal libertad comprende la libertad de "buscar, recibir y difundir informaciones e ideas de toda índole".

En cambio, respecto a la libertad de conciencia no hay ninguna disposición expresa en los tratados. En el *Pacto de derechos civiles y políticos*, al igual que en la *Convención americana*, solo se le menciona junto a la libertad religiosa, y no se dice nada más de ella.[10] En el *pacto internacional de derechos económicos sociales y culturales* ni siquiera se menciona. Es esta una omisión notable que, en mi opinión, demuestra una cierta deficiencia del régimen internacional de derechos humanos, puesto que la libertad de conciencia merece una protección especial, aparte de la que tienen la libertad religiosa y la de expresión.

La libertad de conciencia se refiere a la libertad de toda persona para actuar de conformidad con los juicios de su propia conciencia. Esta libertad es una realidad que cada quien experimenta, pues no obstante que las leyes, los convencionalismos sociales u otros códigos de conducta prescriban un determinado acto como bueno (obligado o permitido) o malo (prohibido), cada persona hace su propio juicio al respecto y puede internamente discrepar de los ordenamientos exteriores, y, en consecuencia, resistirse a ejecutar un acto que las normas externas prescriben, o ejecutar otro que ellas prohíben. A esta realidad es a la que se alude cuando se dice que hay leyes que obligan "en conciencia" y otras no.

La conciencia no es algo exclusivo de los creyentes, por lo que no cabe igualar la libertad de conciencia con la libertad de religión. La conciencia es la capacidad de juzgar acerca de la propia conducta, capacidad que tienen todas las personas por su misma naturaleza racional, independientemente de su religión o convicciones éticas. La conciencia es resultado de la capacidad de juicio, que tiene toda persona, pero aplicada a su conducta personal. Me parece que el ámbito más profundo de la libertad personal es precisamente la libertad de conciencia, esto es, la libertad de cada persona de actuar conforme a su propio juicio interior.

Para poder juzgar, la conciencia analiza el acto (pasado o futuro) que va a juzgar, y lo considera a partir de las reglas de juicio o «normas» que tiene como válidas, y luego toma la decisión de aprobarlo (y ejecutarlo) o rechazarlo (y abstenerse de practicarlo). Las reglas de juicio que informan las conciencias provienen de la educación moral o ética recibida, de las costumbres familiares y sociales, de la cultura del pueblo, del orden jurídico vigente, y también de la fe religiosa. El creyente tiene una conciencia informada por sus principios religiosos, y también por las otras fuentes de moralidad. El no creyente tiene una conciencia informada principalmente por los principios éticos que aprueba, y que retiene como «convicciones», y por las demás fuentes de moralidad. Ambos, creyente y no creyente, merecen que su libertad de conciencia sea jurídicamente protegida, de modo

---

[10] En el artículo 8-3-ii del *Pacto* hay una referencia a la conciencia, cuando se refiere a los Estados que admiten la exención del servicio militar por razones de conciencia, pero nada prescribe el *Pacto* respecto a ella.

que no se les fuerce a actuar en contra de su juicio de conciencia, en asuntos graves.

La protección jurídica de la libertad de conciencia consiste básicamente en lo que hoy se denomina la «objeción de conciencia», esto es, en la posibilidad que se reconozca a las personas el derecho de negarse a obedecer un determinado mandato imperativo (proveniente de una ley, decreto o de cualquier otro acto emitido por alguna instancia de potestad), porque contraviene, en un punto importante, un principio fundamental rector de su conducta, que puede ser simplemente una «convicción» o un precepto ético religioso.

Los tratados internacionales analizados nada dicen de la objeción de conciencia, quizá porque han confundido la libertad religiosa con la libertad de conciencia. Hay ya una cierta distinción en la *Declaración para eliminar todas las formas de intolerancia y discriminación fundadas en la religión o las convicciones*. Ahí se habla de la protección de la libertad de tener y seguir una religión y la de tener determinadas «convicciones», pero se colocan ambas libertades en el mismo plano,[11] por lo que no se distinguen claramente, ni se da una adecuada protección a la libertad de conciencia, y ni siquiera se menciona la posibilidad de la objeción de conciencia.

El reconocimiento de la libertad de conciencia, como una libertad diferente de la de pensamiento y de la libertad religiosa, así como la consiguiente protección jurídica por medio del sistema de objeción de conciencia, constituiría un progreso necesario e importante para la protección internacional de los derechos humanos. Es algo que beneficiaría a creyentes y no creyentes. En el proyecto de constitución de la Unión Europea (parte II, artículo 70, inciso 2) se había dado un paso en ese sentido al reconocerse "el derecho a la objeción de conciencia de acuerdo con las leyes nacionales que regulen su ejercicio", pero no era más que la admisión de que el sistema de objeción de conciencia podría ser establecido por los estados nacionales. Hace falta ir más adelante y delinear los rasgos generales, comunes a todos los países partes de los tratados, para admitir la objeción de conciencia.

Un punto de partida podría ser el artículo 2.3 del *Pacto internacional de derechos civiles y políticos*, que textualmente dice:

---

[11] El art. 6 habla del" derecho a la libertad de pensamiento, de conciencia, de religión o de convicciones" como si fuera una sola especie de libertad, y se refiere a los actos en los que se expresa la libertad de religión o de pensamiento, como actos de culto, asociaciones, festividades, publicación y difusión de escritos, pero nada dice de la libertad de seguir los dictados de la propia conciencia y de no ser constreñido a obrar en contra de ellos en materia grave.

Cada uno de los Estados Partes en el presente Pacto se compromete a garantizar que: a) Toda persona cuyos derechos o libertades reconocidos en el presente Pacto hayan sido violados podrán interponer un recurso efectivo, aun cuando tal violación hubiera sido cometida por personas que actuaban en ejercicio de sus funciones oficiales.

Los principios fundamentales de la Constitución mexicana en materia religiosa y la cultura del derecho de libertad religiosa

Raúl González Schmal
Departamento de Derecho
Universidad Iberoamericana, Santa Fe

PRIMERA PARTE

PREÁMBULO

En México vivimos bajo el imperio de la Constitución de 1917. Después de la Constitución de Estados Unidos de 1787 es la más antigua del mundo. Hasta el día de hoy ha sufrido más de 400 reformas, digamos que un promedio de 40 al año. Durante sus primeros 75 años de vida —de 1917 a 1992— todo o casi todo se podía reformar. Pero lo que estaba fuera de esa posibilidad eran las disposiciones relativas a la materia religiosa. Eran verdaderos tabúes, que por su carácter "sagrado" no se podían tocar, cláusulas pétreas escritas de una vez y para la eternidad. Estas normas estaban contenidas, en forma parcial, en los artículo 3º., 5º. y 27, y ocupaban de forma íntegra los artículo 24 y 130. Salvo el artículo 24, que establecía la libertad de "creencias religiosas" y de culto público, sólo dentro de los templos, las demás disposiciones imponían draconianas restricciones al derecho de libertad religiosa. En 1926, en un hecho sin precedente en la historia legislativa del país casi dos millones de ciudadanos firmaron una solicitud al Congreso para reformar las disposiciones antirreligiosas de la Constitución, pero el Congreso ni siquiera se tomó la molestia de acusar recibo.[1] México apenas alcanzaba una población de quince millones de habitantes

---

[1] El 8 de octubre de 1926, la Liga Defensora de la Libertad Religiosa publicó el Boletín No. 10, que incluía la petición de reformas enviada a la Cámara de Diputados por un grupo

Un complejo de circunstancias políticas originó que por impulso inicial del Presidente Carlos Salinas de Gortari, una oportuna intervención de la jerarquía de la Iglesia católica y el apoyo de los principales partidos políticos, en diciembre de 1992 se presentara ante el órgano reformador de la Constitución un proyecto de reformas de los artículos 3o., 5o., 24, 27 y 130 de la Ley Fundamental, que fue aprobado casi por unanimidad y publicado en el *Diario Oficial de la Federación* del 28 de enero de 1992. Seis meses más tarde, el Congreso General expidió la ley reglamentaria de los referidos preceptos constitucionales, bajo el título de Ley de Asociaciones Religiosas y Culto Público, que apareció publicada en el *Diario Oficial* del 15 de julio de 1992.[2]

De esta manera, al amparo de la misma Constitución formalmente vigente desde 1917, se han establecido dos marcos regulatorios sucesivos sobre la libertad religiosa y las relaciones entre las iglesias y el Estado. El primero —como se ha dicho arriba— perduró durante tres cuartos de siglo, el segundo está vigente desde hace 17 años. En nuestra exposición nos referiremos a este último para indagar los principios que lo orientan y, sólo cuando lo estimemos conveniente, haremos alusión al primero para ilustrar al efecto comparativo tal o cual punto que consideremos pertinente.

Por otro lado, conviene señalar en forma esquemática que el artículo 24 constitucional está íntimamente vinculado con el artículo 130 de la propia Constitución. Mientras el primero se refiere substancialmente al derecho individual de creencia religiosa y a su proyección externa mediante actos de culto público, el segundo regula —entre otros aspectos— el derecho colectivo de libertad religiosa, que se traduce en la existencia de comunidades religiosas, que pueden adquirir personalidad jurídica mediante su registro constitutivo en la Secretaría de Gobernación y establece, asimismo, diversos principios y limitaciones al ejercicio del mencionado derecho, y determina el estatuto de los ministros de culto.

Existe también correlación entre el artículo 24 y los artículos 3° y 27, frac. II, de nuestra Ley Fundamental. Respecto del 3°, por cuanto prescribe

---

de conocidos profesionistas, en donde, entre otras cosas, se dice: "Los ilustrísimos señores Obispos acompañaron a su petición de reformas con 420, 267 firmas, y los señores Diputados ni las mencionaron, o más bien, las negaron con desenfado igual. No cotizaron la voluntad popular" Y agrega: "Posteriormente 57 ciudadanos renovaron la petición de los Sres. Obispos, apoyándose en 1,200.000 firmas. Y nuevamente los señores Diputados, dieron la callada por respuesta. No cotizaron la voluntad popular". Y concluye: "el 20 de octubre las firmas presentadas suman 1,511,150 (sin aclarar si están incluidas las de la cifra inicial, en cuyo caso, serían alrededor de 2 millones de firmas) y todavía los señores Diputados no cotizan la voluntad popular". El documento se reproduce íntegro en *Dios y mi Derecho* de Consuelo Reguer, T I, p. 72.

[2] El 20 de septiembre del mismo año se restablecen las relaciones diplomáticas entre México y la Santa Sede después de 127 años de interrupción. El 6 de noviembre de 2003 se emite el Reglamento de la Ley de Asociaciones Religiosas y Culto Público.

que la educación pública deberá ser laica, entendiéndose por tal la que se mantiene "ajena a cualquier doctrina religiosa", y autoriza —de manera implícita en cuanto no lo prohíbe— la posibilidad de impartir enseñanza religiosa en centros escolares privados; y por lo que se refiere al artículo 27.II, en tanto reconoce la capacidad de las asociaciones religiosas para adquirir, poseer o administrar, exclusivamente, los bienes que sean indispensables para su objeto. Por último, tiene conexión también con el art. 1º., que prohíbe la discriminación, entre otras causas, por motivos de religión,[3] con el artículo 55, fracción VI, que entre los requisitos para ser Diputado (o Senador como lo prevé el art. 58 al hacer remisión al 55) establece el de no ser ministro de algún culto religioso y con el art. 82, fracción, VI, que prescribe el mismo requisito para ser Presidente de la República, es decir, "no pertenecer al estado eclesiástico ni ser ministro de algún culto".

Como se infiere de lo anterior, se encuentran dispersas y fraccionadas las disposiciones relativas al derecho de libertad religiosa, toda vez que en algunas se consideran aspectos de su dimensión individual y en otras su proyección social o colectiva.

Del contenido de las reformas de los artículos constitucionales citados, se desprenden los dos grandes principios inspiradores que las sustentan: *a)* Principio de la separación de las iglesias y el Estado; *b)* Principio de la libertad religiosa (o de "creencias"). Hay otros principios informadores que son derivados de los anteriores o conexos con ellos, de los cuales no nos vamos a ocupar sino de manera colateral, como los siguientes: principio de laicidad (que aunque está implícito en la Constitución en cuanto se deriva del de separación Estado-iglesias, y del de la libertad religiosa, no se explicita nominalmente sino en la Ley de Asociaciones Religiosas y Culto Público);[4] principio de autonomía de las asociaciones religiosas; principio de igualdad de las asociaciones religiosas; principio de cooperación (de precario alcance) o, algún otro, que no pende necesariamente de los tres primeros, como el principio del carácter federal de la legislación en materia religiosa o el de la promesa de decir verdad, con consecuencias penales en caso de incumplimiento. Los dos referidos principios informadores básicos serán objeto de un breve análisis en los siguientes apartados y, a la luz de ellos, se considerarán los tres temas más relevantes que caen bajo la regulación constitucional: las asociaciones religiosas, los actos de culto religioso y los ministros de culto público.

---

[3] Ésta cláusula de no discriminación se adicionó al artículo 1º. de la Constitución por reforma publicada en el *Diario Oficial* del 14 de agosto de 2001.

[4] El art. 3º de la referida ley reglamentaria, en su parte inicial, dice lo siguiente: "El Estado Mexicano es laico".

EL PRINCIPIO DE LA SEPARACIÓN DEL ESTADO Y LAS IGLESIAS

Hay que advertir, en primer término, que el eje de las reformas es el art. 130. Y a éste lo preside como principio toral el de la separación del Estado y las iglesias: "El principio histórico de la separación del Estado y las iglesias —proclama dicho precepto— orienta las normas contenidas en el presente artículo".

Este es, pues, el principio orientador de la nueva normatividad contenida en el 130. En la fundamentación del dictamen de la Cámara de Diputados a las reformas, en distintos lugares también se explicita esta voluntad del legislador de privilegiar este principio sobre los otros, como se infiere de las siguientes expresiones:

> La separación entre el Estado e Iglesia en la segunda mitad del siglo XIX es el principio básico del esfuerzo liberal [...]. Lo adecuado y lo vigente debe seguir siendo la separación del Estado y de las Iglesias, por razón de su distinta naturaleza. Es decir, Iglesias dedicadas a sus verdaderos quehaceres religiosos como las concibió Benito Juárez y un Estado laico, como idearon los liberales [...]. La supremacía constitucional, la secularidad y neutralidad del Estado frente a todas las Iglesias y su capacidad de regular la propiedad y las actividades externas de toda organización (religiosa), no pueden ponerse en duda.[5]

La línea básica de las consideraciones sustentadoras de dicho dictamen, como se ve en las anteriores citas y otras que podrían traerse a colación, va en el sentido de resaltar este principio de la separación Estado-iglesias, como constitutivo histórico del Estado mexicano y, por ende, como principio fundamental de las reformas.

La misma intención se desprende del dictamen de la Cámara de Senadores en que se insiste en que: "en el artículo 130 constitucional se asiente como precepto fundamental sobre esta cuestión, la separación de las Iglesias y el Estado...".[6]

Es muy claro que la preocupación central del iniciador de las reformas, el Presidente Salinas de Gortari, no era la libertad religiosa como derecho humano, sino el problema histórico Iglesia-Estado, que había que replantearlo en términos de "modernidad".[7] Por ello, no resulta extraño, dado nuestro sistema híper presidencialista en ese entonces, que la cuestión de las relaciones Iglesia-Estado, que se traduce en el principio de

---

[5] Diario de los Debates de la Cámara de Diputados, 14 de diciembre de 1991.

[6] Diario de los Debates de la Cámara de Senadores, 20 de diciembre de 1991.

[7] Hay razones —que no viene al caso l caso analizar aquí— para pensar que la idea original del Presidente Salinas de Gortari era establecer sólo relaciones diplomáticas con la Santa Sede, sin reformar el orden constitucional interno, pero el Papa Juan Pablo II se opuso terminantemente a ello mientras no se reconociera en nuestra Ley fundamental la personalidad jurídica de la Iglesia y otros derecho inherentes a la libertad religiosa.

separación de ambas entidades, haya prevalecido sobre el de la libertad religiosa en la nueva normatividad.

Por ello, con todo y representar un avance innegable, las reformas se quedaron a medio camino. Se superó, parcialmente, la insostenible situación de la Constitución de 1917, que negaba la personalidad jurídica de las iglesias, pero se conservó, por lo menos en forma subyacente, la vieja concepción liberal decimonónica respecto a la forma de plantear la cuestión "Iglesia- Estado" como dos entidades separadas, con apenas relaciones de cooperación entre sí, que asigna a la Iglesia una función meramente "espiritual", con muy limitadas proyecciones sociales, y desligada totalmente de las realidades temporales.

No se asumió plenamente la doctrina moderna que reconoce que el Estado y las iglesias, son, obviamente, organizaciones de naturaleza distinta, cada una con su propios fines y con sus propios ámbitos de competencia, pero que afirma, al mismo tiempo, que esta separación de la entidad política y de las entidades religiosas no significa ignorancia recíproca, ni quiere decir que no deban establecer relaciones entre sí. Al contrario, por su propia naturaleza el Estado y las iglesias deben cooperar conjuntamente para el bien de las personas. Por su constitución y por la dinámica de sus fines, están naturalmente ordenados para que operen, conjuntamente, en armonía. El elemento humano del Estado y el de las iglesias es el mismo. Si entran en conflicto ambas instituciones el daño es para las personas que las forman.

Había una doble incapacidad de raíz en el liberalismo clásico para comprender el fenómeno religioso: a) *subjetivamente*, como opción de vida que compromete el ser integral de la persona, y, consecuentemente, afecta de manera permanente y total la existencia del creyente. La religión, por su propia naturaleza, no se puede limitar a un aspecto parcial del ser humano, sino que tiende a vivificarlos e inspirarlos todos, lo mismo en la vida privada personal que en la vida pública y asociada; b) *objetivamente*, como factor social que está "allí", como iglesia, como agrupación religiosa, que en una u otra medida trasciende a todos los ámbitos de lo social, y que requiere integrarse adecuadamente al orden jurídico del Estado. El liberalismo quedó lastrado por la Revolución Francesa que tradujo jurídicamente el factor religioso a una simple libertad de opinión en materia religiosa.[8] No comprendió que —como diría Max Scheler— "La con-

---

[8] En el Art. 10 de la Declaración de los Derechos del Hombre y del Ciudadano de 1789 se establece que: "Nadie puede ser inquietado por sus opiniones, incluso religiosas, siempre que su manifestación no altere el orden público establecido por la ley". Sobre este texto, Lombardía (*Derecho Eclesiástico Español*, EUNSA, p. 59) observa que "la libertad para el conjunto de actos en los que se manifiesta la religiosidad no fue captada por la Declaración francesa, que para nada alude al culto, ni a los demás aspectos de la vida específicos de la práctica de la religión. Lo único que se protege explícitamente son las opiniones , para cuya manifestación el orden público constituye un límite, cuyo alcance debe fijar la ley".

ciencia del mundo, la conciencia de sí mismo y la conciencia de Dios forman una indestructible unidad estructural".[9]

De aquí que la legislación antieclesiástica del siglo XIX en México no sólo haya obedecido a que el Estado o, para decirlo con mayor propiedad, los gobiernos liberales impusieran su hegemonía por haber triunfado en su lucha contra la Iglesia, y necesitaran "castigar" lo que consideraban "pecados históricos" de ésta última, sino también a causa de su incapacidad y falta de sensibilidad para comprender en toda su magnitud el fenómeno religioso y, concomitantemente, el acto de fe que le da origen.

Para los constituyentes del 17, ni siquiera la independencia de ambas entidades, Estado-Iglesia, con subordinación de la primera al segundo, era aceptable. En muchos de los autores de la Constitución no sólo había un sentimiento anticlerical o anticatólico, sino abierta o solapadamente antirreligioso. Como bien lo entendieron los ejecutores de la época en que se pretendió su aplicación radical,[10] ante la presencia de lo que se estimaba como nuevos agravios históricos era necesario ahora no sólo la separación y la disminución de la Iglesia, sino su sujeción más absoluta y aun su opresión. La Iglesia —era su tesis— no debe existir como persona jurídica, sino solamente como agrupación de hecho y con el mayor número posible de restricciones legales para su actuación y, no eran pocos, los que pugnaban por su exterminio Era recurrente, por otro lado, en la imaginería de políticos y escritores la idea de disociar a la feligresía del clero. Una cosa eran los católicos y otro el clero al que detestaban, decían. Jean Meyer relata como a unos obreros que hicieron desfilar frente a un convento de Puebla para hostilizar al clero, gritaban: ¡que muera el clero! y ¡que vivan los padrecitos!

Para no desligarse de la tradición, en las reformas de 1992 se emplea el término "separación", al que se le califica como "principio histórico". Con ello se quiere decir que esto es algo que ha venido existiendo y que tiene carácter esencial en la conformación misma del Estado mexicano, por lo cual debe ser el principio orientador de todas las normas sobre la

---

[9] Max Scheler, *El puesto del hombre en el cosmos*, Losada, Buenos Aires, 1972, p. 110.

[10] El carácter antirreligioso de los preceptos constitucionales aludidos se aplicó con toda su radicalidad en el gobierno del Gral. Calles. Un personaje emblemático fue Arnulfo Pérez H. —cercano colaborador del no menos fanático gobernador de Tabasco Tomás Garrido Canabal— quien pronunciaba discursos de este estilo, como el que dijo en una asamblea: "Yo soy el enemigo personal de Dios. Dios no existe ¿quieren ustedes pruebas? ¡Si Dios existiera me mataría en este preciso momento!. Te doy, Dios, tres minutos para matarme. Tres minutos que mediré en mi reloj...uno...dos...tres! ¿Ven ustedes? ¡Dios no existe!". "Se dice también —dice la autora citada— que tenía tarjetas de visita con la siguiente inscripción: 'Arnulfo Pérez H., Oficial Mayor de la Secretaría de Agricultura y Fomento, Diputado al Congreso de la Unión, Miembro del Partido Nacional Revolucionario. Enemigo personal de Dios'. Alan M. Kirshner, *Tomás Garrido Canabal y el movimiento de los Camisas Rojas*, SepSetenta, México 1976, pp. 23 y 24.

materia y, por la misma razón, "las iglesias y demás agrupaciones religiosas se sujetarán a la ley". En la Ley de Adiciones del 25 de Septiembre de 1873, que incorporó las Leyes de Reforma al texto de la Constitución de 1857, en el art. 1o., se asentó dicho principio en los siguientes términos: "El Estado y la Iglesia son independientes entre sí".

Ahora bien, en el nuevo contexto histórico y político, este principio debe conjugarse con el del derecho a la libertad religiosa, los cuales no son excluyentes sino complementarios. Sin embargo, hay que advertir que el primero —el de la "separación"— es consecuencia del segundo— el de la "libertad". Aunque el planteamiento de los redactores de las reformas —como ya se ha dicho— fue equívoco en su origen, por cuanto el acento lo pusieron en el efecto y no en la causa, al intérprete, al comentarista, le corresponde hacer evolucionar y subsanar el error de origen del planteamiento e invertir —sin excluir— el orden jerárquico de dichos principios. En otros términos, el criterio supremo que debe orientar todas las cuestiones relativas a la regulación jurídica del fenómeno religioso debe ser el del derecho humano a la libertad religiosa.

EL PRINCIPIO DE LA LIBERTAD RELIGIOSA

Aun con sus limitaciones, nuestra Constitución acoge la libertad religiosa como principio y como derecho fundamental en sus artículos axiales 24 y 130, y en el desarrollo de éstos en la Ley de Asociaciones Religiosas y Culto Público y en el Reglamento de esta última.

Hay que observar, empero, que en las reformas constitucionales de que nos ocupamos no se emplea el término derecho a la libertad religiosa, que es el que utiliza la doctrina moderna sobre derechos humanos y el Derecho internacional público positivo. Nuestro legislador prefirió conservar el vocablo "libertad de creencias", de raíz liberal-individualista. "Todo hombre —dice el Art. 24— es libre para profesar la creencia religiosa que más le agrade..." Por otro lado, la expresión "que más le agrade", parece que trivializa la opción fundamental de la persona ante la trascendencia de lo que para muchos —creyentes o no creyentes —es un drama existencial. Esto trae además consecuencias prácticas en la tutela de ese derecho. La banalización del concepto de creencia —como lo señala Javier Martínez Torrón— origina una disminución de su protección jurídica, sólo se protege lo que es valioso.[11] En la jerarquía de valores de Max Scheler pone en último lugar "los valores del agrado"(dulce-amargo).[12]

---

[11] VV. AA. Estudios Jurídicos en torno a la Ley de Asociaciones Religiosas y Culto Público, Segob y UNAM, México, 1993, p. 14.

[12] Seguirían en esa escala ordenada de menor a mayor: 2) *Los valores vitales*: (sano-enfermo); 3). *Los valores espirituales,* que se dividen en *a)* Estéticos: (bello-feo); *b)* Jurídicos: (justo-injusto) *c)* Intelectuales (verdadero-falso); *Los valores religiosos*: (santo-profano). *Cfr.*

Enseguida en la misma cláusula se añade: "...y para practicar las ceremonias, devociones o actos de culto respectivo..." Como se aprecia, el derecho que nos ocupa se contrae prácticamente a la libertad de pensamiento en materia religiosa y a la libertad de culto en los templos. Así lo concebía nuestra Constitución antes de las reformas de 1992, y aún se restringía más con las limitaciones que a ese derecho imponía en otras de sus disposiciones.[13]

Actualmente hay coincidencia substancial entre la doctrina y los instrumentos internacionales, en el sentido de que el derecho a la libertad religiosa implica y debe garantizar las siguientes libertades: *a)* La libertad de profesar o no profesar, es decir, de tener o no tener las creencias religiosas elegidas libremente; *b)* La libertad de declarar o no declarar las propias convicciones religiosas; *c)* La libertad de culto, es decir, de realizar las prácticas religiosas propias de la confesión elegida; *d)* La libertad de actuar conforme a las propias convicciones religiosas; *e)* La libertad de información, es decir, de informar y ser informado sobre las creencias religiosas que se profesan; *f)* La libertad de educación religiosa, y, por tanto, de recibir e impartir la enseñanza de las creencias asumidas; *g)* La libertad de reunión, de manifestación y de asociación para actividades religiosas[14] *h)* la objeción de conciencia.

Todo lo anterior está sustentado en la necesidad de proteger la conciencia de la persona como exigencia absolutamente inexcusable de su dignidad, de tal manera que nadie sea obligado a actuar en contra de su conciencia y a nadie se le impida a actuar conforme a ella. Charles Péguy —en uno de sus maravillosos poemas— hace decir a Dios "Conozco bien al hombre..." Es un ser curioso, porque en él actúa esta libertad que es el misterio de los misterios".[15]

Las reformas constitucionales a que nos hemos venido refiriendo —como se verá más adelante— se quedaron en un punto equidistante entre el concepto decimonónico y el moderno respecto al derecho a la libertad religiosa.

Max Scheler *El formalismo en la ética y la ética material de los valores*. Versión sintética, Caparrós. Madrid. 2000 (Internet)

[13] El propio artículo establece que: "El Congreso no puede dictar leyes que establezcan o prohíban religión alguna". Los actos religiosos de culto público se celebrarán ordinariamente en los templos. Los que extraordinariamente se celebren fuera de éstos se sujetarán a la ley reglamentaria.

[14] Este último derecho de asociación reconoce el derecho de crear grupos o estructuras, con personalidad jurídica, establecer lugares de culto o de reunión con fines religiosos, designar y formar a sus ministros, divulgar y propagar su propio credo y mantener relaciones con sus propias organizaciones o con otras confesiones religiosas, sea en el territorio nacional o en el extranjero, etc. *Cfr.* José Antonio Souto Paz, *Derecho Eclesiástico del Estado*, Marcial Pons, Madrid, 1992, pp. 87-92.

[15] Charles Péguy, poema "La Noche", en *Palabras Cristianas*, Ediciones Sígueme, Salamanca, 1966.

Es innegable que hay un avance substancial en relación con la situación constitucional anterior, pero hay también insuficiencias, ambigüedades y limitaciones injustificadas en relación con la concepción moderna de este derecho humano.

Un punto que se puede destacar aquí, como un ejemplo de insuficiencia de las reformas, es el de la libertad religiosa en materia educativa (art. 3°), que respecto a las escuelas privadas no se proclama expresamente, sino por vía implícita, es decir, no se prohíbe, en tanto que sí prohíbe la enseñanza religiosa en las escuelas públicas bajo el principio laico tradicional de "mantenerse ajena a cualquier doctrina religiosa" y no, por lo menos, del principio moderno de laicidad cuya base es el respeto a todas las creencias religiosas.

Una vez expuestos los dos principios torales en torno a los cuales gravita nuestra carta magna en lo que respecta a la órbita religiosa, conviene hacer ahora una breve referencia a los principales aspectos que son objeto de la regulación constitucional, a la luz de dichos principios.

LAS ASOCIACIONES RELIGIOSAS

El inciso *a)* del art. 130 establece que: "Las iglesias y las agrupaciones religiosas tendrán personalidad jurídica como asociaciones religiosas una vez que obtengan su correspondiente registro." Antes de la reforma, el Art. 130, en su párrafo cuarto, sentenciaba: "La ley no reconoce personalidad alguna a las agrupaciones religiosas denominadas iglesias".

Como se ve, en la situación anterior, el no reconocimiento de personalidad jurídica de las iglesias era de carácter absoluto. En la situación actual, en cambio, existe la posibilidad de que se atribuya personalidad jurídica a dichas entidades, a condición de que: *a)* soliciten constituirse en "asociación religiosa"; *b)* obtengan su registro. La ley reglamentaria, que no es objeto de nuestra exposición, determina las condiciones y requisitos que deberán cumplir las solicitantes ante la autoridad ejecutora (Secretaría de Gobernación).

En otros términos, las instituciones religiosas no son preexistentes como personas morales al acto de reconocerlas; son creadas por un acto administrativo y unilateral del poder público. Antes del registro se les considera, en el mejor de los casos, como sociedades sin personalidad jurídica, o como agrupaciones de hecho; pero no como personas morales, como sujetos de derecho, cuya personalidad jurídica derivaría, mediante un registro con efectos declarativos, de su propia naturaleza, organización y fines.

Ahora bien, con independencia de las anteriores consideraciones, hay que advertir que en la nueva normatividad una iglesia o agrupación religiosa no tiene obligación de constituirse en asociación religiosa; esta posibilidad es, naturalmente, facultativa para ellas; pueden seguir actuando, aunque sin personalidad jurídica y con derechos restringidos.

La adquisición de personalidad jurídica como consecuencia del registro constitutivo como asociación religiosa inserta a estas entidades religiosas en el ordenamiento del Estado, pero conserva su estructura, su identidad y su carácter propio. Así, pues, tendrán los derechos de la personalidad que le son propios, como el derecho al nombre, a la identidad, a la nacionalidad, al honor y a la fama, la titularidad de derechos sobre bienes, derecho a la negociación jurídica y, en general, cuantos derechos, facultades obligaciones y cargas correspondan a las personas jurídicas conforme a la ley del Estado, salvo las que vengan reguladas de modo específico para dichas asociaciones religiosas. Igualmente, regirá la legislación civil en lo que concierne al ejercicio de aquellos derechos, cumplimiento de obligaciones y responsabilidad contractual y extracontractual.[16]

El derecho a la libertad religiosa implica —por otra parte— el *derecho de autonomía* de las entidades religiosas, lo cual, concomitantemente, es una consecuencia del principio de la separación de las iglesias y el Estado. El Art. 130-b reconoce este derecho —aunque sólo a las asociaciones religiosas y no a las agrupaciones o iglesias sin registro— en los siguientes términos: "Las autoridades no intervendrán en la vida interna de las asociaciones religiosas".

Antes de las reformas no sólo no se reconocía este derecho, sino que era categóricamente desconocido por la propia Constitución y por la legislación reglamentaria. Recuérdese, a título de ejemplos, el Art. 5o. constitucional, que prohibía el voto religioso y el establecimiento de órdenes monásticas, o el art. 130, que negaba la personalidad jurídica a las iglesias y facultaba a las legislaturas de los Estados a determinar el número máximo de ministros de culto.[17]

LOS ACTOS DE CULTO PÚBLICO

"Todo hombre es libre para profesar la creencia religiosa que más le agrade —dice el art. 24— y para practicar las ceremonias, devociones o actos del culto respectivo". La libertad de culto es un aspecto fundamental de la libertad religiosa. Y esa libertad de culto se entiende como libertad de culto público. Desde luego el Estado carece de competencia para

---

[16] *Cfr.* López Alarcón, "Entidades Religiosas", en *Derecho Eclesiástico del Estado Español*, EUNSA, Pamplona, 1993, pp. 291-292.

[17] O las disposiciones draconianas de las reformas de 2 de julio de 1926 al Código penal —la llamada "Ley Calles"— contenidas en la ley reglamentaria del Art. 130 constitucional, del 18 de enero de 1927.

intervenir en el contenido y en la programación de las actividades litúrgicas y cultuales. Estas actividades son elementos substanciales de la libertad y de la autonomía de las comunidades religiosas.

Aunque la disposición constitucional citada no define el acto de culto, éste se puede definir —como lo hace Prieto Sanchís— "como el conjunto de actos y ceremonias con los que el hombre tributa homenaje al Ser supremo o a personas o cosas tenidas por sagradas en una determinada religión". En consecuencia, la libertad de culto comprende la práctica individual y colectiva, tanto en público como en privado, de esos actos o ceremonias prescritas en el seno de una confesión. Naturalmente, la libertad de culto comprende también el derecho a recibir o rechazar cualquier clase de asistencia religiosa o fórmula sacramental.

Cabe señalar, por otro lado, que la disposición constitucional mencionada restringe el derecho a celebrar actos de culto público en los templos y, sólo de manera excepcional, admite que puedan celebrarse fuera de estos, en cuyo caso deberán sujetarse a la ley reglamentaria.[18] Debe entenderse —en nuestra opinión— que el acto de culto público de carácter extraordinario lo es, no por su naturaleza intrínseca o sus modalidades, sino porque se celebra fuera de los templos.

LOS MINISTROS DE CULTO

El artículo 130 reformado se refiere a los ministros de culto en sus incisos c), d), y e), párrafos primero y cuarto. No precisa la Constitución lo que debe entenderse por dicho término.[19] La jurisprudencia tendrá que ir precisando el contenido del término, que de suyo es ambiguo, ya que no tiene correspondencia en todas las confesiones religiosas. Hay que señalar, por otro lado, que la Constitución sujeta a los ministros de culto a un estatuto de excepción en su calidad de ciudadanos, por cuanto se les priva del voto pasivo y de la posibilidad de desempeñar cargos públicos.[20] Basado

---

[18] El artículo 22 de la ley reglamentaria establece la obligación de los organizadores de dar aviso previo a las autoridades, por lo menos quince días antes de la fecha en que pretendan celebrar el acto de culto público y deberán indicar en el aviso correspondiente tanto el motivo, como el lugar, fecha y hora del acto. Las autoridades competentes podrán prohibir la celebración del acto mencionado en el aviso, fundando y motivando su decisión exclusivamente por razones de seguridad, protección de la salud, de la moral, la tranquilidad y el orden públicos y la protección de derechos de terceros.

[19] La ley reglamentaria, señala que "se consideran ministros de culto a todas aquellas personas mayores de edad a quienes las asociaciones religiosas a que pertenezcan confieran ese carácter" (Art. 12).

[20] "a menos que —dice el art. 14 de la ley— se separen definitivamente de su ministerio cuando menos cinco años en el primero de los casos, y tres en el segundo, antes de la elección de que se trate o de la aceptación del cargo respectivo.

en el principio de la igualdad, resulta discriminatorio que a los ministros de culto, por la sola circunstancia de poseer ese carácter, se les mutile su condición de ciudadanos.

El derecho internacional de los derechos humanos considera como discriminación cualquier menoscabo en la esfera de los derechos humanos por razones religiosas. El Art. 2.2 de la "Declaración sobre la eliminación de todas las formas de intolerancia y discriminación fundadas en la religión", aprobada por la Asamblea General de la ONU el 18 de Enero de 1982, expresa que: "se entiende por intolerancia y discriminación basadas en la religión o las convicciones toda distinción, exclusión, restricción o preferencia fundada en la religión o en las convicciones y cuyo fin o efecto sea la abolición o el menoscabo del reconocimiento, el goce o el ejercicio en pie de igualdad de los derechos humanos y las libertades fundamentales". Y el Art. 4 establece que: "Todos los Estados adoptarán medidas eficaces para prevenir y eliminar toda discriminación por motivos de religión o convicciones en el reconocimiento, el ejercicio y el goce de los derechos humanos y de las libertades fundamentales en todas las esferas de la vida civil, económica, política, social y cultural."

Disposiciones similares se encuentran —con anterioridad al documento citado— en la Declaración Universal de los Derechos Humanos de la ONU, de 1948, (art. 2.1 y art. 30), en la Convención Americana sobre Derechos Humanos o Pacto de San José, de 22/XI/1969, (art. 23.l, incisos, a, b y c), (art. 23.2 y art. 29), y en el Pacto Internacional de Derechos Civiles y Políticos, de 19/XII/66 (arts. 2 y 25).

Más aún: en el art. 1°, tercer párrafo, de nuestra propia Constitución, se establece que: "Queda prohibida toda discriminación motivada por origen étnico o nacional, el género, la edad, las capacidades diferentes, las condiciones de salud, la *religión*, las opiniones, las preferencias, el estado civil o cualquier otra que atente contra la dignidad humana y tenga por objeto anular o menoscabar los derechos y libertades de las personas".[21]

También en las modernas legislaciones sobre libertad religiosa se consagra la plenitud de derechos políticos de todos los ciudadanos que reúnan las condiciones de nacionalidad, edad y capacidad, sin limitaciones o restricciones a los ministros de culto. Baste citar a dos de las más avanzadas y que provienen de Estados que tuvieron la más distinta orientación ideológica: España, que pasó de un régimen confesional, con libertad religiosa restringida, a uno de plena libertad religiosa, y Rusia (parte de la antigua URSS), que pasó de un estado oficialmente ateo a un sistema de amplia libertad religiosa ; ambos reconocen plenitud de ciudadanía a los ministros de culto.

---

[21] Dicho párrafo fue adicionado para conformar ese derecho a la no discriminación con lo previsto en los instrumentos internacionales. *Diario Oficial* de 14 de agosto de 2001.

Y esto no podría ser de otra manera porque la calidad de ciudadano constituye una clave verdaderamente esencial del Estado democrático, fundado sobre la igual participación de todo ciudadano en la soberanía popular. "En ese plano —señala Pedro Juan Viladrich— ni hay ni puede haber diferencias de calidad o posesión de título, porque la violación de esa común y radical condición o, lo que es lo mismo, la existencia de diversas categorías de ciudadanos en un Estado democrático, no sólo representa la conculcación de un derecho subjetivo sino también la negación de su esencia democrática".[22]

No se entendió que la prohibición de que los ministros de culto participen en la política militante —que se distingue en la que se acostumbra llamar "política de bien común"— es competencia legítima de las instituciones religiosas[23] y no del Estado, que debe garantizar la plenitud de derechos ciudadanos y dejar a la autonomía de los ministros decidir si participan o no.[24] No se puede negar que, a través de la historia, ha habido falta de respeto y violaciones a la dignidad y a los derechos humanos, tanto en nombre de convicciones fundamentales de creencia como de no creencia religiosa, porque ambas están expuestas al abuso. Empero, no por eso se justifica la supresión de derechos cuyo abuso es posible. No debe suprimirse el derecho del que se puede abusar, sino promover vigorosamente el derecho y combatir con eficacia el abuso cometido por el creyente o por el no creyente. De acuerdo con esta exigencia irrenunciable, debe establecerse la noción positiva de laicidad como libertad de profesar convicciones fundamentales de creencia o de no creencia religiosa y suprimirse la noción negativa de laicismo como rechazo o combate de toda religión.[25]

Otra restricción grave, que debe hacerse notar, que conculca ya no sólo derechos políticos, sino las libertades de expresión y de escribir y publicar escritos, consagradas para todos los ciudadanos por los arts. 6o y 7o. constitucionales, está consignada en el inciso c) del art. 130 de la Constitución, que prohíbe a los ministros de los cultos "en reunión pública,

---

[22] Los "Principios informadores del Derecho Eclesiástico Español", en VV. AA. *Derecho Eclesiástico del Estado Español, op. cit.*, p. 202.

[23] Así, por ejemplo, el Código de Derecho Canónico prohíbe a los clérigos aceptar cargos públicos (canon 285), y participar activamente en los partidos políticos y en la dirección de asuntos sindicales (canon 287).

[24] "Los sacerdotes deben favorecer la unidad y la comunión de todos los fieles, y por eso deben mantenerse apartados de la política, que es el campo de acción de los laicos", considera. Benedicto XVI. Así lo afirmó el 17 de septiembre del presente año al acoger al segundo grupo de obispos brasileños, con motivo de la visita "ad limina". El Papa dedicó toda su intervención a prevenir contra "la secularización de los sacerdotes y la clericalización de los laicos", y a insistir que la figura del sacerdote en la Iglesia es "insustituible", *Zenit*, 20 septiembre de 2009.

[25] Efraín González Morfín, *Convicciones fundamentales ....", op. cit.*, p. 38.

en actos del culto o de propaganda religiosa, ni en publicaciones de carácter religioso, oponerse a las leyes del país o a sus instituciones".[26]

Dichas disposiciones son violatorias, además, de los arts. 2.1, 7, 18, 19 y 30 de la Declaración Universal de los Derechos Humanos de la ONU, de los arts. 2.1, 3, 5, 18, 19.2 y 26 del Pacto Internacional de los Derechos Civiles y Políticos y de los arts. 1, 2, 12, 13.1 y 24 de la Convención Americana sobre Derechos Humanos.

Por último, habría que señalar que, en detrimento del principio de libertad religiosa, en el mismo art. 130-c de la Constitución se establece una prohibición dirigida de manera más que irrespetuosa a los ministros de los cultos de "agraviar de cualquier forma los símbolos patrios". Además de que es ofensiva y discriminatoria la suposición de que los ministros de los cultos, por el hecho de serlo, están más propensos que el resto de la población a ultrajar los símbolos nacionales, es también injustificado desde el punto de vista de la técnica legislativa, por cuanto dichos ilícitos se encuentran ya tipificados y sancionados en el Código Penal federal, y en la Ley sobre el Escudo, la Bandera y el Himno Nacionales. Todo esto se vincula, también, con el problema de la objeción de conciencia que, por los límites de esta presentación, no ha sido objeto de tratamiento.

UN NUEVO MODELO DE ESTADO LAICO

La postura que adopta el Estado mexicano frente al fenómeno religioso —que se define en nuestra Ley fundamental— permite configurarlo como un modelo de Estado laico, con las siguientes especificidades:

a) Adopta como principio básico "histórico" el de la separación de las iglesias y el Estado. Principio que no es otro, por supuesto, que el del liberalismo decimonónico, que postulaba una posición intimista, individualista de la religión y la pretensión de una Iglesia espiritualista, o, mejor dicho, "angelista", sin incidencias en el ámbito de lo social, de lo económico ni de lo político. Plantea un Estado y una Iglesia con separación abismal, sin vínculos entre sí, sin relaciones de cooperación entre ambos.

b) Dicho principio, sin embargo, es fuertemente matizado por el principio de la libertad religiosa, que, aunque de manera implícita, "orienta"

---

[26] Aunque no es objeto de este trabajo estudiar la Ley de Asociaciones Religiosas y Culto Público, es pertinente señalar —por su carácter gravemente violatorio de los instrumentos internacionales sobre derechos humanos y de la propia Constitución— el art. 16, segundo párrafo, que establece lo siguiente: "Las asociaciones religiosas y los ministros de culto no podrán poseer o administrar, por sí o por interpósita persona, concesiones para la explotación de estaciones de radio, televisión o cualquier tipo de telecomunicación, ni adquirir, poseer o administrar cualquiera de los medios de comunicación masiva. Se excluyen de la presente prohibición las publicaciones impresas de carácter religioso".

también las disposiciones constitucionales sobre la materia, como cuando estatuye la prohibición dirigida a las autoridades para establecer o prohibir religión alguna y para intervenir en la vida interna de las asociaciones religiosas.

c) Garantiza el derecho de libertad religiosa en su dimensión individual y los actos de culto religioso, pero con la limitación de que éstos últimos solamente podrán celebrarse en los templos, y cuando, de manera extraordinaria, se pretenda celebrarlos fuera de ellos, se sujetarán a la ley reglamentaria (que exige la autorización expresa de la autoridad competente).

d) Reconoce el derecho de libertad religiosa en su dimensión colectiva y su consecuencia inherente de que las comunidades religiosas se consideren personas morales. Este derecho, empero, está sujeto a la condición de que las iglesias y agrupaciones religiosas se constituyan en asociaciones religiosas y la autoridad competente (la Secretaría de Gobernación) les otorgue el registro constitutivo correspondiente.

e) Reconoce a los ministros de culto el derecho político de votar, pero les prohíbe el de ser votados y el de ocupar cargos públicos, así como el de asociarse con fines políticos u oponerse a las leyes del país o a sus instituciones, agraviar (expresión irrespetuosa), de cualquier forma, los símbolos patrios, y les restringe, asimismo, su capacidad para ser herederos.

f) Reconoce por vía implícita —no la prohíbe pero no la consagra— la libertad religiosa en materia educativa en las escuelas privadas, pero prohíbe la enseñanza religiosa —bajo la proclamación del principio de la educación laica— en las escuelas públicas del Estado.

SEGUNDA PARTE

HACIA UNA CULTURA DEL DERECHO DE LIBERTAD RELIGIOSA

En esta visión general de las disposiciones de la Constitución en materia religiosa, que hemos explorado someramente y condensado en los principios fundamentales, se ha de insistir en que el primero de ellos —en el orden axiológico— es y debe ser el derecho a la libertad religiosa, y, por tanto, nuestra legislación en lo que sea omisa, debe conformarse a las exigencias de ese derecho.

Ahora bien, aunque es indubitable que el derecho es absolutamente necesario, no es suficiente, debe complementarse con una genuina cultura de los derechos humanos y, específicamente, de la libertad religiosa, tema que será objeto de nuestras consideraciones en esta segunda parte de nuestro trabajo.

Se requiere ahora más que nunca redoblar nuestros esfuerzos para construir una verdadera cultura de la libertad religiosa, para que no sólo el derecho esté "allí ", que, desde luego, puede y debe perfeccionarse, sino construir una cultura *jurídica*, que nos haga tomar conciencia de ese derecho, que nos obligue a divulgarlo, a promoverlo y a defenderlo.

Los mexicanos nos pasamos 75 años con una legislación que el profesor Floris Margadant, que era no creyente, consideraba como la legislación más anticlerical del mundo, junto a la cual, decía él, la legislación soviética suena a campanas de Navidad.[27]

Esa legislación —independientemente de su aplicación rigorista o tolerantemente extralegal— nos sumió en la más desastrosa subcultura de la legalidad, que todavía hace estragos entre nosotros, y no sólo entre los ciudadanos de a pie, sino entre jactanciosos intelectuales, politólogos, periodistas —y, lo que es peor, doctos juristas— que todavía consideran que sería mejor no reconocer personalidad jurídica a la iglesias, ni a los ministros el derecho de voto activo, ni a ambos, iglesias y ministros, la de por sí restringida libertad de expresión, y no faltan "jacobinos de la época terciaria" que hubieran querido mantener el laicismo obligatorio aún en las escuelas privadas. Y lo paradójico de todo esto es que muchos de ellos son los mismos que se erigen en defensores de los derechos humanos —excepto el de la plena libertad religiosa— y en portaestandartes de la democracia, pero con exclusión de quienes pretenden participar en la vida pública desde sus convicciones religiosas.

No se dan cuenta de que al seguir postulando un laicismo ya periclitado que desconoce el derecho (derecho "preferente" dice la Declaración de la ONU) de que se imparta educación a sus hijos —aun en las escuelas públicas— de acuerdo con sus convicciones fundamentales, se está privilegiando a los padres agnósticos frente a los creyentes de cualquier religión. ¿Por qué a un padre agnóstico o a un padre ateo (con indiscutible pleno derecho) le concede el orden jurídico del Estado que su hijo no reciba ninguna instrucción religiosa, y en cambio se lo niega al padre de cualquier creencia religiosa por prohibírselo la propia Constitución?

Nadie puede negar que el problema es complejo, pero es indudable que a partir de la voluntad de cumplir con esta exigencia de un derecho humano puede pensarse en diversas alternativas y mecanismos que le den cauce para proteger las convicciones fundamentales de todos los padres.

Con cuánta razón el filósofo Luis Salazar, insospechable de tendencia religiosa, señala que el laicismo en México ha llevado la huella de un

---

[27] Guillermo F. Margadant, *La Iglesia ante el Derecho Mexicano*, Miguel Ángel Porrúa, México, 1991, p. 22. Hay que aclarar que el profesor Margadant escribió su obra en 1984, con el nombre de *La Iglesia Mexicana y el Derecho*, época en que todavía no se disolvía el Estado soviético (URSS), lo que ocurrió un lustro después.

paradójico fundamentalismo tan sectario como el de sus adversarios. El Estado hizo una historia sagrada, un santoral laico, tan indiscutible y dogmático como su contrario.[28]

Benedicto XVI, en *Caritas in Veritate*, identifica dos factores que impiden el encuentro entre las personas y su colaboración para el progreso de la humanidad: el laicismo y el fundamentalismo religioso. "En el laicismo (que excluye la religión en el ámbito publico) y en el fundamentalismo se pierde la posibilidad de un diálogo fecundo y de una provechosa colaboración entre la razón y la fe religiosa".[29]

Por lo demás, como enseña Efraín González Morfín, "cuando no se respeta el derecho a la libertad religiosa se pervierten las motivaciones y las conductas de la vida social. Entonces conviene fingir convicciones de creencia o incredulidad; se promueve y alienta la mentira oportunista, la esquizofrenia de conveniencia, que hace alarde en público de posiciones anticlericales e irreligiosas, mientras exige en privado a los miembros de la familia la observancia de preceptos y prácticas religiosas. La falta de vigencia social del derecho a la libertad religiosa no daña solamente a la religión; hiere moralmente también al Estado y a la vida política y sirve de ambiente deseducativo para la ficción y el oportunismo".[30]

Hay que insistir, por ello, que en la construcción de una cultura de la libertad religiosa debe permear la actuación de la sociedad y del Estado conforme al derecho natural y al derecho positivo, que no se contraponen, sino que son dos caras de una misma moneda. El derecho natural exige que haya derecho positivo —que no debe confundirse con el positivismo jurídico— que traduzca sus postulados en normas, inclusive coactivamente exigibles.

LA NATURALEZA HUMANA COMO SUSTENTO DE LA CULTURA DE LIBERTAD RELIGIOSA

Una cultura del derecho a la libertad religiosa, se inserta no sólo en la Constitución y en las leyes, sino en nuestra conciencia moral en la que arraiga la afirmación ontológica, ética y jurídica de que ese derecho está fundado en la propia naturaleza humana, y, por tanto, es un patrimonio común de la humanidad, que le corresponde con iguales títulos a todas las familias espirituales y aun a los no creyentes. Pero en cualquier caso la persona no se puede dejar aprisionar en los límites del Estado porque lo

---

[28] Artículo "Como siempre", *Nexos*, junio 2001.
[29] Benedicto XVI, *Caritas in Veritate*, n. 56. Edición del Instituto Mexicano de Doctrina Social Cristiana, México, 2009.
[30] Efraín González Morfín, *Temas de Filosofía del Derecho*, UIA-Oxford University Press, México, 1999, p. 162.

trasciende. La persona que forma parte del Estado, trasciende al Estado por el misterio inviolable de su libertad espiritual y por su vocación de bienes absolutos. El Estado no constituye la totalidad de la existencia humana ni abarca toda la esperanza humana. El hombre y su esperanza van más allá de la realidad del Estado y más allá de la esfera de la acción política.[31]

Valiéndome de una idea de Maritain, diría que es bastante curioso comprobar que cuando se ha obtenido un progreso en el desarrollo de la historia (como, por ejemplo, la tolerancia civil o la libertad religiosa), después de haber servido de máscara o de pretexto a las energías adversas que alzan contra el cristianismo verdades cautivas, es el cristianismo el que se aplica en mantener este progreso que se pretende ganado contra él, mientras las energías adversas, cambiando repentinamente de camino, tratan apresuradamente de destruir ese mismo progreso del cual anteriormente se habían glorificado.[32]

Por contingencias históricas se oscurecieron temporalmente en la conciencia cristiana algunas verdades sobre el hombre, sobre su dignidad y su libertad, que ella había afirmado penosamente durante su tradición anterior. Ese comportamiento que se dio algunas veces, dice *Dignitatis Humanae* (n. 12), no sólo fue conforme con el espíritu evangélico e incluso fue contrario a él. Sin embargo, siempre se mantuvo la doctrina de la Iglesia de que nadie debe ser obligado a la fe. De ahí que en la aplicación actual de ese principio de la mencionada Declaración del Vaticano II señale —como se dijo antes— que para decidir responsablemente respecto de la obligación de buscar la verdad y de ordenar, de acuerdo con ella, toda su vida, los hombres deben tener capacidad de autodeterminación interna, o sea libertad psicológica y, al mismo tiempo, inmunidad de coacción externa. Los sistemas totalitarios lo primero que tratan de destruir es la conciencia del hombre.[33]

Y es ahí, en el sagrario del hombre que es su conciencia,[34] donde se plantea el cuestionario básico del hombre en este mundo. Tanto los creyen-

---

[31] Joseph Ratzinger, *Iglesia, ecumenismo y política*, Biblioteca de autores cristianos, Madrid, 2005, p. 164.

[32] Jacques Maritain, *Humanismo Integral*, Buenos Aires, Carlos Lohlé, 1966, p. 132.

[33] En sus *Conversaciones con Hitler*, Hermann Rausching, cita la declaración que hizo Hitler en su presencia: "Yo libero al hombre de la constricción de un espíritu convertido en sí mismo; de las sucias y humillantes autoaflicciones de una quimera llamada conciencia y moral, y de las pretensiones de una libertad y autodeterminación personal, a los que sólo muy pocos pueden aspirar" Algo semejante declaró Göring al mismo autor: "¡Yo carezco de conciencia! ¡La mía se llama Adolf Hitler! Citado por el Card. Joseph Ratzinger, *en Iglesia, ecumenismo y política*, Biblioteca de Autores Cristianos, Madrid, 2005, p. 183.

[34] *Gaudium et Spes*, n. 16 dice que "la conciencia es el núcleo más secreto y el sagrario del hombre, en el que está a solas con Dios, cuya voz resuena en lo más íntimo de ella" "En lo profundo de su conciencia, el hombre descubre una ley que él no se da a sí mismo, sino a

tes como los no creyentes se plantean y responden, con profundas diferencias, las preguntas básicas sobre el sentido y el fundamento del hombre y del mundo; tienen convicciones fundamentales, que influyen en el pensamiento, en las decisiones, en la afectividad y en la conducta. "Los hombres esperan de las diversas religiones —dice el Vaticano II— la respuesta al cuestionario básico de la vida: ¿Qué es el hombre? ¿Cuál es el sentido y qué fin tiene nuestra vida? ¿Qué es el bien y el pecado? ¿Cuál es el origen y el fin del dolor? ¿Cuál es el camino para conseguir la verdadera felicidad? ¿Qué es la muerte, el juicio, y cuál la retribución después de la muerte? ¿Cuál es finalmente, aquel último e inefable misterio que envuelve nuestra existencia, del cual procedemos y hacia el cual nos dirigimos?".[35]

Creyentes y no creyentes

Las convicciones fundamentales de los creyentes aceptan e integran las respuestas a estas preguntas. Los no creyentes tienen también convicciones fundamentales acerca de este cuestionario básico, pero no las justifican con motivos religiosos. "La Iglesia, aunque rechaza completamente el ateísmo, sin embargo reconoce sinceramente que todos los hombres creyentes y no creyentes, deben colaborar para la correcta edificación de este mundo en el que viven juntos" (Constitución *Gaudium et Spes*, n. 21)

Por ello —como dice Efraín González Morfín, a quien nuevamente acudimos— la libertad de vivir en la sociedad de acuerdo con las convicciones fundamentales, dentro del orden público, comprende las diversas convicciones fundamentales de índole religiosa y no religiosa; incluye al creyente y al no creyente. La libertad social de la persona respecto a las convicciones fundamentales es derecho del católico, del protestante y del ortodoxo, del judío y del musulmán, del creyente de otras religiones y del incrédulo o ateo. No todos los hombres profesan una religión, pero todos tienen convicciones fundamentales y derecho de ser respetados en la profesión de las mismas, dentro del orden público.[36]

La auténtica libertad religiosa no consiste en ocultar con equívoca prudencia las convicciones que uno tiene para no molestar a quienes no las comparten, sino en profesar con valor civil las propias convicciones de

---

la que debe obedecer y cuya voz resuena, cuando es necesario, en los oídos de su corazón, llamándolo siempre a amar y a hacer el bien y a evitar el mal: haz esto, evita aquello. Porque el hombre tiene una ley inscrita por Dios en su corazón, en cuya obediencia está la dignidad humana y según la cual será juzgado".

[35] Declaración sobre las relaciones de la Iglesia con las religiones no cristianas (*Nostra aetate*), n. 1. En Vaticano II. Documentos, BAC, Madrid, 1993.

[36] Efraín González Morfín, "Convicciones fundamentales y libertad", en *Libertad Religiosa. Derecho Humano Fundamental*, IMDOSOC, México, 1999, p. 34.

creencia o incredulidad y respetar sinceramente a quienes no tienen las mismas. La libertad religiosa es aliada fiel de la verdad de la justicia y de la fortaleza o valor civil. Por el contrario, las situaciones de indefinición y engaño de la sociedad civil respecto de la religión tienen su origen en la mentira, en el temor y en la falta de respeto a la dignidad humana.

El respeto a la libertad social de profesar convicciones fundamentales[37] es un valor esencial de la democracia y se basa en el reconocimiento de la dignidad de la persona humana y del valor objetivo de la verdad, no en el escepticismo ni en el relativismo. "La conciencia —dice Benedicto XVI— es la capacidad del hombre de percibir la verdad".[38] No son igualmente verdaderas las convicciones fundamentales, pero, aún en caso de error, las personas las aceptan porque, de buena fe, se convencen de que son verdaderas. Para el realismo moderado, la verdad se puede conocer con certeza y vale para todos, aunque, de hecho, no todos la acepten y reconozcan. La verdad objetiva de la dignidad y de la responsabilidad humana es la razón y la base de la libertad social de profesar convicciones fundamentales, igual para todos los seres humanos. Esta libertad no se basa en el hecho de que las convicciones sean verdaderas, ni en la calidad intelectual y moral de la búsqueda de la verdad, ni en el número de personas que tengan determinadas convicciones, sino en la dignidad de toda persona.[39] Por consiguiente, el derecho a la libertad religiosa no se funda en la disposición subjetiva de la persona, sino en su misma naturaleza que (DH, n. 2), consecuentemente, "permanece también en aquellos que no cumplen la obligación de buscar la verdad y adherirse a ella" (DH, n. 2)

Profesar libremente las convicciones fundamentales en la sociedad comprende profesarlas en privado y en público, en forma individual y asociada, de manera espontánea y organizada, con el pensamiento, la palabra y la obra. Es por ello que este derecho sufre una grave mutilación cuando no se reconoce su proyección social y colectiva, y no se reconoce a las organizaciones religiosas como sujetos de derecho. El Estado, por tanto, tiene el inexcusable deber de respetar los rasgos identitarios de cada una, su propia autocomprensión, de tal forma que ninguna sea objeto de discriminación y a todas se las trate con igualdad de proporción, que es lo que exige la justicia.

---

[37] John Courtney Murray dice que en más de un contexto del Concilio la palabra *conciencia* significa convicción fundamental, además de otro significado. Citado por Efraín González Morfín, *op. cit.*, p. 41. *Cfr.* John Courtney Murray, "La Declaración sobre la libertad religiosa", *Concilium*, n. 15, Ediciones Cristiandad, Mayo 1966, Madrid, 1966, pp. y ss.

[38] Entrevista en su viaje de Amán, Jordania a Tierra Santa, *Zenit*, 10 de mayo de 2009.

[39] *Cfr.* Efraín González Morfín, *op. cit.*, p. 35.

El pluralismo religioso

La realidad incontrovertible es que vivimos en un mundo de pluralismo religioso. Debemos estar conscientes de que en el mundo actual no hay tal vez ni un solo país totalmente homogéneo desde el punto de vista religioso. Incluso en el país en que una confesión o la ausencia de religión sean predominantes, habrá por lo general unos grupos minoritarios de otra religión o de no religión, según los casos. La heterogeneidad o el pluralismo religioso son la regla más o menos general en el plano sociológico. Por ello todos los creyentes debemos estar atentos a todos los valores de las demás religiones y respetar las convicciones de quienes hacen profesión de agnosticismo y de ateísmo.

La Iglesia católica —dice el Concilio Vaticano II— no rechaza nada de lo que en estas religiones es verdadero y santo. Considera con sincero respeto los modos de obrar y de vivir, los preceptos y doctrinas que, aunque discrepen mucho de los que ella mantiene y propone, no pocas veces reflejan, sin embargo, un destello de aquella Verdad que ilumina a todos los hombres.[40]

Juan Pablo II, en su pontificado, desarrolló elementos implícitos de *Dignitatis Humanae*, al reconocer como un valor el elemento común fundamental y la raíz común de las religiones. "En vez de sorprendernos —dice el Pontífice— de que la Providencia permita tal variedad de religiones, deberíamos más bien maravillarnos de los numerosos elementos comunes que se encuentran en ellas". Y en seguida el Papa insiste en que "las palabras del Concilio nos llevan a la convicción, desde hace tanto tiempo enraizada en la tradición, de la existencia de los llamados *semina Verbi* ("semillas del Verbo"), presentes en todas las religiones". El propio Juan Pablo II, en un acto verdaderamente insólito en la Historia de la Iglesia y del mundo, convocó y se reunió en Asís el 27 de octubre de 1986 a dirigentes religiosos de todo el mundo.[41]

No se trata aquí de relativismo. Los relativistas, al negar validez objetiva de la verdad, válida para todos, dicen erróneamente que cada quien tiene su verdad. Si de veras cada quien tiene su verdad, nadie tiene la verdad. Este no es el fundamento de la posición de la Iglesia respecto a la libertad religiosa, sino que el fundamento de esta posición de la Iglesia es la verdad. ¿Cuál verdad? La verdad fundamental de que la persona humana, por su dignidad, merece respeto a la profesión de sus convicciones

---

[40] "Anuncia y tiene la obligación de anunciar sin cesar a Cristo, prosigue el documento conciliar, que es camino, verdad y vida (Jn 14,6), en quien los hombres encuentran la plenitud de la vida religiosa, en quien Dios reconcilió consigo todas las cosas." Declaración *Nostra aetate*, n. 2, en Vaticano II. Documentos, BAC, Madrid, 1993.

[41] *Cfr.* George Weigel, *Biografía de Juan Pablo II. Testigo de Esperanza*, Plaza & Janés Editores, Barcelona 1999, pp. 687-688.

religiosas. Esto es verdad.[42] El fundamento de la libertad religiosa no es el relativismo, sino la verdad objetiva, y la verdad de que la gente adopta diversas posiciones frente a la verdad única. No necesitamos, por tanto, acudir a falsas fundamentaciones relativistas.[43]

Esto es fundamental y no es tolerancia, esto es respeto. La tolerancia es el acto o el hábito de soportar un mal. En cambio, aquí se trata de la propuesta de respetar un bien: la dignidad de la persona humana en la búsqueda, respeto y aplicación práctica de la verdad. No es tolerancia, es un paso más allá de la tolerancia, es el respeto de la dignidad humana como bien fundamental en la convivencia. Al aceptar la distinta convicción religiosa del otro no estamos ejerciendo la tolerancia sino el respeto a su derecho, es ejercicio de justicia dar a cada quien lo que le corresponde. Pero hay que precavernos, por otro lado, de manipular la religión, con cualquier objeto que se realice. Una cosa es la libertad de expresar las creencias religiosas y otra es instrumentarla para fines de carácter político. Manipular las convicciones religiosas o los sentimientos religiosos es algo absolutamente indigno, que constituye un verdadero abuso del derecho, que debe denunciarse y desterrarse.

Hay que insistir, por otro lado, que el reconocimiento integral del derecho a la libertad religiosa tiene estrechas relaciones con la democracia, y, consecuentemente, la participación responsable para alcanzar el bien común. "En la época actual —dice *Pacem in Terris* (n. 60)— se considera que el bien común consiste principalmente en la defensa de los derechos y deberes de la persona humana"

Tomando un texto del entonces cardenal Joseph Ratzinger, podríamos decir que "esto significa que el hombre es portador de derechos; cuanto más plenamente posea él sus derechos y los perciba, tanto más se realiza la libertad. Pero sólo donde hay derecho pueden existir los derechos; en consecuencia, la libertad se halla vinculada a la existencia del derecho. El derecho no es el polo opuesto a la libertad, sino su presupuesto y su contenido. Quien quiere la libertad debe dirigir su mirada, por ello mismo, no a la independencia del derecho, sino al verdadero derecho, al derecho acorde con el hombre, como derecho de la libertad".[44]

Por ello, la Declaración de la ONU, la Carta Magna de los Derechos Humanos, representa una revolución moral, sin duda una de las mayores revoluciones del espíritu en la Historia de la Humanidad, en que por primera vez los países de las más diferentes filiaciones religiosas e ideológicas concuerdan en que todos los hombres poseen derechos humanos,

---

[42] E. González Morfín, *op. cit,*, p. 44.
[43] *Idem*, p. 45.
[44] Card. Joseph Ratzinger, *Iglesia, ecumenismo y política*, Biblioteca de Autores Cristianos, Madrid, 2005, p. 209.

inalienables y universales, que provienen de su propia dignidad de ser hombres.

El principio ético de la solidaridad en el ámbito religioso

El derecho a la libertad religiosa fue el primero de los derechos reconocidos constitucionalmente, pero no seríamos realistas si no considerásemos que en muchos países aún no se reconoce en su orden jurídico supremo, o se reconoce a medias, o se reconoce pero no se cumple o no se cumple a cabalidad. Yo propondría que quienes sabemos que el derecho de libertad es el alfa y omega de todos los derechos humanos vinculemos nuestro empeño de su defensa con el principio de la solidaridad. Este principio en realidad está implícito. Si nos decimos conscientes de la importancia inconmensurable de este derecho, de aquí se deriva el principio ético de solidaridad que implica a un tiempo *corresponsabilidad* y *responsabilidad* personal. Todos somos corresponsables de la defensa de este derecho. Los católicos de nuestros hermanos católicos —que están sufriendo, por ejemplo, muertes violentas por grupos de fundamentalistas en Paquistán, (que por supuesto no podemos generalizar al resto de los musulmanes)—, pero también debemos ser solidarios con todas las familias religiosas del mundo no católicas: nuestros hermanos separados, los protestantes, nuestros hermanos mayores en la fe, los judíos, nuestros hermanos en la adoración de un solo Dios, los musulmanes, nuestros hermanos en la común aspiración a la espiritualidad, los budistas, y todas las denominaciones religiosas que tienen el mismo derecho de los católicos a ser respetadas en el ejercicio pleno de sus convicciones, y también con los que no son creyentes, los agnósticos y los ateos. Respetar las convicciones religiosas de los demás sin comprometer las propias para mucha gente resulta imposible, pero de esto es construir lo que una gran autoridad espiritual llamaba la civilización del amor.

La Conferencia de los Obispos Católicos de Suiza se ha opuesto a la consulta popular (referéndum), que se celebrará en la confederación helvética el 29 de noviembre de 2009, con el objetivo de prohibir la construcción de minaretes en las mezquitas. El episcopado, reunido en asamblea plenaria en Délémont, se opone a la consulta popular por coherencia con los principios de la libertad religiosa, que incluye "los derechos corporativos de las religiones". "Los minaretes, como los campanarios de las iglesias, son un signo de la presencia pública de una religión", subrayan los obispos.[45]

---

[45] Zenit.org.

Pero hay que tener presente que esta solidaridad de todas las religiones con nuestro común derecho a la libertad religiosa no debe operar en el vacío, sino que debe vincularse como un elemento de un verdadero sistema democrático y orientarse hacia una opción preferencial por los pobres de este mundo, por la humanidad sufriente que clama a Dios justicia; me parece que una religión que no sea consustancial con el servicio al prójimo, y que no involucre en el desarrollo económico y social a todos los hombre y a todo el hombre, muy particularmente a los más pobres, carece de alma. En frase lapidaria *Gaudium et Spes* dice el que no da de comer al hambriento, lo mata.[46] "Toda decisión económica —se afirma en *Caritas in veritate*— tiene consecuencias morales. Todas las Iglesias tienen algo que decir desde el ángulo de la ética y algo que hacer en este mundo de hambrientos.[47] "Mientras los pobres del mundo siguen llamando a la puerta de la opulencia, el mundo rico corre el riesgo de no escuchar ya estos golpes a su puerta, debido a una conciencia incapaz de reconocer lo humano".[48] El tema del desarrollo coincide con el de la inclusión relacional de todas las personas, de todos los pueblos (de todas las religiones) en la única comunidad de la familia humana, que se construye en la solidaridad sobre la base de los valores fundamentales de la justicia y la paz. En este mismo orden de ideas la Dra. Mary Ann Glendon, declaraba a una agencia internacional lo siguiente: "La experiencia histórica indica que existe una correlación muy alta entre libertad religiosa y la manutención de un estado democrático que respeta la libertad individual, la igualdad, y un régimen de derecho, y que atiende a las necesidades de los ciudadanos más desfavorecidos".[49]

Cincuenta y seis personalidades del mundo protestante evangélico estadounidense, entre profesores universitarios, editores de prensa y representantes de diversas instituciones, firmaban, el pasado 27 de julio, un mensaje de apoyo a la última encíclica del Papa Benedicto XVI, *Caritas in Veritate*. Coinciden en pedir con ella "una nueva visión del desarrollo que reconozca la dignidad de la vida humana en su plenitud, lo que supone la "preocupación por la vida desde la concepción hasta la muerte natural, por la *libertad religiosa*, por el alivio de la pobreza, y por el cuidado de la creación". y piden "a los cristianos de todas partes, y especialmente a nuestros miembros evangélicos en el Norte global", que la lean y se sensi-

---

[46] *Gaudium et spes*, n. 462.
[47] Benedicto XVI *Caritas in veritate*, n. 37.
[48] *Caritas in veritate*, n. 75.
[49] Declaración a la Agencia de Noticias Zenit, 20 de septiembre de 2009. La *Caritas in veritate*, advierte que: "El argumento sistémico de las desigualdades entre grupos sociales dentro de un mismo país y entre las poblaciones de los diferentes países, es decir, el aumento masivo de la pobreza relativa..., tiende a erosionar la cohesión social y, de este modo, poner en peligro la democracia, n. 32.

bilicen con ella.[50] Tony Blair —que está dedicado a impulsar una fundación para el diálogo entre las religiones, la *Tony Blair Faith Foundation*, ha subrayado de manera particular la frase de la encíclica "*Caritas in veritate*", en la que el Papa escribe que "la religión cristiana y las otras religiones pueden dar su aportación al desarrollo sólo si Dios encuentra un lugar en la esfera pública, con específica referencia a la dimensión cultural, social, económica y en especial política". "Personalmente, dice Tony Blair, comparto totalmente lo que escribe el Papa en la encíclica, un texto brillante que debe ser leído y releído. La fe tiene pleno derecho de entrar en este espacio y de hablar. "No debe callar", insiste. "La voz de la fe no debe estar ausente del debate público" (pensemos en temas como la justicia y la solidaridad entre los pueblos y las naciones).[51]

Benedicto XVI ha enviado un mensaje de felicitación y amistad al rabino en jefe de Roma, Riccardo Di Segni, con motivo de la celebración del *Rosh Hashaná* 5770, del *Yom Kippur* y del *Sucot*, en espera de visitar la sinagoga de la ciudad eterna."Invoco del Eterno para todos los judíos copiosas bendiciones para aliento constante en su compromiso por promover la justicia, la concordia y la paz, escribe el Papa en el telegrama, animado por el profundo deseo de manifestaros mi cercanía personal y la de toda la Iglesia católica". El Santo Padre visitará la sinagoga de Roma en otoño.[52]

Durante el encuentro interreligioso de Cracovia hace unos meses se rindió un homenaje a Juan Pablo II. El Gran Rabino de Polonia Michael Schudrich declaraba que "existe el antisemitismo en Polonia, pero es menos grande de cuanto se pueda imaginar porque el testimonio de Juan Pablo II ha dado la oportunidad de comprender que el antisemitismo es pecado". Para el obispo luterano de Ploc (Alemania), Jürgen Johannesdotter, Juan Pablo II "ha sido el buen pastor más allá de los confines de la Iglesia católica y de toda Iglesia cristiana". El obispo afirmó que este papa "dio testimonio de que no hay paz sin reconciliación ni perdón", y que "incluso enfermo, vivió y dio testimonio de la libertad del Evangelio".[53]

A este respecto hay que recordar lo que Pascal decía :"el más pequeño movimiento influye en la naturaleza entera; una sola piedra hace que se hinche el mar. Así también en el reino de la gracia, la más pequeña acción tiene consecuencias de importancia para todo el futuro". "Por ello, sigue diciendo Pascal, todo tiene trascendencia".[54] Podríamos añadir, para concluir, que esta trascendencia se potencia por todos cuantos han encendido

---

[50] Zenit.org. 28 de agosto de 2009.
[51] Entrevista difundida por Zent, el 20 de septiembre de 2009.
[52] Zenit, 20 de septiembre de 2009.
[53] Zenit.org. 28 de agosto de 2009.
[54] *Cfr*. Nicolai Monzel, Biblioteca Herder, Barcelona, 1969, t. I, p. 349.

una luz y formado una corriente luminosa que vaya disipando las tinieblas de la intolerancia, del prejuicio, de la incomprensión, de la marginación, de la persecución —a veces brutal y criminal— por motivos religiosos. Que la esperanza —que según Charles Péguy, es la virtud que más le gusta a Dios— sea la guía iluminadora de esta suprema causa a favor del derecho humano a la libertad religiosa, la más noble de todas, porque es la causa misma de la dignidad humana.

Voces desde América Latina

La libertad religiosa en Colombia
Balance parcial y algunas oportunidades
de cambio

Sergio González Sandoval
Director
Observatorio Colombiano de Libertad Religiosa

INTRODUCCIÓN

He escrito la primera parte del presente trabajo con propósitos puramente descriptivos relacionados con el recorrido histórico que pretende dar cuenta de la evolución del derecho a lo largo de ya casi doscientos años de vida republicana; examinaré el status jurídico-político actual de la libertad religiosa a través de su tenor constitucional y de su desarrollo legislativo, administrativo y jurisprudencial; en la segunda parte, desarrollada con algo de emoción, me ocupo de lo que considero debe llegar a ser, por lo menos en parte, el derecho de libertad religiosa en Colombia, identificando situaciones concretas que dificultan o niegan en no pocas ocasiones el goce efectivo de tan importante derecho.

BREVE RESEÑA HISTÓRICA DE LA EVOLUCIÓN
CONSTITUCIONAL DEL DERECHO DE LIBERTAD RELIGIOSA
EN COLOMBIA

Hasta hoy, desde 1811, Colombia tuvo varias constituciones provinciales y ha tenido cerca de 12 constituciones nacionales. Prácticamente en la mayoría de ellas el tema de la libertad religiosa fue tomado como un asunto de libertad de cultos y casi siempre se reguló a través de la figura de la tolerancia religiosa. No obstante, la mayoría de los tratadistas han considerado que en Colombia no ha existido una auténtica y efectiva libertad religiosa, máxime si se tiene en cuenta que en la memoria más reciente ha quedado grabada la idea de que el nuestro fue tradicionalmente un estado confesional. La razón más probable para que esta consideración haya tomado fuerza proviene del hecho de que el texto del Preámbulo de la reforma constitucional de 1957, adoptada mediante plebiscito, decía:

> En nombre de Dios, fuente suprema de toda autoridad, y con el fin de afianzar la unidad nacional, una de cuyas bases es el reconocimiento hecho por los partidos políticos de que la Religión Católica, Apostólica y Romana es la de la Nación, y que como tal, los poderes públicos la protegerán y harán que sea respetada como esencial elemento del orden social y para asegurar los bienes de la justicia, la libertad y la paz, el pueblo colombiano, en plebiscito nacional, DECRETA: ...

El plebiscito de 1957 aparece como respuesta a una situación de violencia partidista que azotaba al país desde cerca de una década atrás y una dictadura militar que se había impuesto desde 1953. Para 1957 se respiraban aires de reconciliación entre los partidos liberal y conservador que no querían que la experiencia dictatorial volviera a presentarse en Colombia. Por esa razón no resulta extraño que los orientadores del plebiscito (los líderes de uno y otro partido y la Junta Militar interina que tenía por misión servir de transición entre el gobierno militar y el nuevo gobierno democrático) se valieran del arraigado sentimiento católico que a la sazón profesaba una gran mayoría de colombianos, para generar un sentimiento nacional acorde con los propósitos del gran acuerdo bipartidista que se conoció como Frente Nacional. Pero esta expresa opción confesional no es prueba absoluta de una consuetudinaria preferencia por parte del Estado hacia la Iglesia Católica; por el contrario, este episodio confesional aparece como una excepción dentro de la evolución constitucional. Así, el 20 de mayo de 1853, se promulgó la Constitución Centro Federal de la Nueva Granada, caracterizada por haber estimulado las libertades religiosas, de pensamiento y de esclavos y la separación entre Iglesia y Estado. Una nueva constitución, esta vez promulgada en 1858, ratificó la libertad de cultos consagrada en la de 1853. Más adelante, en 1863, se proclamó una constitución que marcó un hito en la historia del constitucionalismo colombiano: la llamada Constitución de Rionegro, en la cual se ignora por completo a la Iglesia Católica y se permite a los distintos estados de la Unión que, en sus constituciones y en su legislación civil, consagren el principio de incapacidad de las entidades religiosas para adquirir bienes raíces. Al proclamarse la Constitución de 1886, que rigió los destinos de la Nación por algo más de cien años, la Convención Nacional de Delegatarios hereda la tendencia de su predecesora y es así como en su preámbulo omite cualquier referencia a la Iglesia Católica y en su artículo 40 consagra un sistema de tolerancia en estos términos:

> Artículo 40. Es permitido el ejercicio de todos los cultos que no sean contrarios a la moral cristiana ni a las leyes. Los actos contrarios a la moral cristiana o subversivos del orden público que se ejecuten con ocasión o pretexto del ejercicio de un culto quedan sometidos al derecho común.

Años más tarde, la Constitución de 1886 sufrió una recodificación y el antiguo artículo 40 pasó a ser el artículo 53 que a su vez fue reformado por el artículo 13 del Acto Legislativo número 1 de 1936. Luego de esa reforma, el artículo 53 quedó redactado en los siguientes términos:

> Artículo 53. El Estado garantiza la libertad de conciencia.
> Nadie será molestado por razón de sus opiniones religiosas, ni compelido a profesar creencias ni a observar prácticas contrarias a su conciencia.
> Se garantiza la libertad de todos los cultos que no sean contrarios a la moral cristiana ni a las leyes. Los actos contrarios a la moral cristiana o subversivos del orden público que se ejecuten con ocasión o pretexto del ejercicio de un culto, quedan sometidos al derecho común. El Gobierno podrá celebrar con la Santa Sede convenios sujetos a la posterior aprobación del Congreso para regular, sobre bases de recíproca deferencia y mutuo respeto, las relaciones entre el Estado y la Iglesia Católica.

A pesar de la recodificación y de la reforma, estos derechos formaban parte del Título IV (De la Religión y de las relaciones entre la Iglesia y el Estado).

LA LIBERTAD RELIGIOSA EN LA ACTUAL CONSTITUCIÓN POLÍTICA DE COLOMBIA

En la Constitución de 1991 se consagran las libertades de conciencia y de cultos de manera separada y ocupan los artículos 18 y 19, respectivamente, así:

> Artículo 18. Se garantiza la libertad de conciencia. Nadie será molestado por razón de sus convicciones o creencias ni compelido a revelarlas ni obligado a actuar contra su conciencia.

> Artículo 19. Se garantiza la libertad de cultos. Toda persona tiene derecho a profesar libremente su religión y a difundirla en forma individual o colectiva.

Todas las confesiones religiosas e iglesias son igualmente libres ante la ley.

Si bien, como ya lo vimos, estas libertades no resultan novedosas desde el punto de vista de la evolución constitucional, sí revisten especial importancia por dos factores concretos: el primero tiene que ver con el hecho de que estas libertades se encuentran dentro del capítulo de los derechos fundamentales de la Carta, lo que por vía positivista las eleva a esa categoría de derechos; esto implica que estos derechos son reconocidos desde la perspectiva de la dignidad de la persona humana y no desde el enfoque de la relación entre la Iglesia y el Estado. Y, segundo, el texto superior interpreta una sentida realidad social que desde hacía algunas décadas era innegable: la existencia de diversas confesiones religiosas y un número significativo de iglesias diferentes a la católica que venían funcionando en el territorio nacional.

Con una fórmula sintética, la Constitución de 1991 logró un reconocimiento más técnico que la anterior norma constitucional. El primer avance importante es la distinción que se hace entre los dos derechos de tal modo que se reconoce que es posible la conformación de la conciencia sin que esté ligada necesariamente a un sentimiento religioso. Además, el nuevo texto precisa la titularidad del derecho de libertad religiosa. Las anteriores disposiciones constitucionales reconocían la libertad de todos los cultos, lo que significaba que era una libertad de las religiones que se hacía extensiva a sus miembros. El nuevo orden constitucional reconoce que son titulares del derecho de libertad religiosa tanto la persona humana, individual o colectivamente considerada, como las denominaciones religiosas. Así las cosas, el nuevo Estatuto constitucional favorece la separación entre Iglesia y Estado que nos permite afirmar que Colombia hoy no es un estado confesional. Igualmente podemos afirmar que empieza a superarse la confusión entre Iglesia, familia y educación que se había suscitado por la aparente confesionalidad del Estado.

RELACIÓN ENTRE LA CONSTITUCIÓN Y LOS DIVERSOS TRATADOS Y CONVENIOS INTERNACIONALES

En este punto es importante hacer notar que el artículo 93 de la Constitución Política de Colombia ha previsto la plena eficacia en el orden interno de los diversos tratados internacionales en materia de derechos humanos, siempre y cuando éstos cumplan determinados requisitos de aprobación. El artículo 93 de la Constitución otorga a los tratados internacionales un rango especial dentro del orden interno y los constituye en criterio de interpretación. Esta institución, junto con otros elementos, es conocida en nuestro sistema jurídico como "bloque de constitucionalidad". El texto pertinente del mencionado artículo es el siguiente:

> Artículo 93. Los tratados y convenios internacionales ratificados por el Congreso, que reconocen los derechos humanos y que prohíben su limitación en los estados de excepción, prevalecen en el orden interno. Los derechos y deberes consagrados en esta Carta, se interpretarán de conformidad con los tratados internacionales sobre derechos humanos ratificados por Colombia...

El bloque de constitucionalidad, entonces, es la primera y más importante respuesta a la inquietud sugerida en el tema del presente Simposio. Teóricamente, todo tratado internacional que reconozca derechos humanos, como lo es la libertad religiosa, prevalece en el orden interno siempre y cuando haya sido ratificado por el Congreso, de donde se deduce que por el solo hecho de aprobar los tratados, éstos se aplican nacionalmente y al mejor nivel de nuestra estructura normativa: a nivel constitucional.

DESARROLLO LEGISLATIVO DEL PRINCIPIO CONSTITUCIONAL

El principio constitucional señalado anteriormente pudo haber corrido la misma suerte de sus antecedentes de los dos últimos siglos si no se hubiera tenido un adecuado desarrollo legislativo. Sumadas a las leyes antes señaladas, aprobatorias de tratados internacionales, hasta la fecha se han expedido leyes referidas a diversas materias, pero que de una forma directa o indirecta reconocen y pretenden proteger y garantizar el derecho de libertad religiosa. De ellas, la más importante es la Ley estatutaria 133 de 1994, mediante la cual se desarrolla el ejercicio de la libertad de cultos. En su estructura fundamental, la Ley 133 de 1994 se ocupa, entre otros, de los siguientes aspectos de la libertad de cultos: El derecho a la libertad religiosa, la personería jurídica de las iglesias y confesiones religiosas y los límites previstos para el ejercicio de estos derechos. Así, el Artículo 4 señala:

> Artículo 4. El ejercicio de los derechos dimanantes de la libertad religiosa y de cultos, tiene como único límite la protección del derecho de los demás al ejercicio de sus libertades públicas y derechos fundamentales, así como la salvaguarda de la seguridad, de la salud y de la moralidad pública, elemento constitutivo del orden público, protegido por la ley en una sociedad democrática.

Por su parte, el Artículo 5 dispone:

> Artículo 5. No se incluyen dentro del ámbito de la presente ley actividades relacionadas con el estudio y experimentación de los fenómenos psíquicos o parapsicológicos; el satanismo, las prácticas mágicas o supersticiosas o espiritistas u otras análogas ajenas a la religión.

Otras leyes que podemos reseñar, son:

1. Ley 65 de 1993, por la cual se expide el Código Penitenciario y Carcelario.[1]

---

[1] Artículo 37. Colaboradores externos.—Tendrán acceso a los centros de reclusión para adelantar labores de educación, trabajo y de formación religiosa, asesoría jurídica o investigación científica, relacionadas con los centros de reclusión, las personas que acrediten ante el Director del mismo sus calidades y las actividades que van a cumplir. El reglamento de régimen interno establecerá los horarios y limitaciones dentro de los cuales se realizará su trabajo. Artículo 152. Facilidades para el ejercicio y la práctica del culto religioso.—Los internos de los centros de reclusión gozarán de libertad para la práctica del culto religioso, sin perjuicio de las debidas medidas de seguridad.

2. Ley 137 de 1994, por la cual se reglamentan los estados de excepción en Colombia.[2]

3. Ley 599 de 2000 (Código Penal).- En sus artículos 201 a 204 se tipifican los delitos contra el sentimiento religioso y el respeto a los difuntos. Tales delitos son: la violación a la libertad religiosa, el impedimento y perturbación de una ceremonia religiosa, los daños o agravios a personas o a cosas destinadas al culto y el irrespeto a cadáveres.

4. Ley 890 de 2004, por la cual se modifica y adiciona el Código Penal.[3]

DESARROLLO ADMINISTRATIVO DE LA LIBERTAD RELIGIOSA

Con miras a su real eficacia, los importantes avances legislativos debieron ser reglamentados a través de diversos decretos, entre los cuales es ineludible referirse al Decreto 782 de 1995, modificado por el Decreto 1396 de 1997, en el cual se determina que para la obtención de la personería

---

[2] Artículo 3o. Prevalencia de tratados internacionales.—De conformidad con el artículo 93 de la Constitución Política, los Tratados y Convenios Internacionales sobre Derechos Humanos ratificados por el Congreso de Colombia prevalecen en el orden interno. En todo caso se respetarán las reglas del derecho internacional humanitario, como lo establece el numeral 2o. del artículo 214 de la Constitución. La enunciación de los derechos y garantías contenidos en la Constitución y en los convenios internacionales vigentes, no debe entenderse como negación de otros que, siendo inherentes a la persona humana, no figuren expresamente en ellos. Artículo 4o. Derechos intangibles.—De conformidad con el artículo 27 de la Convención Americana de Derechos Humanos, y los demás tratados sobre la materia ratificados por Colombia, durante los estados de excepción serán intangibles: el derecho a la vida y a la integridad personal; el derecho a no ser sometido a desaparición forzada, a torturas, ni a tratos o penas crueles, inhumanos o degradantes; el derecho al reconocimiento de la personalidad jurídica; la prohibición de la esclavitud, la servidumbre y la trata de seres humanos; la prohibición de las penas de destierro, prisión perpetua y confiscación; la libertad de conciencia; la libertad de religión; el principio de legalidad, de favorabilidad y de irretroactividad de la ley penal; el derecho a elegir y ser elegido; el derecho a contraer matrimonio y a la protección de la familia, los derechos del niño, a la protección por parte de su familia, de la sociedad y del Estado; el derecho a no ser condenado a prisión por deudas civiles; el derecho al habeas corpus y el derecho de los colombianos por nacimiento a no ser extraditados. Tampoco podrán ser suspendidas las garantías judiciales indispensables para la protección de tales derechos.

De conformidad con el literal b) del artículo 29 de la Convención Americana de Derechos Humanos, ninguna disposición de la Convención, puede ser interpretada en el sentido de limitar el goce y ejercicio de cualquier derecho o libertad que pueda estar reconocido de acuerdo con las leyes de cualquiera de los Estados partes o de acuerdo con otra Convención en que sea parte uno de estos Estados.

[3] Artículo 14.—Las penas previstas en los tipos penales contenidos en la Parte Especial del Código Penal se aumentarán en la tercera parte en el mínimo y en la mitad en el máximo. En todo caso, la aplicación de esta regla general de incremento deberá respetar el tope máximo de la pena privativa de la libertad para los tipos penales de acuerdo con lo establecido en el artículo 2o. de la presente ley. (...)

jurídica de las iglesias, confesiones y denominaciones religiosas, sus federaciones y confederaciones de ministros, deberán presentar ante la Oficina Jurídica del Ministerio del Interior la petición acompañada de documentos idóneos en los que conste su fundación o establecimiento en Colombia, así como su denominación y demás datos de identificación, los estatutos donde se señalen sus fines religiosos, régimen de funcionamiento, esquema de organización y órganos representativos con expresión de sus facultades y de los requisitos para la validez de su designación. Con el otorgamiento de la personería jurídica, se reconoce a todas las iglesias o confesiones religiosas los siguientes derechos: El de practicar culto y establecer lugares para tal fin; confeccionar, adquirir y utilizar los artículos y utensilios necesarios para la celebración de sus ritos; publicar y distribuir impresos y materiales audiovisuales para la difusión de sus doctrinas; enseñar su fe y su moral en lugares aptos para dicho propósito; formar a sus fieles en las prácticas dietéticas y prohibiciones que en materia terapéutica imponga el respectivo credo; solicitar y recibir contribuciones financieras voluntarias; capacitar a sus ministros; designar a sus dirigentes por elección o nombramiento: observar días de descanso según sus preceptos peculiares; celebrar festividades y ceremonias de acuerdo con su liturgia particular y de establecer y mantener comunicaciones de carácter religioso en el ámbito nacional e internacional.

Sumados al anterior decreto, el Gobierno Nacional ha expedido una importante serie de actos administrativos[4] mediante los cuales se han regulado temas tan importantes como la celebración del matrimonio religioso (tanto en sus formalidades como en sus efectos civiles), la disolución del vínculo matrimonial ,la inscripción y el registro de ministros de culto, la educación, los planes y textos educativos, la libertad de escoger educación religiosa, la asistencia espiritual y pastoral a los miembros de la fuerza pública, a los enfermos que se hallen en los centros hospitalarios y a las personas internas en centros penitenciarios y carcelarios y programas de asistencia social. Dentro de estos actos administrativos ocupa un lugar

---

[4] Decreto No. 1455 de 1997, sobre representación legal de las iglesias, confesiones y denominaciones religiosas e inscripción en el Registro Civil de las actas matrimoniales. Directiva Presidencial No. 12 de 1998, sobre reglamentación y cumplimiento del Convenio de Derecho Público Interno No. 01 de 1997. Decreto No. 1319 de 1998, sobre la idoneidad de los documentos necesarios para la obtención de personería jurídica de las iglesias, confesiones y denominaciones religiosas y el trámite de la misma. Decreto 1321 de 1998, por medio del cual se crea el Comité para la reglamentación de los convenios de derecho público interno. Circular No. 0021 de 1998, del Ministerio de Salud, acerca de los deberes de las autoridades de salud en materia de asistencia religiosa a los enfermos dentro de los centros hospitalarios. Decreto No. 1519 de 1998, sobre asistencia religiosa a las personas internas en los centros penitenciarios y carcelarios del país. Resolución No. 03074 de 1998, del Ministerio de Defensa Nacional, acerca del cumplimiento del Convenio de Derecho Público Interno No. 1 de 1997, al interior de las Fuerzas Militares y de Policía.

muy especial el Convenio de Derecho Público Interno número 1 de 1997, celebrado entre el Estado Colombiano y algunas entidades religiosas cristianas no católicas. Este especial interés radica en que este tipo de acto administrativo no existía en el derecho público colombiano y surge como novedosa alternativa jurídica para poner en relativa condición de igualdad a ciertas denominaciones religiosas cristianas no católicas frente a la iglesia católica, con la cual el Estado ha tenido vigente un concordato desde varias décadas atrás.[5]

DESARROLLO JURISPRUDENCIAL

La entrada en vigencia de una nueva Constitución en 1991 trajo consigo un conjunto de instituciones jurídico-políticas que renovaron el sistema jurídico y pusieron a Colombia en la primera línea del desarrollo de los derechos y sus garantías. Dos de esas nuevas instituciones son la Acción de Tutela y la Corte Constitucional. En cuanto a la acción de Tutela (derecho de amparo en otros sistemas), su importancia radica en el hecho de que antes de 1991 los colombianos no contábamos con un mecanismo judicial eficiente que nos permitiera exigir la protección efectiva de los derechos fundamentales. En cuanto a la Corte Constitucional, ésta fue creada por la actual Constitución Política, vigente desde el 7 de julio de 1991. La Corte es un organismo perteneciente a la rama judicial del Poder Público y se le confía la guarda de la integridad y supremacía de la Carta Política. Sus funciones, descritas en el artículo 241 de la Constitución, consisten en decidir sobre las demandas de constitucionalidad que promuevan los ciudadanos contra las leyes, los decretos con fuerza de ley dictados por el Gobierno y los actos legislativos reformatorios de la Constitución, decidir sobre la exequibilidad de los tratados internacionales suscritos por el Estado colombiano y de las leyes que los aprueben y revisar las decisiones judiciales relacionadas con la acción de tutela de los derechos constitucionales prevista en el artículo 86 de la Constitución.

La Corte, como cabeza de la jurisdicción constitucional, conoce de manera exclusiva de los asuntos de constitucionalidad cuyo análisis le confía la Carta Política y establece, en su condición de intérprete autorizado, las reglas jurisprudenciales sobre el alcance de las normas contenidas en la Constitución.[6]

En materia del derecho de libertad religiosa, las sentencias proferidas por la Corte Constitucional han sido una juiciosa obra de administración

---

[5] Concordato aprobado mediante la Ley 20 de 1974.

[6] Fuente: Página web oficial de la Corte Constitucional de Colombia. www.constitucional.gov.co, consultada el 15 de septiembre de 2008.

de justicia que hasta la fecha consta de un poco más de cien sentencias, a través de las cuales ha fijado una línea jurisprudencial que se caracteriza por una sistemática prevalencia de este derecho fundamental aún sobre otros de su misma categoría. Los únicos principios que prevalecen sobre el derecho de libertad religiosa, sin duda alguna, son el derecho a la vida y el respeto de la dignidad humana. En su relación con los demás derechos, la Corte ha resuelto recorrer el camino de la modulación de sus decisiones con miras al ejercicio simultáneo y armónico de más de un derecho. Así, por ejemplo, a través de distintas decisiones, se ha resuelto armonizar el derecho de libertad religiosa con el derecho a la salud, o con el derecho a la educación, a la intimidad, al libre desarrollo de la personalidad, al trabajo, etc. Pero, además, en la parte pedagógica de sus sentencias, la Corte ha aportado a la doctrina nacional valiosos conocimientos acerca de los elementos constitutivos del derecho de libertad religiosa y la relación interna entre ellos.[7]

OPORTUNIDADES DE CAMBIO

Me anticipo a creer que Ustedes compartirán conmigo la impresión de que el derecho de libertad religiosa en Colombia está sólidamente consagrado, reconocido, desarrollado y protegido, a juzgar por la generosa cantidad de principios y reglas existentes sobre la materia. Empero, la realidad

---

[7] Por ejemplo, límites a libertad religiosa de un grupo minoritario y protección de dignidad humana, vulneración por omisión o elusión de acuerdo y cancelación de matrícula, despido de empleados por ejercicio de libertad religiosa y de cultos, reintegro de trabajadora despedida por ejercicio de libertad religiosa y de cultos, acuerdo entre las entidades educativas de carácter público y privado y los estudiantes, para el no cumplimiento regular del calendario académico u otras obligaciones estudiantiles en razón de sus convicciones religiosas, debe considerarse la santidad de "sabath" de miembros activos de la iglesia adventista del séptimo día, oposición entre la cientificidad y lo religioso, sanciones por desestimar razones personales o religiosas que llevan a rechazar participación en actos cívicos patrios, asignación de espacio y hora para la práctica de actividades religiosas en los centros carcelarios, en el ámbito universitario es diferente la protección a la que se da en el contexto de educación primaria o secundaria, implica la obligación correlativa del Estado de prohibir el establecimiento de una visión religiosa en particular, límites razonables al empleador para fijar horario de trabajo, no vulneración por exigencia de asistir a formación semanal y mensual en la Brigada del Ejército, la Universidad Nacional no autorizó la presentación del examen de admisión en un día diferente al sábado a las actoras miembros de la Iglesia Adventista, Universidad Nacional no puede en el futuro negar las peticiones a miembros de la Iglesia Adventista para presentar exámenes de admisión en días diferentes al Sabath, limitada por la efectividad de la dignidad de la persona, cancelación de matrícula por parte del Sena por inasistencia a clases, coherencia entre el mundo interior y su proyección externa, decisión de optar por un determinado culto, entidades oficiales no pueden imponer a funcionarios asistencia obligatoria a ceremonias religiosas, garantía de opción a los padres para escoger educación de hijos menores, protección igualitaria de cultos por el Estado, etcétera.

que vive el pueblo colombiano dista mucho de ser un reflejo fiel de su sistema normativo. Los acercamientos a la realidad, resultado de las pesquisas adelantadas desde la academia, me permiten identificar, en principio, tres escenarios en los que es posible mejorar; obviamente ésta es una visión limitada por mi subjetividad, muy probablemente otros estudiosos e interesados en el tema podrán enriquecer esta lista. Tales escenarios son: Necesidad de mayor divulgación del derecho, movimiento hacia un derecho eclesiástico y visibilización del derecho de libertad religiosa en medio del conflicto.

NECESIDAD DE MAYOR DIVULGACIÓN DEL DERECHO

Muchos colombianos aun hoy no se enteran de los avances jurídico-políticos que describimos en la primera parte de este documento. El hecho de que la población colombiana sea mayoritariamente católica hace que para muchos de nuestros compatriotas ésta sea la única opción religiosa en tanto en el imaginario colectivo, en ciertas regiones del país y en ciertos contextos socio-económicos, subsisten las ideas de Estado confesional católico y singularidad religiosa. Las ideas de Estado laico y pluralidad religiosa aún no son conocidas por la totalidad de colombianos. Es más: en Colombia existen personas a quienes se vulnera en su derecho de libertad religiosa y que ni siquiera tienen conciencia de que son titulares de tal derecho y de que la conducta abusiva de un actor determinado es vulneradora de su libertad. Por ejemplo, en los centros penitenciarios de las pequeñas poblaciones suele suceder que el director no permita el ingreso de ministros de confesiones religiosas distintas a la suya a prestar asistencia religiosa a sus fieles que se encuentran detenidos. En no pocas ocasiones, además, los obligan a asistir a los ritos propios de una religión diferente a la suya y, lo que es más grave, muchos de ellos todavía consideran que ése es el deber ser de las cosas. Nadie es capaz de hacer valer un derecho si primero no toma conciencia de que tal derecho existe y de que él es el sujeto titular de mismo; y nadie toma conciencia de su derecho si primero no sabe que ese derecho existe; obviamente no sabrán que el derecho existe si los que lo conocemos no se lo enseñamos. Corresponde, entonces, al Estado, en colaboración con los medios de comunicación, las iglesias y la academia, adelantar, con decisión, la tarea de difundir la riqueza de los derechos humanos en general y el derecho de libertad religiosa en particular, hasta el más pequeño de los colombianos, personas extraordinarias, así se encuentren en los más recónditos parajes de nuestra bellísima, imponente y generosa geografía nacional.

HACIA UN DERECHO ECLESIÁSTICO

Hace unas semanas tuve un interesante encuentro con el Padre Crisóstomo, de la Parroquia San Andrés Apóstol, de la Iglesia Ortodoxa de la ciudad de Cali, al occidente del país. Quería el Padre Crisóstomo que colaborara con él en unas gestiones que estaba adelantando ante el Ministerio del Interior y de Justicia, ministerio encargado de llevar el registro de las distintas confesiones religiosas y expedir el reconocimiento del Estado a las que así lo soliciten. Me refería el Padre Crisóstomo que se acercó a las dependencias del mencionado Ministerio y solicitó la atención de los funcionarios respectivos para efectos del reconocimiento de su Iglesia, relativamente nueva en Colombia. Ante su solicitud, los funcionarios le preguntaron si era católico, a lo cual él respondió que no. De inmediato le preguntaron si, entonces, era protestante, ante lo cual, obviamente respondió que no. Cuál sería la sorpresa del Padre Crisóstomo al escuchar la siguiente respuesta de parte de los funcionarios: *"Entonces no lo podemos atender, porque martes y jueves atendemos asuntos de la iglesia católica y lunes, miércoles y viernes atendemos asuntos de los protestantes. Si quiere que lo atendamos tiene que ser de una de esas iglesias."*. No fueron pocas las líneas que escribió el Padre Crisóstomo al señor Ministro del Interior y de la Justicia para que hiciera que sus subalternos comprendieran que, teológica e históricamente, es posible no ser católico ni ser protestante. A pesar de lo grave y hasta hilarante, lo que les acabo de narrar es cierto. Pero, igualmente, a pesar de la ignorancia crasa de los funcionarios de marras, debemos reconocer que no todos son así y que también los hay eruditos en el tema. Luego el problema de la incompetencia de los funcionarios no es más que una consecuencia del descuido con el que nuestro Estado ha tratado los asuntos religiosos. He ahí la cuestión principal: El Estado colombiano no ha reconocido la existencia y la importancia del derecho que se conoce como derecho eclesiástico; parecería que el Estado colombiano haya considerado que haber adoptado la normatividad que nos ocupó en la primera parte es suficiente. Considero que, salvo muy importantes excepciones, nuestros legisladores y funcionarios consideran aún que el derecho eclesiástico se ocupa del hecho religioso en su significación más intrínseca y no del derecho de libertad religiosa en tanto factor determinante del ámbito del derecho eclesiástico. Luego, pensar en un Ministerio o Secretaría de Culto, como existe en otros países, sería demasiado pedir en Colombia. La relación de las iglesias frente al Estado podría ser mucho más importante si nuestros dirigentes comprendieran que la verdadera importancia de un derecho no radica en la prohijación de extensas enumeraciones normativas, sino en la generación de condiciones favorables para el efectivo y pleno goce de los derechos. Falta un largo camino por recorrer hacia ese horizonte de reconocimiento, atención, acompañamiento del

Estado hacia las denominaciones religiosas y, correlativamente, un mayor grado de participación de éstas en la vida de aquél.

VISIBILIZACIÓN DEL DERECHO DE LIBERTAD RELIGIOSA EN MEDIO DEL CONFLICTO

Aunque no lo parezca, la libertad religiosa no es ajena al conflicto. Resulta difícil describir las características actuales del conflicto; hoy se halla en una de sus fases más inciertas puesto que, si por una parte resulta evidente que el actual Gobierno naufraga en las aguas turbulentas de la duda acerca de la corrupción, la impunidad y la violación de derechos humanos, además de los serios indicios de cierta cercanía con algunos grupos al margen de la ley que aparentemente están en proceso de desmovilización y la muy criticable forma de manejar las relaciones cada vez más deterioradas con nuestros más cercanos vecinos suramericanos, por otra parte ese mismo Gobierno obtiene altos índices de popularidad y respaldo a su gestión gracias a resultados mediáticos como la liberación de algunos secuestrados, crecimiento de la economía, recuperación de ciertos territorios antes dominados por los grupos al margen de la ley y una tímida recuperación de la autoridad del Estado, amén de la muy posible aprobación de una nueva reelección presidencial. Además, no hay certeza cerca de la condición, actividad y propósitos de los grupos al margen de la ley, lo que nos genera una mayor dosis de desconcierto.

Una cosa sí resulta clara en medio de tanta incertidumbre: Sin importar las características, las consecuencias son las mismas ayer y hoy. En concreto nos referimos a una sistemática violación de derechos humanos, a pobreza, dolor, muerte, secuestro, desplazamiento, atraso, ejecuciones extrajudiciales, miedo, inseguridad y, tal vez la más dolorosa, el silencio.

Es el silencio de las víctimas del desplazamiento forzado que podrían ser más de cuatro millones de personas, como lo denunció ACNUR el pasado 16 de abril de 2008 en Ginebra.[8] El silencio de las víctimas de desapa-

---

[8] El Tiempo, abril 16 de 2008. Más de 4 millones de personas hay desplazadas en Colombia por el fenómeno de la violencia, reveló en Ginebra, Suiza, el Observatorio del Desplazamiento Interno. La mencionada organización precisó que el fenómeno del desplazamiento empeoró durante el año 2007 en varias regiones del mundo como Irak, El Congo, Somalia, Sudán y Colombia. Señala el informe que la investigación dejó al descubierto que la mayoría de la población desplazada tuvo que soportar agresiones, hambre, enfermedades y falta de vivienda digna. Los datos revelan que en más de 50 países estas personas, en primer lugar los niños y las mujeres, "fueron víctimas con demasiada frecuencia de las peores violaciones de los derechos humanos", señalaron los autores del informe anual de IDMC. Por su parte, Antonio Guterres, Alto Comisionado de la ONU para los Refugiados, ACNUR, quien presentó el informe, llegó a señalar que "la falta de ayuda de ciertos Estados a proporcionar protección y ayuda adecuada a sus propias poblaciones desarraigadas", es la culpable de esa complicada situación.

rición seguida de ejecución extrajudicial acerca de quienes no existen cifras ni siquiera aproximadas.

El silencio de quienes permanecen en poder de sus captores en medio de la espesa selva y día a día son olvidados por una patria cada vez más acostumbrada al acto violento, al acto de muerte, al ataque aleve en medio de la oscuridad, al desconsuelo y a la desesperanza.

Cada día cientos y cientos de colombianas y colombianos deben abandonar su tierra para salvar sus vidas, pero no solo abandonan su tierra, también abandonan su escuela, su trabajo, su hogar, el espacio de encuentro con sus padres, sus hermanos, sus amigos, su gente. Pocas veces nos damos cuenta del abandono obligado de otros valores como el lugar de culto y alabanza, el templo, la parroquia, el oratorio, la escuela dominical, el seminario, el grupo de oración, las tumbas de los mayores. Pocas veces nos damos cuenta de que el desplazado ya no podrá celebrar su culto en el sitio donde desde niño lo aprendió a celebrarlo con su comunidad, sea cual sea la denominación que la ley le otorgue a su iglesia o confesión. Tal vez ellos desearían estar presos o enfermos porque, como lo vimos antes, para estas poblaciones existe legislación que intenta garantizarles el derecho de libertad religiosa. Para el desplazado no hay Constitución, ni ley, ni decretos, ni Cortes que le amparen su legítimo derecho a relacionarse con su idea de divinidad, ni a celebrar en comunidad como una fuerza viva, actuante, palpitante, creadora y renovadora del amor, del servicio y del perdón. ¿Qué suerte, entonces, podemos esperar para los secuestrados? ¿Qué suerte, entonces, podemos esperar para el joven que es arrebatado a su familia para ejecutarlo impunemente y luego mostrarlo como caído en combate y sumarlo a las cifras que demuestran que el estado está ganando la guerra? ¿Y, acaso los sindicalistas, víctimas de silenciosas pero efectivas campañas de muertes selectivas, no son sujetos de libertades, incluida la libertad religiosa?

En verdad nos resta mucho por mejorar en materia de eficacia de los derechos, incluido el derecho de libertad religiosa, pero a pesar de las dificultades actuales y a pesar de una historia dolorosa, no tememos al futuro. Nos anima saber que habrá un mañana y que ese mañana será como lo hemos anhelado; el engaño y la mentira se desvanecerán ante los fulgurantes destellos de la verdad, el ruido de los cañones se apagará ante el ruido de las sonrisas, los ríos de sangre se secarán y darán paso a manantiales de agua fresca, el olor a muerte será reemplazado por el aroma del café fresco de la mañana, las flores ya no tendrán más tumbas que entristecer y desfilarán ante nuestros ojos en imaginativas silletas antioqueñas, los lamentos cesarán y se entonarán alegres versos de carnaval. ¿Por qué, de repente, nos invade tal sentimiento de esperanza? Porque la guerra no ha podido arrebatarnos lo más preciado: la fe en lo que somos capaces de ser y de hacer. Cada año nos convencemos más de que *"nos robaron"* la corona de Miss Universo porque nos negamos a aceptar que haya mujeres más bonitas que las colombianas; en medio de la guerra hemos encontrado la manera de comer perdices; cada niño colombiano ya no pertenece solo a sus padres, pertenece a todos nosotros; sus sonrisas son el anticipo de los sonidos de la paz, paz que encontraremos más temprano que tarde si tomamos conciencia de que ella es el resultado necesario de la prevalencia de los derechos humanos, incluido el derecho de libertad religiosa, porque, finalmente, somos un pueblo que cree. Creemos y eso es lo que nos sostiene en medio de la oscuridad. Creemos y eso es lo que nos anima a pasar la fría noche esperando el tibio amanecer.

Secularización, laicidad y libertad religiosa en Chile

Jorge Precht Pizarro
Profesor Titular de Derecho Público
Pontificia Universidad Católica de Chile

En Octubre de 1999 entró en vigencia en Chile la Ley 19.638 que regula la constitución y el funcionamiento de las entidades religiosas. En consecuencia se conmemoran 10 años de esta ley, que por una parte regula y complementa la Constitución chilena en materia de libertad e igualdad religiosa, y por otra se refiere a las entidades religiosas y su inscripción.

SECULARIZACIÓN

Chile es un país en plena transición valórica. De los valores cristianos y en especial católicos se pasa rápidamente a los disvalores de la secularización creciente, en especial en materia de vida, matrimonio y familia.

Los católicos en Chile vienen disminuyendo en los sucesivos censos para ser actualmente el 69.5%, en tanto el evangelismo pentecostal llega al 15.14%. Pero más grave que eso es que del total de católicos sólo el 10% tiene la práctica dominical.[1]

---

[1] Los datos son extraídos del censo 2002. Ver: Resultados generales Censo 2002. Cuadro 6.1 Población de 15 años o más, por religión, según división política administrativa, sexo y grupos de edad. El informe de prensa de World Values Survey 2006 indica que la importancia de la religión disminuye sistemáticamente de 51 a 40% entre 1990 y 2006. En 1990 la religión ocupaba el tercer lugar de importancia después de la familia y los amigos; en 1995 es desplazada por el tiempo libre y pasa entonces al cuarto lugar.

Un estudio de "marcas" recientes muestra que el valor atribuido a la imagen de la Iglesia cayó de un valor de 91,8% en el año 2001 a un 48,6 en 2009 (ver www.thealabyr.cl).

Un estudio aún más reciente del Centro de Estudios Públicos (CEP) señala que el 67% se declaró católico, el 17% evangélico, el 3% adhirió a otras religiones, el 9,7% dijo no tener ningún credo y el 1,7% se declaró agnóstico o ateo (2009). Si se mira por grupos socioeconómicos, los evangélicos son el 22,3% en los sectores medio-bajos y 27,8% en los sectores de ingresos bajos (Encuesta CEP, agosto 2009, corregido a 3 de noviembre de 2009).

El grueso de los católicos se encuentra en los estratos altos y medio-altos, lo mismo que el reclutamiento del clero. Es allí, por lo demás, donde se sitúan los movimientos religiosos de mayor actividad. La Iglesia Chilena, si no fuera por la pastoral de santuarios y el muy acendrado culto a la Virgen María, estaría muy cerca de ser una High Church. El vacío espiritual de los estratos medio-bajos y bajos está cubierto por el evangelismo pentecostal.[2]

Éstas son algunas cifras que muestran el deterioro de la familia chilena: En la década de los 60 el promedio de hijos por mujer era de 5.4 y el porcentaje de los hijos nacidos fuera del matrimonio era de 15.9%. La década de los 70 muestra que el número de hijos por mujer era ya de 4.1, y el porcentaje de parejas que convivían sin casarse de 3%. En la década de los 80, el número de hijos por mujer era de 2.9. En la década de los 90 el número de hijos por mujer era de 2.7 y el porcentaje de los hijos nacidos fuera del matrimonio sube a 34%; los hogares con padre y madre componen el 42%, las parejas que conviven fuera del matrimonio el 7.5%, y las mujeres jefas de hogar 25.3%. Pero en la primera década del siglo XXI las cifras nos indican que los hijos por mujer son 2.3 y los hijos nacidos fuera del matrimonio son el 63.7%, los hogares con padre y madre el 38% ×. Las proyecciones son que la fecundidad seguirá bajando y ya hay regiones en Chile en que la tasa de fecundidad es 1,7 hijos por mujer.[3]

Los últimos datos nos están indicando que la "no-creencia" alcanza niveles del 10.2%, con lo que nos acercaríamos a Uruguay como país más incrédulo de América Latina.[4]

---

[2] Creo que Chile es el único país del mundo que tiene 3 días feriados nacionales que corresponden a celebraciones Marianas: La Asunción (15 de agosto); La Virgen del Carmen, patrona de Chile (16 de julio) y la fiesta de la Inmaculada Concepción (8 de diciembre).

Los grupos de mayores ingresos tienen un 76.7% de católicos; los grupos de ingresos medios-altos 80.3%, los de ingresos medios 67%, los de ingresos medios bajos un 63.9% y los de ingresos bajos 55.6%. (Encuesta CEP 2009).

Todo ello lleva a un cientista político evangélico Patricio Navia a concluir: "No hay que confundirse, Chile sigue siendo un país católico.... Pero el país es mucho más católico en Las Condes que en Cerro Navia y menos católico en las empobrecidas zonas del sur del Bío-bío. Mientras más pobre la comuna, más evangélicos. Mientras más altos los ingresos, más fuerte es la Iglesia Católica" (Patricio Navia: El elector protestante, 31 de octubre de 2009, diario La Tercera).

[3] Los datos son extraídos de La Tercera del sábado 14 de Septiembre de 2009. Sobre la evolución familiar en Chile puede consultarse en Valenzuela J. S.; Tironi E: Sculy Timothy: El eslabón perdido: familia, modernización y bienestar en Chile, Taurus Editores, Santiago de Chile, Marzo 2006, 457 páginas. Véase La Tercera, martes 7 de mayo que entrega un estudio del Instituto Nacional de Estadísticas en que se constata que entre 1950 y 2006 se ha bajado en un 59% la fecundidad.

[4] Encuesta Bicentenario Universidad Católica de Chile, Adimark, 2008. Sobre el tema puede consultarse Jorge Precht: "El ámbito de lo público y la presencia de la Iglesia Católica

LAICISMO

No tenemos en Chile desde el interior un laicismo agresivo, un proceso de laicización antirreligioso y anticlerical. Nunca lo hemos tenido. No ha habido luchas religiosas en Chile y los problemas entre la Iglesia Católica y el Estado han sido zanjados con acuerdos amigables, incluyendo la propia separación de la Iglesia y el Estado en 1925.

Pero se está dando a pasos agigantados lo que Benedicto XVI ha llamado el "laicismo encubierto". En Estados Unidos el Papa dijo lo siguiente respondiendo a preguntas de los obispos norteamericanos: "Tal vez el tipo de laicismo plantea un problema particular, mientras permite creer en Dios y respeta el papel público de la religión y de las iglesias, sin embargo reduce sutilmente la creencia religiosa al mínimo común denominador. La fe se transforma en aceptación pasiva de que ciertas cosas "allí afuera" son verdaderas, pero sin relevancia práctica para la vida cotidiana".[5]

En este sentido existe lo que yo llamo una "americanización" del catolicismo chileno (y en general latinoamericano), es decir, se busca imponer, el Credo Civil Americano o en la expresión de Huntington: "un protestantismo sin Dios y un cristianismo sin Cristo".

Ya en 1912, Theodore Roosevelt expresó: "Creo que la asimilación de los países latinoamericanos a los Estados Unidos será difícil y larga en tanto esos países sigan siendo católicos". Por su parte el Cardenal Ratzinger dirá en 1985: "Siguiendo la misma línea de pensamiento, David Rockefeller recomendó en 1969, con ocasión de una conferencia dictada en Roma, suplantar allí a los católicos por otros cristianos —una empresa que como sabemos está en pleno funcionamiento".[6]

Pero, al mismo tiempo, se desarrolla en Chile todo el influjo que ejerce Naciones Unidas, sus agencias y las numerosas ONG que se constituyen en torno a su actividad y las fundaciones que financian a esas ONG.[7]

Voy a dar dos ejemplos de laicización por vía de Naciones Unidas: primero, la Convención sobre eliminación de todas las formas de discrimi-

---

en Chile: de la ley 19.638 (1999) a la ley 19.947 (30 de octubre de 2004) en Anales Derecho Universidad Católica, 2005, pp. 101-121. Encuesta bicentenario, citada.

[5] Benedicto XVI: Nuevos modos de comprender la identidad católica y la libertad, L´Osservatore Romano N° 17, 25 de abril de 2008, página 4.

[6] Joseph Ratzinger: Discurso en la Conferencia organizada por la Fundación Konrad Adenauer, 21 al 24 de noviembre de 1985, publicado en la revista Contribuciones, año V, N° 3 (19) julio-septiembre de 1968. CIEDLA. Véase Samuel P. Huntington: ¿Quiénes somos? Los desafíos a la identidad nacional estadounidense, Paidós, Barcelona, 2004 y con anterioridad del mismo autor: "The Hispanic Challenge", que apareció en Foreign Policy, Washington, marzo-abril, 2004, p. 30.

[7] Véase sobre el tema: Eugenia Roccella y Lucetta Scaraffa: "Contro il cristianismo: L'ONU et l' Unione Europea como nuove ideologia". Edizione Piemme, Casale Monferrato, Luglio 2005 y Michel Schooyans. La face cachée de l'ONU, Ed. Du Sarment, Paris, 2001.

nación contra la mujer (CEDAW) y luego la Convención de los derechos del niño. En ambos casos la interpretación dada por los Comités respectivos al texto del Acuerdo va más allá de los compromisos contraídos.

Chile es acusado de violar la CEDAW por no legalizar el aborto,[8] y también es acusado de violar la Convención de los derechos del niño, al no incluir en sus programas escolares la presentación de la homosexualidad como una opción más y el hecho que no debe ser discriminado quien ostenta esa identidad sexual.[9]

Existe un laicismo que elimina del ámbito público a los católicos, curiosamente a través de la apelación a la tolerancia. Esta aspiración al monopolio ideológico es lo que Schooyans llama "inquisición laica" e "integrismo racionalista y anticristiano". Dice el profesor de Lovaina: "El nuevo cesaropapismo se emplea para imponer un racionalismo integral a la sociedad y a las conciencias, utilizando la etiqueta de la tolerancia. Pero, por su propia naturaleza, esta concepción de la tolerancia justifica, e incluso requiere, la exclusión de los "disidentes", de aquellos que reivindican el derecho a la diferencia, de los que rechazan ese racionalismo y permanecen abiertos a la Revelación. Esta tolerancia conduce irremisiblemente a una religión civil, a un sistema de pensamiento único".[10]

Pero no es sólo la influencia del "laicismo encubierto" y la influencia del "sistema de Naciones Unidas". Existe además entre nosotros la presen-

---

[8] La Convención sobre eliminación de todas las formas de discriminación contra la mujer (CEDAW) fue ratificada por Chile y adoptada por Naciones Unidas el 18 de diciembre de 1978. Los Estados se comprometen "por todos los medios apropiados y sin dilaciones a fijar una política encaminada a eliminar la discriminación contra la mujer". Para la aplicación se creó un Comité y luego se ampliaron las competencias a través de un Protocolo Facultativo (22 de diciembre de 2000). Los artículos 12 y 14 de la Convención buscan "asegurar el acceso a los servicios de atención médica, incluyendo aquellos relacionados con la planificación familiar", pero de allí el Comité estima que la Convención ordena que debe ser reconocido el derecho a abortar, que el aborto debe ser legalizado y que deben aportarse servicios médicos para ello. En consecuencia reprocha a Chile el no haber legalizado el aborto. Me correspondió acompañar al Cardenal Errázuriz a la Comisión del Senado que vio el problema de la aprobación del Protocolo Facultativo que ampliaba sus facultades. Chile no ha aprobado hasta la fecha dicho Protocolo. Véase Francisco Javier Errazuriz Ossa: "Discriminación de la Mujer y el CEDAW" en el Lexicon elaborado por el Consejo Pontificio para la Familia, Ediciones Palabra, 2004, páginas 295 a 302

[9] La situación es semejante en la Convención de los derechos del niño, donde no aparece el concepto de género u orientación sexual, pero el Fondo de las Naciones Unidas para la Infancia (UNICEF) reprocha a Chile en 2004 que "en las escuelas chilenas aparece en los últimos lugares una falta de fuentes de información sobre la homosexualidad, precisamente donde se percibe mayor discriminación". Ello da pié a la elaboración de manuales, como "Educando en la diversidad, orientación sexual e identidad de género en las aulas" (2009), promovido por el Ministerio de Educación chileno.

[10] Michel Schooyans: "Tolerancia e inquisición laica" en Consejo Pontificio para la Familia: Lexicon. Términos ambiguos y discutidos sobre familia, vida y cuestiones éticas. Ediciones Palabra, 2004, páginas 1.089 a 1-094.

cia de los socialistas españoles (PSOE). La agenda legislativa chilena está calcada de la agenda española, como ya tuve ocasión de demostrar anteriormente.[11] Y muchas veces se copian literalmente las leyes.[12]

Por tanto, si bien no existe un laicismo agresivo al interior de Chile, sí existe un proceso de laicización inducido. Este laicismo se entiende como "la pérdida de poder de la Iglesia Católica por el traspaso de una pastoral basada en lo social a una pastoral basada en la intimidad, la existencia de una religiosidad consciente frente a la religiosidad adquirida de antaño. Busca explicar que por el aumento y la sofisticación en el consumo el hombre se encuentra más seguro de construir su propio destino y que como ello separa a la Iglesia de las mayorías, se refugia en las minorías.[13]

Fuera de la simplificación de estos esquemas que operan siempre por antinomias irreductibles (tertium non datur) y que olvida la intercausalidad, lo menos que se puede decir es que los fenómenos religiosos son mucho más complejos, y que en todo caso no operan por efectos mecánicos, sino que están sujetos a procesos decisionales, uno de los cuales es la inducción del proceso de laicización. Por lo demás, la sociología muestra (Zylberberg) que lo religioso da respuesta a demandas insatisfechas, entre ellas, la necesidad de comunidad y de identidad imprescindibles a la "muchedumbre solitaria" producida por la urbanización y globalización. Además, "la organización religiosa ocupa una posición ideológica privilegiada, defendiendo por la izquierda a los excluidos del progreso y criticando por la derecha los efectos perversos de la sociedad permisiva, liberal y moderna". En fin, "la clase política en pos de legitimidad busca asociarse al menos de facto, tácita o estratégicamente con las iglesias, que son cortejadas a la vez por los gobiernos y los partidos políticos".

Lo que uno sí puede preguntarse es por qué el catolicismo chileno tradicional presentó tan baja defensa ante el flagelo de un laicismo inducido. Por ejemplo, la encuesta Bicentenario realizada por la Pontificia Universidad Católica de Chile —ADIMARK (2008)— mostró que el 47% de los

---

[11] Véase el capítulo XV de mi libro: "15 estudios sobre libertad religiosa en Chile", Ediciones Universidad Católica de Chile, mayo 2006.

[12] Véase Jorge Precht, obra citada 255-258.

[13] Carlos Peña: "¿Qué pasó con el poder de la Iglesia? Las causas que explican su pérdida de influencia en la opinión pública chilena" en revista Poder 18 de Septiembre de 2009, páginas 26 a 31. Peña casi semanalmente ataca a la Iglesia Católica en su columna de un diario de alta circulación y el más antiguo de Chile: El Mercurio. En Chile cada vez es más difícil plantear los puntos de vista de la Iglesia en materias de interés social, lo que hace recordar las palabras de Juan Pablo II: "La Iglesia, aunque reconoce los valores positivos que la globalización comporta, mira con inquietud los aspectos derivados de ella. ¿Y qué decir de la globalización cultural producida por la fuerza de los medios de comunicación social? Estos imponen nuevas escalas de valores por doquier, a menudo arbitrarios y en el fondo materialistas, frente a los cuales es muy difícil mantener viva la adhesión a los valores del Evangelio" (Exhortación Apostólica postsinodal Ecclesia in America, párrafo 20).

chilenos aceptaba alguna forma de aborto, lo que es preocupante en un país que tiene según ese estudio 67% de católicos. Otra encuesta (Pontificia Universidad Católica de Chile, 2001) señala que menos de un tercio de los católicos condenaba el divorcio y sólo 20% aceptaba las enseñanzas de la *Humanae Vitae* sobre anticoncepción.

Pero hay que hacer notar que éste no es un problema de Chile, sino un problema de todo el catolicismo, y más allá aún, es un problema de toda religión. En 1949, Jean Guitton escribía lo siguiente:

> ... Una nueva organización del mundo sin ningún otro elemento ultraterreno va ganando espacio... Hay como otra especie de Iglesia que se constituye, con su organización, sus doctrinas, su atmósfera, su liturgia, su mística, sus tribunales e incluso sus ejércitos, sus medios para destruir el alma sin destruir el cuerpo. Se trata de un peligro inédito para la cristiandad. Contra este peligro no se sabe cómo reaccionará la Iglesia; porque si bien tiene promesas de duración eterna, no hay nada que diga de qué forma y de qué modo Dios quiere hacerlo durar.

Cournot ha previsto como posible un estado en que la civilización, maravillando al mundo por su ingratitud, se divorciará del cristianismo y esto sería, dice, divorciarse al mismo tiempo de toda religión. Guitton nos dice: "Entonces la Iglesia vivirá una vida germinal y oscura en forma de catacumba y no de catedral, esperando bien el fin o bien un nuevo resurgir". Y nos señala más adelante:

> Que en todas estas condiciones la influencia de la Virgen sea propicia, al margen de todo milagro, no cabe la menor duda. La Virgen es también la imagen de la actitud del alma en los períodos de siembra, como lo es en la actualidad la nuestra, cuando hay que volverse hacia el porvenir, no tener en cuenta las apariencias contrarias y saber que no se es sino un humilde principio.[14]

LIBERTAD RELIGIOSA

Aunque Chile ha tenido un espacio razonable de libertad religiosa aun en el período republicano de unión Iglesia-Estado que se extiende entre 1818-1925, a contar del artículo 10 N° 2 de la Constitución de 1925 que reconoce la libertad de conciencia y el libre ejercicio de todos los cultos, se planteó, y cada vez con más fuerza, el problema del reconocimiento de las entidades religiosas no católicas.

La Iglesia Ortodoxa recibió reconocimiento por ley. Personalmente, yo estimé que todas las entidades religiosas reconocidas tenían derecho a la

---

[14] Jean Guitton: La Vierge Marie, Aubier, Editions Montaigne, Paris, 1949. Utilizo la versión castellana, Madrid, 1964, páginas 309 a 313.

personalidad jurídica de derecho público[15] y que sólo bastaba establecer un sistema para ese reconocimiento.

Este sistema fue finalmente creado por la ley 19.638 y dio respuesta a la sentida aspiración de las iglesias protestantes y evangélicas de no ser obligadas a obtener su personalidad según las normas del DS 110 Interior, 1979 (reglas para la obtención de la personalidad jurídica de derecho privado).

La ley, si bien copiando a la letra artículos de la Ley Española de Libertad Religiosa, tiene particularidades importantes. En primer lugar establece una nueva opción de organización, pero no la impone. Por lo tanto, en Chile existen las siguientes vías de organización civil de las entidades religiosas: asociaciones sin personalidad jurídica, personalidad jurídica de derecho privado, personalidad jurídica como entidad de participación social municipal[16] y personalidad jurídica religiosa de derecho público conforme a la ley 19.638.

En segundo lugar, esta ley deja intocada la situación jurídica de las entidades religiosas que no quieran constituirse conforme a ella. Deja intocada asimismo la situación jurídica tanto de la Iglesia Católica (con personalidad jurídica de derecho público con base constitucional y regulada en el artículo 547 inciso segundo del Código Civil), así como la de la Iglesia Ortodoxa, ligada al Patriarcado de Antioquia (ley 15.572).

En tercer lugar, establece que las iglesias que tienen "régimen jurídico propio" como podría ser el derecho canónico (por ejemplo, la Iglesia Católica, la Iglesia Ortodoxa y Iglesia Anglicana) o normas equivalentes (por ejemplo, las Iglesias calvinistas) mantendrán esas normas y podrán modificarlas libremente según su propio derecho.[17] El artículo 20 que contiene estas normas es entonces una cláusula de salvaguardia.

---

[15] Véase Jorge Precht: Derecho Eclesiástico del Estado de Chile, Ediciones Universidad Católica de Chile, marzo 281, páginas 199 a 227.

[16] Véase Ley N° 19.418 sobre Juntas de vecinos y demás organizaciones comunitarias. La ley define en su artículo 1° letra (d) como organización comunitaria funcional: "Aquella con personalidad jurídica y sin fines de lucro, que tenga por objeto representar y promover valores e intereses específicos de la comunidad dentro del territorio de la comuna o agrupación de comuna respectiva".

El artículo 4°: *Las Juntas de Vecinos y las demás organizaciones comunitarias gozarán de personalidad jurídica por el sólo hecho de constituirse en la forma señalada en esta ley, una vez efectuado el depósito a que se refiere el artículo 8° "No obstante que el artículo 3° señala que tales organizaciones "deberán respetar la libertad religiosa, quedando prohibida toda acción proselitista por las pequeñas iglesias que han elegido esta vía, parte de dichas organizaciones en tales materias", son numerosas.*

[17] Véase el artículo 20 de la ley 19.638: "El Estado reconoce el ordenamiento, la personalidad jurídica, sea ésta de derecho público o de derecho privado, y la plena capacidad de goce y de ejercicio de las iglesias, confesiones e instituciones religiosas que los tengan a la fecha de publicación de esta ley, entidades que mantendrán el régimen jurídico que les es

En cuarto lugar, dispone que todas las iglesias tendrán un equivalente al "ius statuendi" del derecho canónico católico. El artículo 9° de la ley permite crear personas jurídicas bajo el alero de la entidad matriz, las que tendrán asimismo personalidad jurídica de derecho público.[18]

En quinto lugar, da la base para la prestación de asistencia religiosa en establecimientos hospitalarios, carcelarios, de las Fuerzas Armadas y de la policía. Rechaza el sistema de "integración orgánica" y adopta el sistema conocido como "de libre elección". Ello significa que los capellanes de esta ley serán externos a las instituciones, pero ello no significa que no puedan recibir emolumentos fiscales ya que podrían ser contratados como asesores externos por honorarios.

En sexto lugar, se detallan los derechos individuales y colectivos de libertad religiosa, incluyendo una amplia libertad de asociación. En estricto derecho ello no habría sido necesario ya que, sumados los derechos consagrados en la Constitución chilena en su artículo 19 a los derechos de libertad religiosa consagrados en los Pactos Internacionales, el país contaba ya con un elenco completo.[19]

En séptimo lugar, consagra un libérrimo sistema de reconocimiento de entidades religiosas con lo que la doctrina llama procedimiento del "sólo depósito" y de "mera publicidad". Por tanto el Estado no constituye entidades religiosas, sino que las reconoce. El Ministerio de Justicia no podrá denegar el registro, salvo por razones formales y no de fondo. En este sentido la ley establece un sistema de laicidad sin laicismo y, al contrario del ejemplo francés, no coloca barreras a la entrada y confía en el derecho común para corregir los abusos y sancionar las faltas y los delitos.

Por último, establece que la disolución de esta persona jurídica religiosa de derecho público no podrá llevarse a cabo ni por vía judicial ni por vía legislativa, sino sólo en conformidad a sus estatutos, o en cumplimiento de una sentencia judicial firme, recaída en juicio incoado a reque-

---

propio, sin que ello sea causa de trato desigual entre dichas entidades y las que se constituyan en conformidad a esta ley".

Sobre la interpretación de este artículo véase Jorge Precht: 15 Estudios sobre libertad religiosa en Chile, citado, páginas 105 a 127 y 128-134.

[18] Dice el artículo 9°: "Las asociaciones, corporaciones, fundaciones y otros organismos creados por una iglesia, confesión o institución religiosa, que conforme a sus normas jurídicas propias gocen de personalidad jurídica religiosa, son reconocidos como tales. Acreditará su existencia la autoridad religiosa que los haya erigido o instituido".

"Las entidades religiosas, así como las personas jurídicas que ellas constituyan en conformidad a esta ley, no podrán tener fines de lucro".

[19] El artículo 5 inciso segundo de la Constitución de Chile dice lo siguiente: "El ejercicio de la soberanía reconoce como limitación el respeto a los derechos esenciales que emanan de la naturaleza humana. Es deber de los órganos del Estado respetar y promover tales derechos garantizados por esta Constitución, así como por los tratados internacionales ratificados por Chile y que se encuentren vigentes.

rimiento del Consejo de Defensa del Estado, el que podrá actuar de oficio o a petición de parte, en los casos que así corresponda.

La gran mayoría de los defectos de esta ley fueron señalados por los expertos en el curso de la tramitación legislativa, pero no fueron tomados en cuenta.

(1) La ley opta por definir lo que debe entenderse por entidad religiosa. Ahora bien, cuando la técnica legislativa aborda problemas como el antedicho lo puede hacer definiendo el ente religioso, enumerando cuáles son los entes religiosos o dando una salida por vía formal, expresando que ente religioso es todo aquél que se haya sometido al procedimiento establecido.

Chile eligió una vía casi impracticable: definir el ente religioso. El resultado es una "definición", es decir una tautología aberrante.[20] El temor de los grupos evangélicos a que se utilizara el número de miembros, el notorio arraigo o la densidad organizacional como criterio de selección crea entonces un sistema inmanejable: 1.200 entidades registradas, la mayoría de pequeños y aun minúsculos grupos religiosos, ahora cada uno con personalidad jurídica de derecho público,[21] sobre las cuales no cabe fiscalización alguna.

(2°) La amplia atribución consagrada en la ley 19.638 en su artículo 8° va acompañada de dos facultades: (a) crear personas jurídicas para erigir institutos de formación y de estudios teológicos o doctrinales, instituciones educacionales, de beneficencia o humanitarias y toda clase de corporaciones, fundaciones y asociaciones y (b) crear conforme a sus normas jurídicas propias toda clase de organismos sin fines de lucro, los que serán reconocidos como poseedores de personalidad jurídica religiosa (art. 9°).

Claramente existe una deficiencia en estos artículos: ¿Con qué razón las iglesias van a recurrir al artículo 8° sometiéndose al derecho común y no al artículo 9° que daría (sólo conforme a sus normas internas propias) a los entes derivados una reconocida personalidad jurídica de derecho público?

Estos artículos vienen por una parte del prurito del evangelismo pentecostal de tener los mismos derechos de la Iglesia Católica, pero sin tener

---

[20] Artículo 4°: Para los efectos de esta ley, se entiende por iglesias, confesiones o instituciones religiosas a las entidades integradas por personas naturales que profesen una determinada fe".

[21] Para diciembre de 2009, el Gobierno chileno prepara un proyecto con normas modificatorias, introduciendo un inciso segundo al ya mencionado Artículo 4°: "No serán consideradas iglesias, confesiones o entidades religiosas, aquellas instituciones que, aun estando fundadas en una determinada fe religiosa, persigan principalmente objetivos de beneficencia social, de investigación y estudios filosóficos o sean mutualidades o comunidades que procuren o estén orientadas al logro de salud física o espiritual". Este amplio elenco de organizaciones que no son iglesias permitiría implícitamente acrecentar los poderes de objeción a la inscripción en manos del Ministerio de Justicia.

ni su densidad organizacional ni su derecho canónico, y por otra parte de la complacencia del mundo político frente al lobby evangélico a fin de conseguir sus votos.[22] El resultado es que el "ius statuendi" de las iglesias evangélicas es tan amplio que les permite crear personas jurídicas derivadas sin ningún requisito ni control, sujetas a su solo arbitrio.[23]

El temor a las reacciones evangélicas que pudieren alegar pérdida de derechos adquiridos ha llevado a posponer una substitución propuesta en mayo de 2009 por la Oficina de Asuntos Religiosos, del siguiente tenor: "Los organismos eclesiásticos creados por una iglesia, confesión o institución religiosa, conforme a sus normas jurídicas propias o a las disposiciones pertinentes del derecho común que hayan sido incorporadas como normas propias, gozarán de personalidad jurídica religiosa y serán reconocidas como tales, *en la medida que integren la estructura interna propia de la respectiva Iglesia*. Las normas jurídicas derivadas de la iglesia, confesión o entidad religiosa, deberán ser suficientes y sistemáticamente establecidas *en los estatutos,* debiendo contemplarse en ellos los mecanismos, etapas e instancias necesarias para su creación de un modo claro y preciso".

Pero es evidente que el estado actual del artículo 9° es preocupante. El artículo 8° se refiere al derecho de crear personas jurídicas, *pero sometiéndose a la legislación vigente,* lo cual elimina toda duda de arbitrariedad de las iglesias.[24]

Existe una serie de problemas prácticos: es necesario que la solicitud de inscripción sea patrocinada por un abogado, ya que el día a día demuestra que se producen unas idas y venidas derivadas de la no comprensión acerca de cómo funciona el registro. Es evidente que el Ministerio de Justicia debería ser dotado no sólo de la facultad de hacer reparos formales, sino también substanciales en el caso de existir antecedentes que permitieran dudar que sea el requirente una entidad verdaderamente religiosa. Por economía procedimental debería dotarse al Ministerio de Justicia de la atribución de devolver aquellas presentaciones con manifiestos errores o defectos.

Si bien el Ministerio de Justicia debe inscribir la presentación en el registro, debe entenderse que se trata de una inscripción provisoria que deviene definitiva si el órgano público no formula observaciones o si, cuando las formula, son corregidas por el peticionario.

---

[22] Los graves problemas jurídicos que se suscitan han sido puestos de manifiesto por Jorge del Picó. "Génesis y regulación de personas jurídicas derivadas en el marco previsto por la Ley N° 19.638 en Revista de Derecho Privado, Universidad Diego Portales (2009), p. 57-73.

[23] Véase en la nota 19, el texto del artículo 9° de la ley 19.638.

[24] Dice el artículo 8°: Las entidades religiosas podrán crear personas jurídicas de conformidad con la legislación vigente. En especial, podrán: (a) Fundar, mantener y dirigir en forma autónoma institutos de formación y de estudios teológicos y doctrinales, instituciones educacionales, de beneficencia o humanitarias, y (b) Crear, participar y fomentar asociaciones, corporaciones y fundaciones, para la realización de sus fines.

Si nos ponemos en el caso de las objeciones de fondo debe quedar siempre expedita la vía de los recursos administrativos y de los recursos judiciales.[25]

No queda claro en la ley actual la necesidad de informar la reforma de estatutos al Ministerio de Justicia. Tampoco son adecuadas las normas que resuelven la acreditación ante terceros de la calidad de persona jurídica de derecho público y el traspaso de los bienes desde la persona jurídica de derecho privado a la de derecho público, como asimismo el paso de bienes eclesiales en manos del pastor a manos de la iglesia constituida de acuerdo a la nueva ley. Todo ello está previsto en el nuevo anteproyecto de ley.[26]

Hay un punto particularmente grave que la ley de iglesias chilenas no considera. Me refiero a la posibilidad de celebrar convenios o acuerdos entre el Estado y las denominaciones religiosas. Este sistema se encuentra en la Constitución italiana (intesse) y en la ley orgánica 7/199 del 5 de julio (de libertad religiosa)[27] en España.

---

[25] En cuanto a las objeciones de fondo, el anteproyecto de reforma de la ley 19.638 dice a la letra lo siguiente a 30 de noviembre de 2009: "Asimismo dentro del plazo de 90 días contados desde el registro, mediante resolución fundada, podrá objetar la constitución en los siguientes casos:

1) Si faltare algún requisito formal. En este caso la entidad religiosa afectada, dentro del plazo de sesenta días, contados desde la notificación de las objeciones, deberá subsanar los defectos de constitución o adecuar sus estatutos a las observaciones efectuadas.

2) Si existieren antecedentes fidedignos que indiquen la presencia de una organización que no constituya una entidad religiosa de conformidad a lo dispuesto en el artículo 4° precedente. En este caso, la entidad afectada, dentro del plazo de noventa días, contado de la forma señalada en el numeral anterior deberá responder por escrito a los reparos formulados, aclarando la naturaleza de la institución, sus fines o actividades objetadas".

"El Ministerio de Justicia podría requerir a los órganos u organismos del Estado los informes que estime útiles para mejor resolver".

"Si, de conformidad a los numerales precedentes, la entidad de que se trata no subsanare los defectos o no adecuare los estatutos según las observaciones efectuadas, o bien, no desvirtuare los reparos formulados, el Ministerio de Justicia dictará una resolución fundada que declare definitivamente objetada la constitución, notificándose al solicitante por carta certificada".

"De la resolución señalada en el inciso anterior, podrán reclamar los interesados ante cualquiera de las Cortes de Apelaciones de la región en que la entidad religiosa tuviere su domicilio, siguiendo el procedimiento y plazos establecidos para el recurso de protección".

"Quedando a firme la resolución que declara definitivamente objetada la constitución de la entidad religiosa, se procederá de oficio a la eliminación de la misma del registro a que se refiere el artículo 8°".

[26] Situación al 30 de noviembre de 2009 artículos nuevos: 13; 14; 19 y 18. El artículo somete a un árbitro de derecho, pero arbitrador en el procedimiento las numerosas controversias que pueden tener efecto en el curso de aplicación de la ley. El llamamiento a conciliación será siempre obligatorio.

[27] Para el caso español véase Andrés Corsino Alvarez Cortina y Miguel Rodríguez Blanco (coordinadores), capítulo VIII de María José Villa Robledo. Acuerdos entre el Estado y las confesiones religiosas, p. 207 a 231, Editorial Comares, Granada 2006.

Los evangélicos chilenos rechazaron esta fórmula de acuerdos, a lo menos por dos razones: primero, porque suponía diferencias entre las iglesias, siendo su objetivo asemejarse lo más posible a la Iglesia Católica, y segundo, porque con el gran número de pequeñas iglesias era difícil llegar a acuerdos con el Estado.

Sin embargo, como está visto, el evangelismo chileno en el curso de 10 años ha sido capaz de coordinarse primero en el Comité de Organizaciones Evangélicas, en torno al obispo Francisco Anabalón y luego en la Mesa Ampliada UNE-Chile, Unión Nacional Evangélica, en torno al obispo Emiliano Soto. En la práctica ello ha llevado a acuerdos del Gobierno con los líderes evangélicos. Tanto la ley 19.638 como toda la política religiosa del Gobierno Bachelet son pactadas.

CONCLUSIÓN

Como está mostrado en la presente exposición, Chile vive un proceso de secularización avanzado y de plena transición de valores, a la par que una grave crisis del catolicismo. La juventud chilena es cada vez más areligiosa. No se trata el abandono del catolicismo de otrora, sino del catolicismo a secas.[28]

El grueso de los católicos se encuentra —como se mostró— en los sectores de ingresos altos y medio altos, y son particularmente afectados por el liberalismo y por un laicismo, más inducido que endógeno.

A contar de 1990 el evangelismo Pentecostal, que había tenido un crecimiento constante hasta llegar al 17% de los mayores de 15 años, hace su aparición en la vida pública, organizándose como un actor político cada vez más cohesionado y relevante.

En octubre de 1999, la ley de organizaciones religiosas le ha permitido tener en 10 años una estructura jurídica sólida y, si bien persisten divisiones en su seno, el esfuerzo de coordinación de sus líderes ha sido muy exitoso ante el Estado.

Por otra parte, el evangelismo tiene una nueva camada de profesionales con gran mística religiosa y social. Recientemente la primera ministra evangélica de la Corte Suprema ha sido designada por el Gobierno Bachelet.

Para el caso italiano véase el artículo 8 de la Constitución de 1947: "Todas las confesiones religiosas son igualmente libres frente a la ley. Las confesiones religiosas distintas de la católica tienen derecho a organizarse según sus propios estatutos, en cuanto no sean contrarias al ordenamiento jurídico italiano. Sus relaciones con el Estado están reguladas por la ley sobre la base de acuerdos (intesse) con el respectivo representante".

[28] Los datos sobre religiosidad de la juventud revelan una baja del interés por la religión en general. Sobre las opciones de la juventud evangélica, véase Eugenia Fediakova: Tradición religiosa y juventud evangélica chilena, 1990-2008: ¿Choque de generaciones?". Trabajo presentado proyecto FONDECYT N° 1060988, Eugenia.fediakova@usach.cl.

Todos los sectores políticos hacen entonces proposiciones a los evangélicos como es patente en las campañas presidenciales que culminarán en la elección de 13 de diciembre de 2009.[29]

Con todo hay signos preocupantes: las actuaciones políticas de los líderes evangélicos contienen un porcentaje no desdeñable de anti-catolicismo. Sus actuaciones recuerdan además el conservadurismo católico (hasta la Carta Pacelli de 1938) de antaño y no siempre son compatibles con la laicidad del Estado.[30]

Así, creo que Chile, si bien seguirá siendo creyente y cristiano, será cada vez menos católico y se encamina a un sincretismo de una "creencia secularizada", agravada por el hecho de que el evangelismo pentecostal no tiene aún una teología social o un equivalente a la Doctrina Social de la Iglesia Católica. La presencia creyente en el ámbito público está en tela de juicio y su pronóstico no es precisamente favorable.[31]

---

[29] Todos los candidatos hablan de conseguir la "plena igualdad" entre católicos y protestantes, pero es evidente que es contrario a la igualdad no sólo el establecer diferencias arbitrarias, sino también crear igualaciones arbitrarias. La Iglesia Católica presente en Chile desde 1520 y 1536, creadora de la nación chilena, arraigada en el 70% de sus habitantes tiene peculiaridades propias que ameritan ciertas diferencias de trato.

[30] En efecto, es preocupante para la laicidad del Estado que líderes evangélicos hagan público su llamado a la ciudadanía a votar nulo o a apoyar tal o cual candidato a Presidente de la República, condicionando su voto al logro de ciertas aspiraciones. Una cosa es plantear objeciones morales al aborto, la homosexualidad, los pactos civiles y las uniones de hecho, y otra intervenir abiertamente en la elección. Véase, por ejemplo, las declaraciones del obispo Emiliano Soto en El Mercurio del domingo 29 de noviembre 2009: "obispo Emiliano Soto demandó compromisos concretos a abanderados: Líderes evangélicos evalúan llamar a votar nulo tras molestia por gestos de candidatos a gays". Ello después que la asociación ISACAR, de profesionales evangélicos puso un límite para recibir respuestas de los candidatos: "Los presidenciables han salido a favorecer a minorías con escasa representatividad y no trepidado en subjetivizar los valores más esenciales, dejando de lado incluso sus más profundas convicciones". El lunes 30 de noviembre el Consejo de Pastores sale al paso del obispo Soto y pide libertad de conciencia (La Segunda, página 39). Emiliano Soto aclara al día siguiente que: "la potencialidad del gobierno de Michelle Bachelet podría darnos alguna confianza en la Presidencia futura o eventual de Eduardo Frei, porque los partidos que lo apoyan están en condiciones de continuar el desarrollo de los evangélicos en Chile (La Nación, martes 1° de diciembre de 2009, página 2).

Lo antedicho muestra la división aún presente en el liderazgo evangélico, la política del gobierno de Bachelet de "discriminación positiva" respecto del mundo evangélico y la intervención electoral directa que atenta claramente contra la laicidad del Estado.

[31] Sobre el tema véase Jorge Precht: Laity and Laicism: Are these Catholic Categories of any use in analyzing Chilean Church-State relation? Brigham Young University Law Review, volumen 2009, number 3, pp. 697-704.

Desafíos para la libertad religiosa en Argentina

Octavio Lo Prete
Consejo Argentino para la Libertad Religiosa (CALIR)
Consorcio Latinoamericano de Libertad Religiosa (CLLR)

LA RELIGIÓN EN LA CULTURA DE LOS ARGENTINOS

Comencemos así: el 5 de septiembre de 2009, en la ciudad de Rosario, jugaron Argentina y Brasil un partido por las Eliminatorias para clasificar al XIX Campeonato Mundial de Fútbol que tendría lugar en Sudáfrica en el año 2010. Dos días antes, la Selección Argentina participó en una misa católica, pedida fundamentalmente —según fuentes periodísticas— por el propio Director Técnico, Diego Armando Maradona. La celebración tuvo lugar en la Capilla "San Francisco de Asís", inaugurada en el año 2008 en el predio en el cual el grupo se preparaba para el partido, esto es, en el complejo deportivo de la Asociación del Fútbol Argentino (AFA) situado en la localidad de Ezeiza, a 30 kms. de la Ciudad de Buenos Aires, que sirve de lugar de entrenamiento y concentración para los seleccionados nacionales de fútbol de todas las categorías.

Al concluir el oficio religioso, siempre apoyándome en fuentes periodísticas, la esposa del presidente de la AFA entregó a Maradona un rosario y agradeció a todos los integrantes del cuerpo técnico y jugadores de la Selección su presencia en la misa deseándoles, al propio tiempo, los mejores augurios para el encuentro contra Brasil.

Fueron muchos y de todo tipo los comentarios que la información generó en los portales de noticias, unos manifestando su apoyo por la idea y otros criticándola. Dentro de estos cabe destacar aquellos según los cuales la religión nada tenía que ver con el fútbol, que una misa era para cosas más importantes o bien que en realidad para ganar el partido había que prepararse bien en vez de ir a misa. Otros, con ironía, alegaron que en rigor se trataba de una estrategia del Director Técnico para echarle la culpa a Dios si se perdía el partido, que Maradona era religioso cuando le convenía, que Dios era más argentino que brasileño, llegando un lector a preguntarse qué ocurriría con el resultado si los brasileños también hubiesen participado en una misa. Lo cierto es que Brasil ganó 3-1, clasificó para la Copa del Mundo y jugó mucho mejor que la Argentina, selección que tuvo que seguir compitiendo para sacar su boleto mundialista.

Ahora bien, ¿qué reflexiones podemos extraer del episodio señalado? En primer lugar, es una muestra más del lugar preponderante que ocupa la religión en la sociedad argentina. Es decir, no se puede ignorar el dato de que, sin perjuicio de la denominación a la que se adscriba y del grado de práctica que cada persona ostente, en su gran mayoría la población argentina es religiosa, al igual que —con sus matices— ocurre en la mayoría de los países latinoamericanos.

Es más, el tema religioso no aparece sólo como una cuestión "privada" sino que se exterioriza en el ámbito "público", por la presencia de un sinnúmero de templos, por la notable cantidad de ciudades, calles y plazas que llevan nombre religioso, por los signos de ese carácter presentes en lugares públicos, como también, entre otros aspectos, por la tarea que realizan las instituciones religiosas en materia educativa, social y cultural, muchas veces estando presentes en lugares en los cuales el Estado está ausente.

Reafirmando lo dicho, fue dada a conocer en agosto del año 2008 la "Primera Encuesta sobre Creencias y Actitudes Religiosas en Argentina", estudio preparado por un organismo científico estatal según el cual el 91.1% de los entrevistados declaró "creer en Dios"; la Encuesta indicó también que el 765 % se definió como católico, el 9 % evangélico,[1] el 12 % Testigo de Jehová, el 0.9 % mormón y el 1.2 % como perteneciente a "otras religiones". El 11.3 %, por su parte, se manifestó "indiferente", incluyéndose aquí a los ateos, a los agnósticos y a los que "no tienen ninguna religión", según dice la Encuesta.[2]

---

[1] Del 9 % señalado la mayoría se definió como "pentecostal" (7.9 %) y el resto como adventista, bautista, luterano, metodista o perteneciente a la "Iglesia Universal del Reino de Dios" (IURD).

[2] "Primera Encuesta sobre Creencias y Actitudes Religiosas en Argentina", elaborada por el área "Sociedad, Estado y Religión" del CEIL / CONICET ("Centro de Estudios e Investigaciones Laborales" del "Consejo Nacional de Investigaciones Científicas y Técnicas"). También participaron la "Universidad de Buenos Aires", la "Universidad Nacional de Rosario", la "Universidad Nacional de Cuyo" y la "Universidad Nacional de Santiago del Estero". La investigación, de carácter nacional, se llevó a cabo en ciudades grandes, medianas y pequeñas de las distintas regiones del país, abarcó un universo de 2403 casos (personas mayores de 18 años residentes en la Argentina), presenta un margen de error de [+ -] 2% y un nivel de confiabilidad del 95 %. Fue presentada el 26.08.2008 en la Cancillería Argentina (Ministerio de Relaciones Exteriores, Comercio Internacional y Culto). Mayor información en: http://www.ceil-piette.gov.ar/. También está publicada en: http://www.calir.org.ar/docs/EstudioCONICET2008.pdf

El propio trabajo revela que de los datos se desprende el pluralismo y la diversidad presente en el campo religioso, junto con la continuidad de una cultura cristiana.[3] Esta Encuesta es particularmente importante, ya que desde que hacía casi 50 años (Censo Nacional de 1960) no se contaba con estadísticas oficiales sobre la cuestión.

En segundo término, volviendo al episodio de la Selección Nacional y el oficio religioso, ¿podría extraerse alguna conclusión a partir de los principios de libertad religiosa y laicidad del Estado argentino? Quizás alguien podría sostener que la misa, desde que los participantes estaban representando al país, afectó la laicidad del Estado. Acaso otros podrían responder que en definitiva la decisión de organizar y asistir fue un ejercicio legítimo del derecho a la libertad religiosa del cuerpo técnico y de los jugadores. O bien que reducir el culto o la exteriorización de la pertenencia religiosa a un ámbito privado, aun cuando se esté actuando en representación de un país, podría llevar a consecuencias tan exageradas como prohibir a un jugador que realice la señal de la cruz al ingresar al campo de juego o vedar al grupo la posibilidad de portar una imagen religiosa en el vestuario.

En suma, el acontecimiento descrito —que tal vez podría calificarse sólo como una anécdota— permite constatar que la "religión" exhibe en forma cada vez más marcada una connotación pública, en todos los ámbitos del quehacer social, de ahí que resulte imprescindible la formulación de principios que ayuden a resolver los conflictos que eventualmente ello suscite.

En las líneas que siguen, como el título de esta colaboración lo indica, voy a desarrollar algunos desafíos que a mi juicio coadyuvarán a ampliar y profundizar la libertad religiosa en la Argentina, afirmando de antemano que es un derecho fundamental que está garantizado por el régimen jurídico y que, en líneas generales, el estado de la cuestión es satisfactorio. Las confesiones pueden desarrollar su tarea sin inconvenientes y no se presentan enfrentamientos o casos de discriminación por motivos religiosos, o bien los que ocurren son la excepción y la mayoría de las veces se resuelven convenientemente.

Debe recordarse en este sentido que el Relator Especial de las Naciones Unidas sobre la Libertad de Religión y de Creencias, Sr. Abdelfattah

---

[3] Hay que señalar, no obstante, que, a la par, la Encuesta informa acerca de un complejo proceso de des-institucionalización religiosa. Ello queda reflejado a partir de dos situaciones: 1) más de la mitad de la población dice relacionarse con Dios "sin intermediarios"; 2) en gran parte de ella se refleja una autonomía de su conciencia en relación con la doctrina que sostiene la institución religiosa a la que dice pertenecer, sobre todo en temas controversiales. Es decir, hay mucha gente que adscribe a una determinada confesión pero que no comparte, en algunas cuestiones, la doctrina de la misma. Por usar un ejemplo corriente, se rechaza el menú "fijo", prefiriéndose el menú "a la carta".

Amor, visitó el país en el año 2001 y expresó en el Informe respectivo que "las disposiciones constitucionales federales y provinciales garantizan la libertad de religión o de creencia y sus manifestaciones, de acuerdo con el derecho internacional aplicable", que en términos generales "la legislación argentina se apoya en bases constitucionales sólidas y antecedentes jurídicos importantes para la garantía de la libertad de la religión o convicciones" y que además "la política del Estado es en general respetuosa de la libertad de religión o convicciones y de sus manifestaciones, de conformidad con las normas internacionales de derechos humanos en esta esfera".[4]

La situación descrita no impide que puedan proyectarse desafíos, para perfeccionar la legislación, para profundizar la vigencia del derecho, para que la libertad religiosa sea cada vez más valorada, proclamada, tutelada, deseada como un derecho que atañe a lo más esencial de la dignidad de las personas.

¿NECESIDAD DE UNA REFORMA CONSTITUCIONAL?

En primer lugar cabe plantear la cuestión acerca de si sería un paso positivo reformar la Constitución de la Nación Argentina en aquello que comprende la cuestión religiosa. A decir verdad, el tema —a mi juicio— se reduce a indagar si hay que eliminar o modificar el texto del artículo 2º, que reza: "El gobierno federal sostiene el culto católico apostólico romano".

La norma se mantiene invariable desde la sanción de la Constitución (1853), a diferencia de otros preceptos, suprimidos en la reforma del año 1994, entre ellos la obligatoriedad de pertenecer a la comunión católica para el presidente y el vicepresidente, el juramento también obligatorio sobre los Santos Evangelios que debían prestar al asumir sus cargos y el mandato al Congreso de conservar el trato pacífico con los indios y promover su "conversión al catolicismo".[5]

---

[4] Ver puntos 118, 128 y 130 del Informe del 16.01.2002 (E/CN.4/2002/73/Add.1). Texto en castellano en: http://www.calir.org.ar/libro/13.pdf. Agregó el Relator en el punto 130 que "las autoridades permiten la práctica religiosa, la construcción de lugares de culto, la enseñanza religiosa y de hecho, salvo situaciones y casos particulares, la expresión de todas las manifestaciones de la libertad de culto". También, que "el Estado contribuye, con cargo al presupuesto público, a la financiación de las diferentes comunidades religiosas, tanto de la Iglesia Católica mayoritaria como de las minorías religiosas", que en general "el Estado no interfiere en los asuntos internos de las comunidades religiosas o fundadas en las convicciones" y que "coopera y dialoga muy activamente con las comunidades religiosas".

[5] *Cf.* Constitución de la Nación Argentina, arts. 76, 80 y 67 inc. 15, texto anterior a la reforma operada en el año 1994. La ley que habilitó esta reforma (Ley 24.309, BO. 31.12.1993) prohibió a la Convención Constituyente formular modificaciones a la Primera Parte de la Constitución (parte "dogmática") en la cual se encuentra el art. 2º.

Debe precisarse igualmente que el diseño constitucional vigente hasta la reforma señalada se integró con la inclusión de normas reivindicadoras del Patronato, que en la época de la Conquista la propia Iglesia había conferido a los Reyes Católicos.

Así, cada uno de los poderes del Estado ejercía determinadas competencias del ámbito eclesiástico (por ejemplo la designación de obispos, cf. antiguo art. 86 inc. 8). El Patronato culminó en los hechos mediante la firma de un Acuerdo entre la Argentina y la Santa Sede en el año 1966 y —ya sin operatividad— sus normas fueron eliminadas de la Carta Magna en la reforma de 1994 aludida,[6] que además produjo una novedad muy importante en el tema que venimos tratando, que es la elevación a rango constitucional de los principales tratados de derechos humanos, que tutelan y desarrollan el derecho fundamental a la libertad religiosa en sus más variadas manifestaciones.

Ahora bien, ¿cuál es el estatus actual?, ¿cómo se combina la libertad religiosa con la preferencia hacia un culto particular en el texto constitucional?, ¿en todo caso, sería deseable una enmienda de la Constitución en lo que se refiere al modo de relacionarse el Estado con las confesiones religiosas?

Expresamos entonces que el artículo 2° se mantiene inalterable. Junto a él, habiéndose derogado tanto el Patronato como la confesionalidad y el juramento católico del presidente, entre otras prescripciones, el plexo normativo constitucional se completa en esta materia con la consagración de la libertad de cultos (arts. 14 y 20) y la vigencia de los tratados internacionales.[7]

La cuestión de los tratados es de gran trascendencia, porque —así lo dice la propia Constitución luego de la reforma— "no derogan artículo alguno de la primera parte de esta Constitución y deben entenderse complementarios de los derechos y garantías por ella reconocidos" (art. 75 inc. 22). La Corte Suprema ha interpretado dicha prescripción señalando que los constituyentes del año 1994 efectuaron un juicio de comprobación, en virtud del cual han cotejado los tratados y los artículos constitucionales y verificado que no se produzca derogación alguna, de lo que se sigue que la armonía o concordancia entre los tratados y la Constitución es un juicio que no pueden los poderes constituidos desconocer o contradecir.[8]

---

[6] El Acuerdo con la Santa Sede fue suscripto en la Ciudad de Buenos Aires el 10.10.1966 y fue ratificado por Ley 17.032 (BO. 22.12.1966).

[7] Especial relevancia en el tema adquieren, como es sabido, la Declaración Universal de Derechos Humanos (1948), el Pacto Internacional de Derechos Civiles y Políticos (1966) y la Convención sobre los Derechos del Niño (1989).

[8] Ver por ejemplo el fallo "*Cancela*" (29.09.1998), en: Fallos 321:2637 (*cf.* Considerando 10 del voto mayoritario). El texto íntegro o extractos del mismo y de los citados en este trabajo pueden encontrarse en la página web de la Corte Suprema: http://www.csjn.gov.ar

A partir de ello podría concluirse que no hay incompatibilidad en el sistema, puesto que el art. 2º que manda "sostener" un culto particular (el católico) debe armonizarse con los tratados que garantizan plenamente la libertad religiosa.

Frente a lo dicho, es necesario formular de nuevo los interrogantes, 1) ¿qué modelo constitucional rige las relaciones del Estado con las confesiones religiosas en la Argentina?, 2) ¿hay que modificarlo?

El verbo "sostener" usado en el artículo 2º no fue elegido sin una razón. Precisamente los constituyentes buscaron evitar el verbo "adoptar", que era el que figuraba en proyectos anteriores a la Constitución de 1853, en los cuales había una clara definición de confesionalidad. La Argentina, en consecuencia, optó por ser un Estado laico, aun cuando se reconoció a la Iglesia Católica una posición de preeminencia, justificada por el lugar que ocupaba ya en aquel momento y por haber preexistido a la propia organización política argentina. Se trata de un Estado "laico" en el sentido de que no tiene religión "oficial". Sabemos, no obstante, que muchas veces los términos no son precisos y que, siguiendo a Dalla Torre, hay varias formas de aproximarse al concepto de laicidad (aconfesionalidad, laicismo, laicidad positiva, secularismo, etcétera).[9]

La Corte Suprema de Justicia ha afirmado que los preceptos constitucionales responden a costumbres y tradiciones legislativas del pueblo argentino y que fueron consecuencia también de los derechos que el Estado ejerció con motivo del Patronato, pero que sin embargo ello no significa que el culto católico apostólico romano adquiera el carácter de religión oficial del Estado y que, ineludiblemente, sus pautas confesionales deban ser consagradas en nuestra legislación positiva.[10] Hay que tener en cuenta que el fallo (motivado por un planteo de inconstitucionalidad de la ley de divorcio vincular, que no prosperó) data del año 1989, esto es, resulta anterior a la reforma constitucional del año 1994, en la cual —como dije— se produjo una transformación profunda en cuanto a la tutela de los derechos humanos, entre ellos la libertad religiosa. En aquel año de 1989, en un pronunciamiento que garantizó la objeción de conciencia al servicio militar obligatorio, el máximo Tribunal indicó que la libertad de religión era "particularmente valiosa" y que la humanidad la había alcanzado "merced a esfuerzos y tribulaciones".[11]

---

[9] *Cf.* Dalla Torre, Giuseppe: *Laicità: un concetto giuridicamente inutile*, en: *Persona y Derecho*, vol. 53**, 2005, pp. 139-156, citado en: Palomino Lozano, Rafael: *Estado aconfesional y laicidad* en: *Cuadernos de Derecho Judicial*, I-2008, p. 367 (publicación del Consejo General de Poder Judicial del Reino de España).

[10] *Cf.* fallo *"Villacampa"* (09.02.1989), en: Fallos 312:122 (ver pto. IV del dictamen del Procurador Fiscal ante la Corte, dictamen al que remite el fallo).

[11] *Cf.* fallo *"Portillo"* (18.04.1989), en Fallos: 312:496 (ver Considerando 8º del voto en mayoría).

Respondiendo, pues, a la segunda pregunta, es decir, si sería oportuno modificar el artículo 2º, de mi parte considero que sí, que habría que ver esta decisión como un paso adelante. Nótese que en un documento previo a la reforma de 1994 fue la propia Iglesia Católica —es decir, aquella en cuyo beneficio rige— la que no se opuso a una modificación del texto.[12]

Sin perjuicio de afirmar que en los hechos la norma no tiene otra consecuencia que una ínfima partida presupuestaria a su favor (lo que implica, a fuer de ser sinceros, que el Estado está lejos de "sostener" el culto católico),[13] entiendo que luego de la reforma de 1994 corresponde adecuar el texto a una fórmula que, incluso haciendo referencia a la Iglesia Católica como un reconocimiento a la tradición que tampoco se puede negar, garantice plena libertad a ésta y al resto de las confesiones, en un marco de independencia de competencias, pero también de cooperación, porque a partir de la Constitución y de la propia realidad no cabe duda que el Estado valora el componente religioso presente en la sociedad.[14]

Ello sin dejar de subrayar, tal como lo manifestó la Organización de las Naciones Unidas, que, en rigor, el vínculo de privilegio entre el Estado y una religión particular no es "en sí mismo" contrario a los derechos humanos; que sí lo sería en caso de que se aprovechase de esa relación especial para menoscabar los derechos de las otras comunidades o para discriminar a las personas que adscriban a religiones diferentes.[15] Ello

---

[12] La Conferencia Episcopal Argentina propició la siguiente fórmula inspirada en la Constitución de la Provincia de Córdoba de 1987: "La Nación Argentina, de acuerdo a su tradición cultural, reconoce y garantiza a la Iglesia Católica Apostólica Romana el libre y público ejercicio de su culto. Las relaciones de ésta y el Estado Federal se basan en los principios de autonomía y de cooperación. Igualmente garantiza a los demás cultos su libre y público ejercicio, sin más limitaciones que las que prescriben la moral, las buenas costumbres y el orden público" (*cf. Aporte de la Conferencia Episcopal Argentina para la reforma de la Constitución Nacional*, 9 de marzo de 1994, en: *Anuario Argentino de Derecho Canónico*, Volumen I, Buenos Aires, 1994, *Aporte de la Conferencia Episcopal Argentina para la reforma de la Constitución Nacional*, op. cit., p. 260, pto. VII).

[13] El mayor "aporte" estatal radica en beneficios tributarios, que favorecen por igual a todas las confesiones religiosas reconocidas.

[14] La Constitución de la Nación Argentina es "teísta". Invoca a Dios como "fuente y razón de justicia" en el Preámbulo y a Dios reserva las acciones privadas de los hombres que no ofendan al orden y a la moral pública, quedando ellas exentas de la autoridad de los magistrados (art. 19).

[15] Comité de Derechos Humanos, 48º período de sesiones, Observación General 22 ("derecho a la libertad de pensamiento, de conciencia y de religión", art. 18 del Pacto Internacional de Derechos Civiles y Políticos), 30 de julio de 1993: "El hecho de que una religión se reconozca como religión de Estado o de que se establezca como religión oficial o tradicional, o de que sus adeptos representen la mayoría de la población no tendrá como consecuencia ningún menoscabo del disfrute de cualquiera de los derechos consignados en el Pacto, comprendidos los artículos 18 y 27, ni ninguna discriminación contra los adeptos de otras religiones o los no creyentes...".

afortunadamente no ocurre en la Argentina, es decir, como expresé, las confesiones religiosas gozan de libertad y son escasos y positivamente resueltos los episodios de discriminación por motivos religiosos (sobre el punto adquiere un valioso lugar la Ley Antidiscriminatoria, que rige desde el año 1988).[16] En definitiva, dejo planteado el desafío de abordar la cuestión en una futura enmienda constitucional.

NECESIDAD DE UNA LEY DE LIBERTAD RELIGIOSA

De acuerdo a mi sentir y al de muchas otras personas y comunidades, uno de los mayores retos para la libertad religiosa en la Argentina es, precisamente, la sanción de una ley de libertad religiosa.

Alguien podría pensar, frente al satisfactorio escenario que vengo describiendo, que no hace falta añadir una ley a la normativa existente, esto es, que el marco en vigor basta para tutelar en forma adecuada este derecho fundamental.

Hay que responder a ello con dos razones, al menos. En primer lugar, porque la ley que regula la actuación de las confesiones distintas de la Iglesia Católica es a todas luces inconveniente. Si ésta tiene una situación jurídica especial,[17] aquellas se rigen por una norma del año 1978,[18] en cuya filosofía finca un espíritu de prejuicios hacia las comunidades religiosas, a quienes se busca controlar antes que valorar positivamente en su actuación y reconocer en sus derechos.

Se las obliga a inscribirse en un Registro como condición para "actuar" en el territorio nacional (art. 4), inscripción que además no les confiere personería jurídica (estatus que habrán luego de solicitar en cada jurisdicción, para lo cual deberán constituirse bajo algunas de las formas asociativas del derecho común). Como el Registro carece de poder de policía y capacidad para fiscalizar a todas las iglesias, comunidades y confesiones presentes en el país, lo cierto es que muchas funcionan sin estar inscriptas (incluso algunas siguen actuando a pesar de haberse cancelado su inscripción).

---

[16] Ley 23.592 (BO.05.09.1988).

[17] Además de los preceptos constitucionales, su estatus legal está definido —en sustancia— por su reconocimiento como persona jurídica pública (art. 33 del Código Civil) y el Acuerdo con la Santa Sede del año 1966, ya aludido.

[18] La referencia es a la Ley 21.745 (BO. 15.02.1978), a través de la cual se creó el "Registro Nacional de Cultos", que funciona en el ámbito del Ministerio de Relaciones Exteriores, Comercio Internacional y Culto. Fue reglamentada por el Decreto 2037/1979 (BO. 04.10.1979). Estas normas y otras reglamentarias en: http://www.culto.gov.ar/dircultos_normativa.php

Se trata, como puede verse, de un régimen absolutamente inadecuado, no sólo por su ineficacia, sino principalmente porque de aplicarse tal como fue ideado no pasaría a mi juicio los más elementales estándares que hacen que la libertad religiosa sea un derecho humano.

Se ha dicho con acierto que solamente la prudencia de quienes han tenido a su cargo aplicarlo evitó que en estos años de vigencia dicho instrumento legal haya sido usado para vulnerar los derechos de la libertad religiosa, en contra de la Constitución Nacional.[19]

Aun cuando el marco normativo sea defectuoso y resulte necesario modificarlo, debe reconocerse en dicha línea que las deficiencias apuntadas —tal como tiene dicho Navarro Floria— no han impedido en los hechos una existencia muy vital y muy libre de las iglesias y confesiones religiosas; los grupos no católicos nacen, se organizan y viven sin mayores dificultades prácticas.[20]

Pero además hay otro motivo para sancionar una ley de libertad religiosa: dejando de lado la cuestión del reconocimiento jurídico de las confesiones, lo cierto es que, más allá de las prescripciones generales contenidas en los tratados internacionales, no existe en el régimen jurídico argentino una ley que enumere, amplíe y desarrolle los contenidos de la libertad religiosa para las confesiones reconocidas ni tampoco como garantía individual para todas las personas. Es decir, no hay una ley que indique el alcance del derecho. Dicho de otro modo, no define qué es lo que comprende, qué derechos se derivan de la libertad religiosa, qué es lo que pueden realizar las personas, iglesias y demás comunidades en el ejercicio de su libertad religiosa.

Estas razones demuestran que es necesaria la ley, sobre todo a partir de mediados de la década del 80 cuando la Argentina fue aprobando los tratados más significativos de derechos humanos, y más aún desde 1994, adquirieron los mismos grado constitucional. Es una deuda la adecuación de la legislación a los paradigmas internacionales.

Ahora bien, desde hace muchos años, cerca de dos décadas, en la Argentina se vienen suscitando diferentes anteproyectos o proyectos de ley sobre el particular. Aquello que con mayor o menor alcance, con mejor o

---

[19] Así decía en el año 1993 el Mensaje del Poder Ejecutivo al Congreso Nacional que acompañó uno de los proyectos que intentaron modificar el régimen (*cf.* Padilla, Norberto: *El reconocimiento de las confesiones religiosas en la Argentina*, en: *Actualidad y Retos del Derecho Eclesiástico del Estado en Latinoamérica, Actas del V Coloquio del Consorcio Latinoamericano de Libertad Religiosa*, México [2005], p. 170).

[20] Agregando el autor que desde luego las personas individuales ejercen la libertad religiosa sin limitaciones y problemas, y tal libertad se traslada también a sus asociaciones (*cf.* Navarro Floria, Juan G.: *El reconocimiento de las confesiones religiosas en la Argentina*, en: *Actas del Congreso Latinoamericano de Libertad Religiosa [celebrado en septiembre de 2000]*, Fondo Editorial de la Pontificia Universidad Católica del Perú, Lima [2001], p. 135).

menor resultado, sí se logró, por ejemplo, en Colombia, Chile y pareciera que muy pronto en Brasil —esto es— la sanción de una ley respetuosa de los derechos de las confesiones religiosas y de la libertad religiosa en su dimensión individual, aún no se ha alcanzado en la Argentina. Tampoco se ha dado en otros países sudamericanos, como Perú, por citar un caso.

En la actualidad nos encontramos frente a un nuevo Proyecto presentado en el Congreso Nacional, que está discutiéndose en la Comisión pertinente de la Cámara de Diputados.[21] Juzgo que el texto proyectado supera al anterior preparado en los años 2005/2006 por la Secretaría de Culto de la Nación, desde que busca convertirse en una ley amplia de libertad religiosa, para todos los ciudadanos. El anterior, legítimo por cierto, se había centrado en la cuestión del reconocimiento jurídico de las comunidades no católicas, dejando sin legislar otros aspectos inherentes a la libertad religiosa. Habilitaba, por lo demás, terreno amplio de discreción a la reglamentación del poder administrador.

Lamentablemente, por una razón u otra, hasta ahora no se ha podido sancionar un texto legal que reemplace el vigente desde 1978. Algunos de los escollos para sancionar la ley se fueron superando con el tiempo, otros se repiten y finalmente hay vallas novedosas que aparecen frente a cada intento.

Lo que fue superado fue una eventual oposición de la Iglesia Católica, o de algunos sectores de la misma. Si bien podía suponerse un rechazo por temor a perder derechos adquiridos, o porque frente a un cambio normativo de esta naturaleza la primera reacción es preferir que se mantenga la situación tal como está, lo cierto es que la propia Conferencia Episcopal Argentina prestó su acuerdo "sustancial" a uno de los primeros proyectos, que obtuvo media sanción unánime del Senado de la Nación en junio de 1993 y que luego perdió estado parlamentario.[22] Por cierto, cabe señalar que hoy día seguramente no es la Iglesia Católica la que está detrás de un proyecto legislativo de esta naturaleza, ello sin perjuicio de pensar que sería deseable y conveniente que sí lo fuera, desde que en definitiva se trata de garantizar el derecho humano a la libertad religiosa, tan caro al magisterio católico.

Con relación a los escollos que se repiten, nos encontramos aquí frente a divergencias en el seno de las diferentes corrientes evangélicas. Algunas buscan una ley de absoluta igualdad para todas las confesiones, por supuesto incluyendo la católica, en cambio otras reconocen que ello no es factible en el momento actual (sin modificar la Constitución Nacional) y

---

[21] Ver su texto y otros antecedentes en: http://www.calir.org.ar/proyecto.htm
[22] *Cf.* Resolución de la 103ª. reunión de la Comisión Permanente de la CEA en: *Boletín Oficial*, n° 5 [octubre 1992], p. 19.

que lo "posible" es una ley como la proyectada, que implica un decidido avance en comparación con el estado de cosas vigente.

Finalmente, las vallas novedosas. Son en rigor antiguas, pero ahora se hacen oír con mayor fuerza en el debate. Así, la discusión que se está generando hoy día en la Argentina a partir del texto presentado en el Congreso ha dado lugar a opiniones según las cuales no debe legislarse nada sobre el particular, es más, debe derogarse toda ley que regule el fenómeno religioso en su faz colectiva (inclusive el marco normativo que comprende a la Iglesia Católica). Se buscar negar cualquier especificidad al factor religioso y decidir que en definitiva las confesiones se guíen por el régimen común de cualquier asociación. En lo que hace a la libertad religiosa como derecho individual, se expresa que basta con el amparo que otorga la Constitución Nacional y normas como la Ley Antidiscriminatoria, ya mencionada. El panorama no parece ser el más idóneo para sancionar la ley, a pesar del deseo de muchos. En efecto, el ambiente se torna poco propicio para consensos frente a cada propuesta, no sólo por la acción de quienes se niegan a cualquier consideración pública de las religiones, sino a veces a partir de la presión negativa ejercida por determinadas confesiones religiosas, porque se oponen a todo texto que se aparte de un reconocimiento de absoluta igualdad.

Por mi parte, no sólo en esto, considero que a los argentinos nos hace falta madurez. Nos frenan discusiones muchas veces inútiles, nos oponemos por prejuicios o preferimos no legislar por temor a lo que pueda opinar tal o cual confesión religiosa.[23] Decididamente anhelo que llegue el momento oportuno para sancionar una ley que desarrolle los contenidos de la libertad religiosa en su máxima extensión posible, en su faceta tanto individual como colectiva, confiriendo al propio tiempo a las confesiones religiosas no católicas un estatus jurídico más adecuado a su propia especificidad, a su propia naturaleza, a lo que verdaderamente son.

OTROS DESAFÍOS

Voy a señalar otros desafíos que no tengo dudas significarán un progreso en la materia, algunos de los cuales podrían en todo caso integrar la

---

[23] El Proyecto actualmente en discusión tuvo un mal comienzo en la prensa. Quienes se oponen al mismo centraron sus críticas en una parte que promueve introducir un capítulo de tutela de la libertad religiosa y de conciencia en el Código Penal. En rigor la crítica principal fue a uno de los artículos dentro del capítulo proyectado, aquél que fija una pena a "quien agrediere de hecho o de palabra a un ministro de una confesión religiosa reconocida en ocasión del ejercicio de actos propios de su ministerio, o por el hecho de serlo" (art. 31 del Proyecto). Ello bastó para generar un clima adverso al Proyecto; poco o nada se refirió sobre el resto de las prescripciones contenidas en el mismo.

ley de libertad religiosa cuya sanción, como expresé y sostengo, es una deuda pendiente. Por supuesto que la enumeración no es taxativa.

1. Profundizar políticas que —ya desde el ámbito escolar— estimulen y arraiguen la valoración positiva de la libertad religiosa como derecho fundamental.

2. Posibilitar que la religión tenga algún lugar en las escuelas gestionadas por el Estado, sea enseñando sobre las religiones en general o bien ideando mecanismos de enseñanza confesional. Una educación integral lo reclama.

3. Reconocer efectos civiles al matrimonio religioso.

4. Proyectar un sistema de financiación de las confesiones religiosas con la utilización del soporte estatal, como por ejemplo los vigentes en España e Italia.

5. Tutelar los sentimientos religiosos frente al agravio u ofensa a las creencias, cosas o lugares sagrados, modificándose —en todo caso— el Código Penal.

6. Ampliar el reconocimiento del derecho a la objeción de conciencia, extendiendo sus ámbitos de ejercicio, por ejemplo en las cuestiones vinculadas a la salud o a la educación.

7. Condenar las expresiones que descalifiquen la opinión o incluso rechacen toda participación pública de las confesiones religiosas en temas de interés común.

8. Elaborar convenios de cooperación entre el Estado Nacional, Provincial y Municipal y las confesiones religiosas en materias de interés mixto, como la asistencia religiosa en centros de salud y cárceles o la protección de los bienes culturales de titularidad de las confesiones.

9. Por último, existe un desafío que no se reclama al Estado, sino a todas las personas e instituciones que trabajan promoviendo la libertad religiosa, o bien que se encuentran frente a situaciones en las cuales la libertad religiosa podría verse afectada. Éste consiste en procurar tener una participación más activa, en la prensa, en la sociedad civil, en las universidades y en las instancias administrativas y judiciales, para que en definitiva la libertad religiosa obtenga cada vez mayor protagonismo y tutela.

A MODO DE CONCLUSIÓN

La sociedad argentina es fundamentalmente religiosa. Con sus variadas expresiones, el componente religioso acompañó a la Nación desde siempre, incluso mucho antes de la organización política de la República. Como país abierto a la inmigración, la Argentina —aún con mayoría católica— se destaca por la pluralidad de credos y la armoniosa convivencia entre ellos. Tenemos una rica historia en ese sentido, haciéndose año a año más visible la contribución que las religiones realizan en materia de promoción humana y desarrollo integral de las personas, en suma, a favor de una cultura de paz.

El estado de la cuestión de la libertad religiosa como derecho fundamental es satisfactorio, calificación que no impide perfeccionar la legislación —en especial en lo tocante al *status* jurídico de las confesiones no católicas— como tampoco gestionar políticas que permitan afirmar el derecho en sus planos individual y comunitario.

No tengo dudas de que la religión como tal, al contrario de lo que puede parecer o algunas voces se empeñan en mostrar, viene adquiriendo cada vez mayor relevancia pública, que es en definitiva lo que interesa desde la perspectiva estatal. Es necesario entonces que desde el Estado se tutelen con mayor amplitud las creencias de las personas y los derechos de las confesiones. Es mi deseo, porque es mucho lo que una libertad religiosa bien entendida puede aportar a la paz y al entendimiento entre los pueblos. Dios me oiga.

La libertad religiosa en América del Sur
Actualidad y desafíos

Juan G. Navarro Floria
Pontificia Universidad Católica de Argentina
Consorcio Latinoamericano de Libertad Religiosa (CLLR)

El modesto propósito de estas líneas es aportar una mirada general acerca del estado de la libertad religiosa y los desafíos que actualmente se plantean en relación a ella en América Latina, o más precisamente en América del Sur. Se trata, únicamente, de explorar algunas líneas comunes, señalar algunas luces y sombras que podemos encontrar a lo largo del continente. Por cierto, ésta, como todas las generalizaciones, es riesgosa y probablemente sea injusta. Las visiones generales corren el riesgo de desatender los matices y las particularidades, a veces importantes, de cada lugar. Pido por lo tanto desde ya indulgencia por esta limitación.

Creo, sin embargo, que es posible hacer este intento. Los problemas fundamentales que plantean el respeto y la defensa de la libertad religiosa son más o menos los mismos en todo el mundo, por una razón muy sencilla: porque se refieren a un derecho y una necesidad vinculados a lo más íntimo del ser humano, y porque las personas, los hombres y las mujeres, somos esencialmente iguales en todas partes. Iguales por lo pronto en dignidad, que es el fundamento de los derechos humanos. Si todos pudiéramos comprender y hacer real algo tan simple como eso, muchos problemas estarían resueltos. Desafortunadamente, y más allá de los documentos y declaraciones internacionales, parece que la humanidad aún no lo termina de aceptar y comprender.

En América Latina tenemos una ventaja adicional para abordar este, como muchos otros temas. Tenemos un idioma común, y tenemos también una larga historia común, especialmente significativa cuando hablamos del Estado y la religión. Con los matices que correspondan, podemos incluir también en esa cercanía lingüística y esa historia compartida a Brasil. Esto nos brinda un gran punto de partida y también, como veremos, una oportunidad única en el mundo.

OÍR LAS VOCES DE LA LIBERTAD RELIGIOSA: LAICISMO O PLURALISMO

El primer desafío que plantea la plena vigencia de la libertad religiosa, tal como es reconocida por los tratados internacionales de derechos humanos (que no hacen más que reflejar, sintetizar y dar fuerza normativa universal a una exigencia del derecho natural), es reconocer a la religión el lugar que le corresponde en el concierto de la sociedad. No hablo de *una* religión en particular, sino de *la* religión en general, del "hecho religioso", aunque, como sabemos, en América Latina durante varios siglos la religión por excelencia ha tenido un nombre propio: el de la Iglesia Católica.

Las voces provenientes del ámbito religioso tuvieron una resonancia significativa en el origen de los estados latinoamericanos. En muchos casos, los líderes de los movimientos de la independencia fueron sacerdotes o, al menos, hombres formados en la filosofía y la teología católicas utilizadas como fundamento para la gesta libertadora. Sin embargo, con el correr de los años y a veces por alianzas políticas desafortunadas de la institución eclesiástica (y otras simplemente por la acción agresiva de sus enemigos), en muchos sitios la voz de la Iglesia fue acallada. A finales del siglo XIX, la oleada secularizadora y laicista golpeó duramente a la Iglesia Católica, por ese entonces, la única institución religiosa relevante en el continente, más allá de las presencias incipientes de otras confesiones, con la intención de "borrarla" de la esfera pública.

La Iglesia fue privada, a veces de modo violento, no solamente de propiedades materiales, sino del derecho mismo a hacerse oír, por quienes pretendían recluirla a las sacristías esperando su lenta extinción.

En algunos lugares la oleada anticlerical no tuvo éxito. En otros, tuvo efecto limitado y, con el tiempo, la voz de la Iglesia volvió a tomar su lugar. En otros más, por fin, el laicismo se impuso con toda su crudeza y sustituyó a la religión con un fundamentalismo igual o peor que el que le achacaba a ella. Pienso en el caso del Uruguay, por ejemplo.

En el siglo XX, con raíces ideológicas distintas pero con un resultado parecido, también los regímenes comunistas han querido eliminar a la religión de la esfera pública. Pienso ahora en Cuba, pero también con preocupación en formas nuevas de socialismo hostiles hacia la religión, como la que se vive en Venezuela.

Hoy en día, ignorar la relevancia de la religión en la vida social y en la vida de muchas personas es cuanto menos muestra de una gran torpeza e ignorancia. No es posible entender el mundo, la política, las guerras, el arte, los movimientos migratorios y las tensiones culturales, sin prestar atención a la religión. El analfabetismo religioso al que son condenados muchísimos niños y jóvenes por la exclusión de la religión de la escuela pública (tal como ocurre en la Argentina, por ejemplo), empobrece culturalmente.

En aquellos lugares en que el péndulo ha quedado detenido en un extremo, es indispensable recuperar el equilibrio, y superar el laicismo cerril y antirreligioso avanzando hacia una laicidad positiva y moderna, donde el Estado sea neutral frente a las religiones, pero al mismo tiempo abierto y cooperativo frente al hecho religioso. La construcción de esa laicidad positiva es una asignatura pendiente y un derecho de los millones de los hombres y mujeres para quienes la religión es un componente central de sus vidas personales y familiares.

Entre tantos signos negativos, hay algunos destellos alentadores. Pienso por ejemplo en la regulación jurídica del matrimonio. Durante el siglo XIX, en casi toda América Latina se impuso el modelo único de matrimonio civil obligatorio, privando de cualquier efecto civil al matrimonio religioso y considerando su celebración incluso como un delito, si ocurría antes de la ceremonia civil.[1] En los últimos años, sin embargo, Brasil[2] y Chile[3] han vuelto a reconocer eficacia civil al matrimonio religioso, aunque en el caso chileno sobre todo, de modo demasiado limitado y poco práctico.

Claro que en materia de matrimonio se dan varias situaciones paradójicas. El matrimonio civil impuesto en el siglo XIX en contra de la Iglesia Católica era sin embargo una copia bastante cercana del matrimonio canónico. Tanto así, que frente a las reformas posteriores, especialmente la introducción del divorcio vincular, la Iglesia terminó siendo su principal defensora.[4] Las desfiguraciones que ha ido sufriendo la institución matrimonial llevan a la insólita situación de que un matrimonio religioso sacramental carezca de reconocimiento civil, y al mismo tiempo se pretenda equiparar al matrimonio las uniones de hecho, e incluso las uniones homosexuales. Por otra parte, posibilidad de que ahora vuelva a ser reconocida la celebración religiosa del matrimonio lleva a la eventualidad de tener que reconocer matrimonios religiosos poligámicos, por ejemplo. Todo esto no hace más que mostrar la complejidad de las relaciones entre religión y derecho en una sociedad pluralista, como lo son cada vez más las sociedades latinoamericanas.

---

[1] Excepción a lo dicho son los casos de Colombia y República Dominicana, donde en virtud de sendos concordatos mantuvo su vigencia el matrimonio canónico con efectos civiles.

[2] Art. 226 de la Constitución, y art. 12 del Concordato de 2008.

[3] *Cfr.* art. 20 Ley 19.947 de Matrimonio Civil (Diario Oficial 17 mayo 2004), y Decreto 673 que aprueba normas reglamentarias sobre matrimonio civil y registro de mediadores (Diario Oficial 30 octubre 2004). *Cfr.* Precht Pizarro, Jorge, *Quince estudios sobre libertad religiosa en Chile*, Santiago: Ed. Universidad Católica de Chile, 2006, pp. 185-259.

[4] Esto se vio muy claramente en la Argentina al discutirse la ley 23.515 en 1987, y luego en Chile al discutirse la ley 19.947.

LA MULTIPLICACIÓN DE LAS VOCES: ¿A QUIÉN DEBEMOS ESCUCHAR?

Si en el siglo XIX todos nuestros países, entonces en formación, conocieron con diversos matices una lucha dura entre la Iglesia Católica y el estado liberal, hoy día asistimos a la multiplicación de actores que reclaman atención, unos de otros, y también de los estados.

Es muy pertinente entonces hablar de "voces", porque ellas se han multiplicado y diversificado. Las voces reclaman hacerse oír. El Estado y la ley tienen la difícil misión de hallar cauces para que esas voces diversas conformen una sinfonía y no un griterío hostil.

¿Cuáles son esas voces? En primer lugar las de muchas iglesias y comunidades religiosas, algunas venidas de fuera del continente, otras nacidas o desarrolladas en él.[5]

Las naciones de América Latina comenzaron su vida propia con una (al menos aparente) homogeneidad religiosa, que ya no existe. El crecimiento de iglesias y comunidades religiosas distintas de la católica, que se da de modo arrollador en algunos lugares o sectores, es un fenómeno de enorme importancia que reclama la atención del Estado y del Derecho.

Uno de los grandes desafíos para los estados en América Latina es dotar a las iglesias y comunidades religiosas de un marco y un reconocimiento jurídico apropiado, que les permita funcionar con comodidad y que sea respetuoso de la necesaria autonomía interna y de las específicas características de los colectivos religiosos. Esta empresa presenta múltiples dificultades, pero es una exigencia de la libertad religiosa, reconocida por los tratados internacionales que proclaman —junto a la dimensión individual de ese derecho— su necesaria dimensión social y la necesidad de garantizar la expresión colectiva y pública de la religión.[6] Es algo que la propia Iglesia Católica reclama como derecho de todas las demás iglesias y comunidades.[7]

---

[5] Pensemos por ejemplo en la "Iglesia Universal del Reino de Dios" surgida en Brasil, la Asociación Evangélica de la misión israelita del Nuevo Pacto Universal en Perú, la Asociación Pueblo de Dios en Paraguay, el culto a la Santa Muerte en México y otros lugares…

[6] Para un panorama del Derecho Eclesiástico del Estado en los distintos países de América del Sur y México, puede verse Navarro Floria, Juan G. (coordinador), "Estado, Derecho y Religión en América Latina", 1a ed., Buenos Aires, Marcial Pons Argentina, 2009. Para una visión de conjunto, González Sánchez, Marcos y Sánchez-Bayón, Antonio, "El Derecho Eclesiástico de las Américas. Fundamentos socio-jurídicos y notas comparadas", Madrid, Delta Publicaciones, 2009.

[7] "La libertad o inmunidad de coacción en materia religiosa, que compete a las personas individualmente, ha de serles reconocida también cuando actúan en común. Porque la naturaleza social, tanto del hombre como de la religión misma, exige las comunidades religiosas. A estas comunidades, con tal que no se violen las justas exigencias del orden público, se les debe por derecho la inmunidad para regirse por sus propias normas, para honrar a la

El derecho latinoamericano presupone un paradigma de institución religiosa, que es la Iglesia Católica, porque ella existe en el continente desde antes del nacimiento de los países actuales y con un bagaje jurídico y una organización institucional muy importantes. Pero ese paradigma no es automáticamente aplicable a las demás comunidades religiosas, en algunos casos porque la estructura interna de ellas es muy distinta a la de la Iglesia Católica, en otros porque su tamaño o sus características tienen poco que ver con aquel modelo.

Algunos países, como Colombia[8] y Chile,[9] han logrado aprobar nuevos marcos legislativos para las iglesias y comunidades religiosas que tienen en la mira garantizar su libertad religiosa. También México, aunque proviniendo de una historia distinta y con las limitaciones que todavía impone su constitución,[10] ha dado pasos en este sentido.

En otros países, como la Argentina o Perú, se siguen discutiendo proyectos de ley de libertad religiosa que apuntan a este objetivo.[11] Es necesario acompañar con generosidad e inteligencia ese proceso, y procurar que los diversos intereses en juego alcancen su satisfacción sin agresiones ni

---

Divinidad con culto público, para ayudar a sus miembros en el ejercicio de la vida religiosa y sustentarlos con la doctrina, y para promover instituciones en las que colaboren los miembros con el fin de ordenar la propia vida según sus principios religiosos. A las comunidades religiosas les compete igualmente el derecho de que no se les impida por medios legales o por acción administrativa de la autoridad civil la elección, formación, nombramiento y traslado de sus propios ministros, la comunicación con las autoridades y comunidades religiosas que tienen su sede en otras partes del mundo, ni la erección de edificios religiosos y la adquisición y uso de los bienes convenientes. Las comunidades religiosas tienen también el derecho de que no se les impida la enseñanza y la profesión pública, de palabra y por escrito, de su fe. [...] Forma también parte de la libertad religiosa el que no se prohíba a las comunidades religiosas manifestar libremente el valor peculiar de su doctrina para la ordenación de la sociedad y para la vitalización de toda actividad humana. Finalmente, en la naturaleza social del hombre y en la misma índole de la religión se funda el derecho por el que los hombres, impulsados por su propio sentimiento religioso, pueden reunirse libremente o establecer asociaciones educativas, culturales, caritativas y sociales." (Concilio Vaticano II, Declaración *Dignitatis Humanae*, 4).

[8] Ley 133 de 1994. Al respecto ver Prieto, Vicente, "Libertad religiosa y confesiones. Derecho Eclesiástico del estado colombiano", Ed. Temis, Bogotá, 2008.

[9] Ley 19.638. Ver Celis Brunet, Ana María, "Reconocimiento jurídico de las asociaciones religiosas o iglesias y su relación con el Estado en la República de Chile", en "Actualidad y retos del Derecho Eclesiástico del Estado en Latinoamérica", México DF, 2005. Ver en: http://www.libertadreligiosa.net/articulos/Organizaciones_religiosas_en_Chile.pdf

[10] Ley de Asociaciones Religiosas y Culto Público del 15 de julio de 1992, reglamentada por Decreto del 6 de noviembre de 2003.

[11] Sobre el caso argentino, ver entre otros Navarro Floria, Juan G., "La libertad religiosa en la Argentina: aportes para una legislación", CALIR, Buenos Aires, 2003; *Idem*, "Un nuevo proyecto de ley de libertad religiosa", EDLA 2001, bol. 19 (9/11/01); ídem, "Algunas cuestiones actuales de Derecho Eclesiástico Argentino", en Anuario de Derecho Eclesiástico del Estado, vol. XXI (2005), Madrid, 2005, pp. 301-325.

revanchas por posibles inequidades pasadas. El reconocimiento de los legítimos derechos de las iglesias y confesiones religiosas minoritarias de ninguna manera implica ni exige privar a la Iglesia Católica del reconocimiento y el status jurídico que ella tiene ya ganados en América Latina.[12]

Una diferencia esencial entre la Iglesia Católica y las demás confesiones religiosas, desde el punto de vista de la organización y de las posibilidades jurídicas que permite, es la existencia de la Santa Sede como sujeto de derecho internacional, habilitado para firmar concordatos o tratados internacionales, que en muchos países tienen jerarquía superior a la ley interna. La búsqueda de concordatos con la Santa Sede fue un fenómeno clásico de todos los países latinoamericanos, especialmente en el siglo XIX, pero también después. En un primer momento, era por la necesidad de resolver los problemas vinculados al ejercicio del derecho de Patronato, que durante la colonia ejercían los reyes de España y Portugal y a partir de la independencia quisieron atribuirse los nuevos gobiernos. Pero esos instrumentos resultaron idóneos también para resolver también otras cuestiones.

La Argentina, Colombia, República Dominicana, Ecuador, Perú, Venezuela y ahora también Brasil, tienen concordatos vigentes con la Santa Sede. Bolivia, El Salvador y Paraguay y algunos de los países ya mencionados, tienen acuerdos de alcance más limitado, y otros países los firmaron en el pasado.[13]

El caso de Brasil es hoy especialmente interesante, porque es el más reciente y también el más moderno. Ese concordato fue firmado "Reafirmando la adhesión al principio, internacionalmente reconocido, de la libertad religiosa",[14] y "Reconociendo que la Constitución brasilera garantiza el libre ejercicio de los cultos religiosos", y de modo muy significativo in-

---

[12] Solo a título de ejemplo, conviene recordar que la Iglesia Católica es mencionada de modo especial en las constituciones de El Salvador ("Se reconoce la personalidad jurídica de la Iglesia Católica" art. 26), Guatemala (en iguales términos, art. 37), Paraguay ("Se reconoce el protagonismo de la Iglesia Católica en la formación histórica y cultural de la Nación", art. 82; y las relaciones del Estado con ella "se basan en la independencia, cooperación y autonomía", art. 24), Perú ("El Estado reconoce a la Iglesia católica como elemento importante en la fomación histórica, cultural y moral del Perú", art. 50), la Argentina ("El Gobierno Federal sostiene el culto católico apostólico romano", art. 2), Costa Rica ("La religión católica apostólica romana es la del Estado, el cual contribuye a su mantenimiento...", art. 75, que en estos días se pretende reformar), Panamá ("Se reconoce que la religión católica es la de la mayoría de los panameños", art. 35) e incluso el laicista Uruguay.

[13] Ver los textos de casi todos ellos en "Enchridion dei concordata. Due secoli di storia dei rapporti Chiesa-Stato", EDB, Bologna, 2003.

[14] El art. 2 dice: "La República Federal del Brasil, con fundamento en el derecho de libertad religiosa, reconoce a la Iglesia Católica, el derecho de desempeñar su misión apostólica, garantizando el ejercicio público de sus actividades, observando el ordenamiento jurídico brasilero".

cluye normas que apuntan a garantizar la libertad no sólo de la Iglesia Católica, sino de todas las confesiones religiosas, por ejemplo en materia de enseñanza.[15]

Un concordato así, en un contexto de laicidad en el que el Estado ha comprometido su neutralidad religiosa y la igualdad de todos los ciudadanos,[16] necesariamente beneficia a todas las iglesias y comunidades religiosas, ya que al menos por analogía los beneficios que concede a una deben ser concedidos proporcionalmente a los demás. Pero en este caso concreto, además, el Congreso brasileño ha hecho explícita esta igualdad mediante la tramitación, en paralelo a la ratificación del concordato, de una ley interna aplicable a las demás confesiones religiosas, otorgándoles los mismos reconocimientos y beneficios que por el concordato alcanza la Iglesia Católica.

Es decir, se trata de una forma de "igualar hacia arriba", dando a las distintas iglesias y comunidades religiosas reconocimientos equivalentes, en lugar de "igualar hacia abajo", quitando reconocimiento y escatimando la colaboración del Estado hacia las religiones.

Otro camino para llegar a ese objetivo es el seguido por otros países, como Colombia, que habilitan la firma de acuerdos de derecho público interno con las confesiones no católicas, que de algún modo reproducen el régimen concordatario.[17]

En efecto, un gran desafío para la vigencia de la libertad religiosa es encontrar instrumentos para garantizar al mismo tiempo la autonomía de las confesiones religiosas y las formas oportunas de cooperación recíproca entre ellas y los estados.

EL PROBLEMA DE LOS LÍMITES

Claro que el reconocimiento de derechos y el otorgamiento de facilidades a las iglesias y comunidades religiosas presenta algunas dificultades indudables.[18]

---

[15] "La República Federal del Brasil, considerando el derecho a la libertad religiosa, de la diversidad cultural y de la pluralidad confesional del País, respeta la importancia de la enseñanza de religión, visando la formación integral de la persona" (art. 11). Se refiere a la enseñanza de la religión en general, y no solamente de la religión católica.

[16] En el caso de Brasil, el art. 5 de la Constitución prohíbe cualquier discriminación por razones religiosas, y el art. 19 la existencia de algún "culto establecido"

[17] Lo mismo prevé el art. 50 de la constitución del Perú, aunque no ha sido puesto en práctica, y también lo propician varios proyectos de ley en la Argentina, incluso el que está actualmente en tratamiento en el Congreso (http://www.calir.org.ar/docs/Proyectoleyliberta-dreligiosaDipHOTTON2009.pdf)

[18] Sobre este tema: Navarro Floria, Juan G., "El reconocimiento jurídico de las iglesias, comunidades y entidades religiosas", en "Actualidad y retos del Derecho Eclesiástico del Estado en Latinoamérica", México, Secretaría de Gobernación, 2005, p. 113.

El primero y no menor es la determinación de cuáles serán reconocidas como comunidades religiosas merecedoras de apoyo o promoción por parte del Estado. Legislar en esta materia no es fácil, porque al hacerlo se pone de manifiesto la tensión que existe entre la promoción de la libertad (religiosa en este caso), y la igualdad absoluta, que es el ideal reclamado por algunos.

El problema aparece porque, mientras cualquier discriminación fundada en la religión es inadmisible cuando se trata de derechos de las personas individuales, algunas distinciones son indispensables cuando se trata de grupos religiosos, es decir, de la dimensión colectiva de la libertad religiosa. En una ciudad o pueblo donde el noventa o noventa y cinco por ciento de la población profesa una religión determinada, parece razonable que el hospital cuente con un capellán de esa religión que preste asistencia a quienes están allí internados y la requieran. No es igualmente razonable que tenga decenas de capellanes de otras religiones, aunque no haya fieles que requieran sus servicios.

De todas maneras, es claro que incluso los grupos religiosos más pequeños, o de origen más reciente, deben tener libertad para organizarse y realizar sus actividades, y recibir el reconocimiento elemental de parte del Estado. Este reconocimiento tropieza a veces con la resistencia y los obstáculos puestos por las iglesias o religiones mayoritarias, que en el caso latinoamericano —como es notorio— están representadas por la Iglesia Católica. Olvidando acaso que la libertad religiosa no es cuestión de número, y que también ella es minoritaria y perseguida en otros lugares, no faltan en América Latina miembros representativos de la Iglesia Católica que pongan distintos impedimentos al reconocimiento jurídico de los grupos religiosos minoritarios, a los que descalifican global y genéricamente como "sectas".[19]

También es cierto que periódicamente asistimos a casos de grupos o individuos que, abusando de la libertad religiosa o de las facilidades que el Derecho ofrece, o bien invocando una finalidad o pertenencia religiosa que a veces no es más que una fachada, cometen diversos abusos, que van desde el pintoresco secuestro de aviones por inspiración divina, hasta trágicas matanzas. Esos episodios desatan rápidamente reclamos de restricción y control a los grupos religiosos.

Sería ingenuo ignorar que estas cosas ocurren. Pero sería peligroso restringir *"a priori"* la actividad de los grupos religiosos, porque algunos se esconden detrás de ellos para cometer delitos. En estos casos, lo que

---

[19] Esta actitud se ha visto notablemente en el Perú, pero también en la Argentina y en otros sitios, impidiendo una legislación actualizada en la materia. Sobre este delicado punto, ver Asiaín Pereira, Carmen, "Latin American perspective", en http://www.libertadreligiosa.net/articulos/asiasin_latin.pdf

hace falta son normas claras en la ley penal, que no castiguen las creencias sino las conductas dañinas, y un esfuerzo de los jueces para su aplicación eficaz. Desde mi punto de vista, no son necesarias leyes ni comisiones "anti sectas", como muchas veces se propuso en el pasado, sino una legislación común más precisa que fije los límites exigidos por el orden público y los derechos de los demás.[20]

EL DESPERTAR DE LAS VOCES DORMIDAS

Probablemente uno de los desafíos más complejos que afronta hoy la relación entre Estado y religión en América Latina es el despertar de voces que desde hace siglos habían sido acalladas y parecían dormidas: las de las comunidades indígenas y los pueblos originarios americanos. Se trata de una realidad que presenta rostros muy distintos según los lugares: no es lo mismo Uruguay, donde la población indígena se ha extinguido como tal, que Bolivia, México o Guatemala. Pero lo cierto es que las expresiones religiosas de los pueblos originarios han vuelto al ruedo.

Basta con ver las últimas reformas constitucionales en América del Sur, desde los mismos preámbulos de los textos constitucionales. Casi todas las constituciones latinoamericanas, desde siempre, habían sido promulgadas invocando el nombre o la protección de Dios: a Él se lo menciona en los preámbulos de las constituciones de la Argentina, Brasil, Perú, Colombia, Venezuela, Paraguay y todos los países de América Central. No hay duda entre los intérpretes de que se trata del Dios de la Biblia, del Dios Padre y creador de los cristianos.[21]

Pero la nueva constitución de Ecuador ha sido sancionada "Celebrando a la naturaleza, la Pacha Mama, de la que somos parte y que es vital para nuestra existencia, [...] y reconociendo nuestras diversas formas de religiosidad y espiritualidad"; mientras que la de Bolivia lo ha sido, "Cumpliendo el mandato de nuestros pueblos, con la fortaleza de nuestra Pachamama".

La invocación de la naturaleza, la Madre Tierra y los dioses ancestrales es más que una declamación.

Ya la constitución de Paraguay reconocía a los pueblos indígenas el derecho "a aplicar libremente sus sistemas de organización política, social, económica, cultural y religiosa, al igual que la voluntaria sujeción a sus normas consuetudinarias para la regulación de la convivencia interior" (art. 63); y la de Nicaragua reconoce a "las comunidades de la Costa

---

[20] Ver al respecto Navarro Floria, Juan G., "Sectas o nuevos movimientos religiosos ante el derecho argentino", Anuario Argentino de Derecho Canónico, vol. IX (2002), p. 155.

[21] *Cfr.* González Sánchez, Marcos, *"Il regime giuridico delle confessioni religiose in America latina"*, en Quaderni di Diritto e Politica Ecclesiastica, Anno XV (2007) n° 1, p. 151.

Atlántica... la preservación de sus culturas y lenguas, religiones y costumbres" (art. 180).[22]

Pero las constituciones de Ecuador y Bolivia van más allá. La de Ecuador, que se define como un "estado laico" (art. 1), garantiza a los "pueblos y nacionalidades indígenas" el derecho a "mantener y fortalecer... [sus] tradiciones ancestrales", y el derecho a "recuperar, promover y proteger los lugares rituales y sagrados" (art. 57). La de Bolivia, por su parte,[23] reconoce a "los pueblos indígena originario campesinos" los derechos a su "creencia religiosa, espiritualidades, prácticas y costumbres, y a su propia cosmovisión", "a la protección de sus lugares sagrados", y a la promoción y valoración de "sus rituales" (art. 3 0).[24]

En muchos lugares de América Latina, los pueblos originarios reclaman tierras, el respeto de su lengua y cultura, y también de sus creencias y ritos religiosos. La convivencia de los sistemas jurídicos y organizativos propios de estas comunidades con la organización institucional y la legislación de tipo occidental que hasta ahora se han dado los países latinoamericanos presenta una serie de complejidades que no es del caso analizar acá. Pero la promoción y "resurrección" de las religiones indígenas es también un desafío específico. ¿Cómo compatibilizar rituales que tienen ahora protección constitucional y que en el pasado incluían sacrificios humanos, con la protección que también da la constitución al derecho a la vida, por ejemplo? Es un caso extremo, pero que demuestra la dificultad.

En los planteos indigenistas no falta la identificación que algunos hacen del cristianismo con la religión de los invasores y opresores, de la que también sería necesario liberarse. ¿Puede, sin embargo, ignorarse que el cristianismo ha sido adoptado por muchas comunidades indígenas desde hace quinientos años? Por cierto, lo ha sido con características propias, con mezclas y sincretismos, conformando la identidad cultural de muchos pueblos.

---

[22] Otras constituciones, como la argentina (art. 7 5), la peruana (art. 89 y otros), y algunas más, garantizan la identidad cultural y lingüística de los pueblos originarios, pero sin referencia a su religión.

[23] Que en su texto anterior, vigente hasta 2009, decía que "El Estado reconoce y sostiene la religión católica, apostólica y romana. Garantiza el ejercicio público de todo otro culto. Las relaciones con la Iglesia Católica se regirán mediante concordatos y acuerdos entre el Estado Boliviano y la Santa Sede" (art. 3). Ahora esos acuerdos han sido reemplazados por un "acuerdo marco" entre el "estado plurinacional boliviano" y la Conferencia Episcopal de ese país.

[24] A su turno y en materia de educación dispone: "Art. 86: En los centros educativos se reconocerá y garantizará la libertad de conciencia y religión, así como la espiritualidad de las naciones indígena originario campesinos, y se fomentará el respeto y la convivencia mutua entre las personas con diversas opciones religiosas, sin imposición dogmática. En estos centros no se discriminará en la aceptación y permanencia de las alumnas y los alumnos por su opción religiosa.

Precisamente, cuando la propia Iglesia Católica reconoce y valora esa religiosidad popular y sus formas originales de expresión,[25] aparecen otros conflictos nuevos: los que plantean otros grupos religiosos, particularmente algunas iglesias neopentecostales, como la Iglesia Universal del Reino de Dios, y otras iglesias evangélicas fundamentalistas, cuando pretenden implantar otras formas distintas de cristianismo, supuestamente purificado de las "idolatrías" y "desvíos" aceptados por el catolicismo.

Tenemos entonces, por una parte, la reconstrucción (a veces forzada) de formas "puras" de religión indígena; y por la otra el cuestionamiento a las expresiones de religiosidad popular católica sincretizada con elementos indígenas por parte de fundamentalismos evangélicos. En ambos casos, el mundo indígena es puesto en tensión y llevado muchas veces a la violencia, una violencia que parecía superada, en la que se introduce el componente religioso como revulsivo y detonante de reivindicaciones políticas, económicas o de otro tipo.[26]

En la misma línea encontramos otro fenómeno típicamente latinoamericano, el de las religiones afro americanas, que se enfrentan a desafíos similares. El umbanda, o el candomblé en Brasil, la santería en el Caribe, y otras expresiones similares, han aprendido a convivir sin grandes conflictos ni tropiezos con el catolicismo desde hace mucho tiempo. No son extraños los casos de "doble práctica" o "doble pertenencia" de muchas personas. Pero esto deja de ser posible cuando el catolicismo es reemplazado por algunas formas de fundamentalismo evangélico, lo que también es fuente de tensiones y hasta de violencia en pueblos y familias.

Si predicamos, con razón, la universalidad de los derechos humanos por encima de particularidades culturales, es necesario reconocer la libertad religiosa también de las comunidades originarias, o lo que quede de ellas. Y al mismo tiempo se debe exigir el respeto de las formas religiosas que se han ido edificando a lo largo de los siglos, como las exteriorizan con todo su colorido las procesiones, fiestas patronales, cofradías, hermandades, y tantas otras expresiones de la búsqueda de Dios en tierra latinoamericana.

---

[25] Dijo el episcopado latinoamericano en su Conferencia de Aparecida (Brasil): "Los indígenas y afroamericanos emergen ahora en la sociedad y en la Iglesia. Este es un *kairós* para profundizar el encuentro de la Iglesia con estos sectores humanos que reclaman el reconocimiento pleno de sus derechos individuales y colectivos, ser tomados en cuenta en la catolicidad con su cosmovisión, sus valores y sus identidades particulares, para vivir un nuevo Pentecostés eclesial." (# 91).

[26] Sin entrar en los conflictos recientes o actuales en México, recuerdo solamente en este año 2009 los enfrentamientos violentos protagonizados por grupos indígenas en Perú o en el sur de Chile, la oposición a la apertura de una capilla católica en el sur de la Argentina por emplazarse en "tierras sagradas" de los mapuches, entre otros casos.

LAS VOCES DE LA CONCIENCIA

Pero hay *otras voces* que también reclaman, con razón, ser escuchadas. Son las voces de quienes pretenden vivir de acuerdo con su conciencia, la mayor parte de las veces (aunque no necesariamente) formada a partir de las convicciones religiosas. Día a día se multiplican los casos de objeción de conciencia, frente a avances de la legislación en campos especialmente sensibles para la moral. ¿Por qué ocurre esto?

Hay varias razones concurrentes. Por una parte, está la mayor pluralidad religiosa y diversidad de opciones morales en la sociedad. En sociedades homogéneas, las disidencias no existen o son extrañas. En sociedades heterogéneas, es más probable que haya quien objete las reglas aceptables para la mayoría. Pero por otra parte, asistimos a cambios acelerados de la legislación, algunas veces porque lo exigen las nuevas posibilidades que abre el avance científico y tecnológico, pero otras por imposiciones externas, de agencias internacionales, o de poderosos grupos de presión. Así, asistimos con perplejidad a cambios por los cuales lo que estaba prohibido pasa a ser permitido, y luego elogiado o propiciado, eventualmente sin estaciones intermedias.[27] Una lista incompleta de asuntos que podemos mencionar incluye la legalización del aborto,[28] las políticas de salud reproductiva que incluyen la esterilización humana, el llamado "matrimonio" homosexual y la adopción por parejas homosexuales,[29] la facilitación del divorcio vincular,[30] la legalización del consumo de drogas, la fecundación asistida o artificial, la clonación humana, la imposición de educación sexual escolar con determinada orientación, y podríamos seguir.

Frente a estos y otros casos muy diversos en los que una obligación legal puede entrar en conflicto con las convicciones profundas y los mandatos de la conciencia individual, en asuntos que van desde el servicio militar obligatorio hasta la obligación de trabajar en días de descanso religioso, y desde la oposición a recibir transfusiones de sangre hasta la prohibición de uso de determinadas vestimentas, el derecho ofrece algunos caminos para al menos minimizar los daños, cuando no es posible impe-

---

[27] Sobre este tema, ver Navarro Floria, Juan G., "La llamada objeción de conciencia institucional", *Vida y Ética*, año 8, n° 1 (junio de 2007), Buenos Aires, p. 121.

[28] A final de 2008 una ley de despenalización y promoción del aborto fue aprobada en Uruguay, aunque resultó vetada por el presidente Tabaré Vázquez. Para hacerlo no tuvo necesidad de invocar razones religiosas. Pero uno de los defectos que advirtió en la ley fue la insuficiente regulación de la objeción de conciencia.

[29] Uruguay acaba de aprobar la modificación del Código de Familia, para permitir las adopciones por parejas homosexuales.

[30] Este tema parece ya antiguo, pero ha dado lugar a acalorados debates. El último en Chile, al discutirse la ley 19.947 (ver al respecto Salinas Araneda, Carlos, "El matrimonio religioso ante el Derecho Chileno", Ediciones Universitarias de Valparaíso, Valparaíso, 2009).

dir el conflicto. Uno de ellos es el de las *opciones de conciencia,* es decir, la previsión en la ley misma de opciones que permitan a los objetores eximirse de obrar en contra de su conciencia (también llamada objeción de conciencia impropia); y otro es el de la *objeción de conciencia* en sentido estricto.[31]

Muchas de las constituciones de los países latinoamericanos reconocen y garantizan la libertad de conciencia,[32] pero en algunos casos eso no pasa de ser una declamación. La objeción de conciencia está directamente prohibida en Venezuela ("La objeción de conciencia no puede invocarse para eludir el cumplimiento de la ley o impedir a otros su cumplimiento o el ejercicio de sus derechos", art. 61 de la Constitución) y en México (art. 1 de la Ley de Asociaciones Religiosas), mientras que en otros países ha sido restringida por la jurisprudencia, como es el caso de Colombia.[33]

En el otro extremo, la constitución de Paraguay reconoce con amplitud las opciones de conciencia, aunque remite a lo que disponga la ley (art. 37: "Se reconoce la objeción de conciencia por razones éticas o religiosas para los casos en que esta Constitución y la ley la admitan"), la nueva constitución de Ecuador parece garantizarlo también ampliamente ("Se reconoce... el derecho a la objeción de conciencia, que no podrá menoscabar otros derechos, ni causar daño a las personas o a la naturaleza. Toda persona tiene derecho a negarse a usar la violencia y a participar en el servicio militar", art. 66 inc. 12), aunque falta ver su aplicación en la práctica, y la ley en muchos casos y la jurisprudencia en otros han habilitado generosamente la objeción de conciencia en la Argentina.

El reconocimiento de un derecho subjetivo a la opción o a la objeción de conciencia no es la solución perfecta para los casos de leyes que imponen conductas inaceptables por razones religiosas o éticas para muchas personas, pero es en todo caso el "mal menor" que cabe exigir cuando se hace inevitable que esas leyes sean sancionadas.

---

[31] Sobre el tema en general, y con particular referencia al derecho argentino, ver NAvarro Floria, Juan G., "El derecho a la objeción de conciencia", Buenos Aires, Ábaco, 2004. También en general, y con particular referencia al derecho español Navarro Valls, Rafael y Martínez-Torrón, Javier, "Las objeciones de conciencia en el derecho español y comparado", McGraw Hill, Madrid, 1997; y con relación al derecho estadounidense, Palomino, Rafael, "Las objeciones de conciencia", Ed. Montecorvo, Madrid, 1994.

[32] Así: Argentina (art. 19), Brasil (art. 5.VI), Chile (art. 19.6), Colombia (art. 18), Cuba (art. 55), Ecuador (art. 66.12), Nicaragua (art. 29), Paraguay (art. 37), Perú (art. 2.3), República Dominicana (art. 8), Venezuela (art. 61).

[33] Eso a pesar de que el art. 18 de la Constitución dice que "Se garantiza la libertad de conciencia. Nadie será molestado por razón de sus convicciones o creencias ni compelido a revelarlas ni obligado a actuar contra su conciencia". Pero la jurisprudencia constitucional lo ha desconocido en relación al servicio militar (Sentencia C-511 de 1994 y Sentencia T-363 de 1995), al juramento (Sentencia C-616 de 1997), al homenaje a los símbolos patrios (sentencia T-075/95) y al aborto cuando el objetor es una persona jurídica (Sentencia C 355/06).

Su aceptación por la ley y por la jurisprudencia permite escuchar a otras voces, en este caso no de iglesias o grupos, sino de individuos, sino de personas singulares que —en tanto titulares de la libertad religiosa— se convierten también en actores protagónicos en esta materia.

En efecto, la libertad religiosa ya no es un tema de "relaciones entre Iglesia y Estado" como se lo presentaba en el pasado, sino un problema de derechos humanos fundamentales.

LA NECESIDAD DE UN FORTALECIMIENTO DEL SISTEMA INTERAMERICANO

Todos los países latinoamericanos han firmado los principales tratados internacionales de derechos humanos, tanto globales, como del ámbito interamericano. En América, la convención más importante es el Pacto de San José de Costa Rica, del año 1969, que reconoce y garantiza muy ampliamente el derecho a la libertad religiosa, y crea los órganos y tribunales internacionales llamados a aplicar la convención.

Un desafío muy importante para América Latina, pero que trasciende a la región porque necesariamente incluye a los Estados Unidos y Canadá, es la consolidación del sistema jurisdiccional de protección de los derechos humanos, incluida la libertad religiosa. El sistema interamericano protege de modo desigual los derechos humanos, porque no todos los países han aceptado la competencia de los órganos de aplicación de la Convención Americana (el Pacto de San José de Costa Rica), es decir, la Comisión Interamericana de Derechos Humanos (CIDH) y la Corte Interamericana; mientras que otros ni siquiera han ratificado la Convención, comenzando por Estados Unidos.[34]

Los órganos jurisdiccionales de protección de la libertad religiosa carecen del presupuesto necesario, y padecen además de una enorme sobrecarga de trabajo que impide su eficiencia, y acaso sea ésa una de las razones de la escasa jurisprudencia producida sobre cuestiones de libertad religiosa.[35]

Los instrumentos internacionales vigentes[36] proporcionan una protección genérica a la libertad religiosa, pero podría ser completada y mejorada

---

[34] Tampoco Canadá, Cuba, y la mayor parte de los pequeños países angloparlantes del Caribe (ver sobre este tema, Dulitzky, Ariel, "La OEA y los derechos humanos: nuevos perfiles para el sistema interamericano", en *Dialogo Político*, N° 4, AÑO 2008, p. 67.

[35] Ver un amplio y documentado estudio de la cuestión en Gomes, Evaldo Xavier, "Liberdade de religiâo no Sistema Interamericano de proteçao dos direitos humanos", Roma, Pontificia Università Lateranense, 2008.

[36] Especialmente la Declaración Americana de Derechos y Deberes del Hombre de 1948, la Convención Americana sobre Derechos Humanos o Pacto de San José de Costa Rica de 1969, y su Protocolo Adicional ("Protocolo de San Salvador") de 1988.

mediante un instrumento específico que desarrolle la garantía a los derechos individuales y colectivos que derivan de dicha libertad religiosa.[37]

A nivel global, luego de la aprobación de la Declaración sobre la Eliminación de la Discriminación fundada en la Religión o las Convicciones por parte de la Asamblea de las Naciones Unidas, en 1981, y a pesar de que se estableció un relator especial para ocuparse del tema, resultó imposible avanzar hacia una convención vinculante para los estados sobre este delicado tema. Pero en América, donde existe una gran homogeneidad cultural y una coincidencia importante sobre la defensa de la libertad religiosa en todos los países, al menos nominalmente, sería factible y deseable contar con un instrumento específico que desarrollara los breves enunciados del Pacto de San José de Costa Rica en esta materia.

Conviene recordar que los tratados internacionales de derechos humanos constituyen, por una parte, el "derecho común" de nuestros países y, por otra parte, fijan pisos mínimos que permiten luego desarrollos mayores por parte de la legislación interna.[38] Una convención o protocolo específico sobre libertad religiosa como parte del sistema interamericano de protección de los derechos humanos sería un fuerte impulso para la aprobación de instrumentos idóneos en la misma materia en el derecho interno. Y también, por qué no decirlo, un ejemplo para el mundo.

REFLEXIÓN FINAL

América Latina, acaso como ninguna otra región en el mundo, es verdaderamente tierra de libertad religiosa. En ella han encontrado refugio perseguidos y expulsados de todas partes, y la libertad de conciencia y de religión tiene una muy amplia protección. No quiere decir esto que vivamos en el paraíso, pero sí en una tierra bendecida por Dios no solamente por la riqueza de sus recursos, sino por un clima general de libertad religiosa que es por lo menos un buen punto de partida.

En justicia es mucho lo que hay que agradecer a la Iglesia Católica por esa realidad. Ella, más allá de posiciones menos abiertas que pudo tener

---

[37] Una propuesta en tal sentido ha sido hecha por el Consorcio Latinoamericano de Libertad Religiosa, y también por el Consejo Argentino para la Libertad Religiosa (CALIR), refrendada por el Congreso Internacional "La libertad religiosa, origen de todas las libertades" reunido en Buenos Aires en abril de 2008.

[38] A veces, a los tratados internacionales en la materia se les ha reconocido jerarquía constitucional, de manera que complementan los textos constitucionales y pueden ser aplicados directamente por los tribunales, e invocados por las personas como fuente de sus derechos. Es por ejemplo el caso de la Argentina, a partir de la reforma constitucional de 1994 que incluyó esos tratados en el art. 75 inc. 22 de la constitución. Ver Navarro Floria, Juan G., "Iglesia, Estado y libertad religiosa en la constitución reformada de la República Argentina", Anuario de Derecho Eclesiástico del Estado, Vol. XII, 1996, Madrid, 1996.

en el pasado (y que de todos modos no es admisible juzgar anacrónicamente), hoy en día se ha convertido en una de las más fuertes defensoras de la libertad religiosa en el concierto internacional.[39]

También en América Latina, la Iglesia es habitualmente a quien recurren los pueblos y los gobiernos para mediar en los conflictos internos cuando otras instancias se han agotado, para albergar el diálogo, e incluso (como ocurrió entre la Argentina y Chile en la Navidad de 1978) para evitar la guerra. Este rol mediador y pacificador de la Iglesia, hoy muchas veces compartido con otras iglesias y confesiones religiosas minoritarias, es posible por el reconocimiento que recibe de la población y su alto grado de credibilidad social.

Para preservar ese capital, son justamente las iglesias y confesiones religiosas las que están llamadas a perseverar en un diálogo honesto y franco entre ellas, para encontrar los mecanismos idóneos de protección de la libertad religiosa que, en conjunto, deben reclamar y exigir a los estados. Para eso es necesario *que las voces de la religión conformen un coro polifónico pero armonioso,* y no un griterío incomprensible.

No se trata ya de defender privilegios, ni de imponer al Estado políticas o decisiones que legítimamente competen a éste en el ejercicio de sus propias competencias. Tampoco de abrirse lugar a empujones, desconociendo o negando sus derechos a los demás. Se trata, sí, de pedir con serenidad pero con firmeza *que las voces de la religión sean no solamente oídas, sino escuchadas con respeto por parte de la sociedad y del Estado;* y que los derechos esenciales de las personas de profesar una religión, practicarla y vivir de acuerdo con ella sean garantizados. Dios quiera que así ocurra.

---

[39] Puede consultarse al respecto: Mamberti, Dominique, "La protección de la libertad religiosa: un tema central en la actividad internacional de la Santa Sede", en http://www.libertadreligiosa.net/articulos/Conferencia_Mamberti.pdf

Voces desde América del Norte

Bosquejo de una libertad religiosa parcialmente aherrojada: Canadá

Ernest Caparros
Profesor emérito, Université d'Ottawa
Profesor visitante, Pontificia Università della Santa Croce, Roma

INTRODUCCIÓN

Canadá es un país en el que no hay religión de estado, aunque la hubo durante un breve período al principio de la colonización francesa. Los tratados entre Francia y el Reino Unido y, posteriormente la Constitución, garantizaban la libertad de religión tanto de católicos como de protestantes, otorgando ciertos derechos o privilegios constitucionalmente reconocidos a los católicos principalmente en Québec, donde son mayoritarios, y a los protestantes en todo el país. El enraizamiento del ordenamiento jurídico del país en el cristianismo se manifestaba así en el reconocimiento de esos derechos, en una colaboración eficaz y unas relaciones cordiales y cooperativas entre el Estado (federal o provinciales) y la Iglesia católica o las otras confesiones religiosas.

Sin embargo, desde hace ya bastantes años se está produciendo una erosión progresiva de esos derechos y privilegios; se pasa de una cooperación eficaz a una actitud de control y de aherrojamiento del fenómeno religioso y como consecuencia de la libertad religiosa y de su ejercicio. En algunos casos hay intervenciones políticas que terminan en modificaciones legislativas, como la reforma de la Constitución para suprimir el derecho reconocido a católicos y protestante, en Québec y en Terranova, para que las escuelas públicas fueran confesionales. Hay también intervenciones jurisprudenciales como la decisión de la Corte Suprema que considera que la ley (*Lord's Day Act*) que reconocía el domingo como día feriado en todo el país era inconstitucional por tener una motivación cristiana.[1]

---

[1] Para una presentación sucinta de esta problemática, *cf.* E. Caparros, "La posición de la sociedad civil ante la objeción de conciencia: una perspectiva canadiense", en J. L. Soberanes

También los tribunales provinciales y luego la legislación federal, bajo la presión de grupos activistas, terminaron considerando que la heterosexualidad no era una condición esencial del matrimonio,[2] aunque en algunas provincias se había establecido ya un marco jurídico (la unión civil), calcomanía descolorida del matrimonio, dentro del cual se acogían a parejas heterosexuales u homosexuales.[3]

Las causas que provocan esos cambios son múltiples como lo son igualmente los factores subyacentes; algunos manifiestan una cierta lógica interna, otros son simplemente posiciones más o menos abiertamente ideológicas y con cierta frecuencia enraizadas en el cabildeo de grupos de presión que rechazan pura y simplemente el fenómeno religioso, principalmente el cristianismo, o que no toleran las consecuencias morales de los principios católicos. Enunciemos algunos ejemplos:

a) Un ateismo militante o laicismo de combate intolerante con el fenómeno religioso y sus manifestaciones en la vida pública, aunque conceda que pueda tener manifestaciones en la intimidad de la conciencia.[4] Esa actitud lleva, entre otras cosas, a combatir toda manifestación pública, p. ej.: la oración al iniciar las reuniones de consejos o asambleas; la participación de sacerdotes o autoridades religiosas en acontecimientos públicos de duelo, como ocurrió tras un accidente aéreo en las costas atlánticas donde el gobierno federal se opuso, en contra del deseo de las familias de las victimas, a que se hiciera ninguna mención a Dios, o cuando en la ceremonia delante del Parlamente federal, después del atentado terrorista contra las torres gemelas en Nueva York, no se dio la palabra al arzobispo de Ottawa, que había sido invitado a ocupar un lugar preferente entre las personas que presidían el acto.

(dir.), *Objeción de conciencia*, Cuadernos del Instituto de investigaciones jurídicas, México, UNAM, 1998, 85-109, en pp. 94-98.

[2] Para una colección de estudios que presenta diversos aspectos de esta problemática, *cf*. D. Cere y D. Farrow (ed.), *Divorcing Marriage*, Montreal, McGill-Queen's University Press, 2004.

[3] Por ejemplo, en Québec, una ley del 24-06-2002 (L. Q. c. 6) modifica el Código civil suprimiendo el párrafo segundo del artículo 365 que se leía en su versión inglesa: "Marriage may be contracted only between a man and a woman expressing openly their free and enlightened consent", a pesar de que las provincias no tienen la competencia necesaria para legislar sobre el matrimonio. Además esa misma reforma injerta en el Código un nuevo título en el Libro segundo (Título I.1) y 19 artículos (arts. 521.1 a 521.19) para reglamentar la unión civil. Para el texto en castellano cf. *Código civil de Québec/Code civil du Québec/Civil Code of Québec*, J.C. Rivera (dir.), Montreal, Wilson & Lafleur, 2008, pp. 155-161.

[4] Para una enumeración de algunos acontecimientos discriminatorios por esos motivos, *Cf*. Charles Lewis, "The next moral quagmire: conscience-Politics collides with freedom of workers' beliefs", *National Post*, Toronto, April 4, 2009 en http://www.nationalpost.com/story-printer.html?d=146831.

*b) Una utilización desmesurada y extremista de nociones de la llamada **political correctness***, en las intervenciones de las comisiones que se califican como de "derechos y libertades de la persona". Estas comisiones, organismos administrativos con ciertos poderes judiciales, están gobernadas por la carta federal o por las cartas provinciales de derechos y libertades. Tienen como función juzgar quejas de las personas que se sienten "discriminadas", con la particularidad que estas personas no han de asumir costes de ningún tipo, mientras que la persona o institución que ha de defenderse de esas acusaciones ha de asumir todos sus costes. Estas comisiones están constituidas por algunos miembros que son juristas y otros muchos, con voz y voto, que no tienen formación jurídica. En algunos casos, han llegado a considerar que, aunque el hecho que se alega no pueda considerarse en sí como discriminatorio, según la norma jurídica, si la persona se "siente" discriminada, hay que sancionar al que ha provocado ese sentimiento. La aplicación ideológica, que va en algunos casos contra las normas concebidas para evitar la discriminación o, más aún, "crea" falsas normas que terminan reconociendo derechos inexistentes, erosiona solapadamente la libertad religiosa, aunque a veces se presente como la defensa de un comportamiento religioso de otra creencia.[5]

c) El acoso administrativo injustificado es otra manera de atemorizar a las personas e instituciones que tratan de presentar abiertamente las convicciones religiosas. Se trata de actuaciones administrativas, sin justificación alguna, que amenazan a las Iglesias o comunidades religiosas de pérdida de ciertos derechos (p. ej.: en el campo de las exenciones concedidas por las leyes fiscales) si no cambian sus intervenciones públicas.

Concretemos un poco más las diversas formas de aherrojar la libertad religiosa con algunos ejemplos, antes de centrarnos en una exposición más detallada de algunos de ellos:

a) La expulsión de la religión de las escuelas: en Québec, tras haber obtenido la reforma de la Constitución para suprimir la disposición por la que se garantizaba tanto a católicos como a protestantes la confesionalidad de las escuelas públicas,[6] se modifica la Carta de derechos provincial para suprimir la obligación del Estado de garantizar el respeto de las con-

---

[5] Cf. Ezra Levant, *Shakedown: How our Government is Undermining Democracy in the Name of Human Rights*, Toronto, McClelland & Steward, 2009. Para un presentación breve de este libro que pone de relieve las exageraciones de esas *Human Rights Commissions* provinciales cf. R.J De Souza, "Icebreaker for liberty", *National Post*, Toronto, March 26, 2009 en http://www.nationalpost.com/opinion/story.html?id=1428360.

[6] Un estudio de las etapas anteriores a la reforma de la Constitución, que tuvo lugar en 1997 (*Constitution Amendment*, 1997 (Québec) SI/07-141) puede verse en E. Caparros, "Una problemática canadiense: el aparente conflicto entre la constitucionalización de la confesionalidad escolar y la libertad de religión", en J. Martínez-Torrón, (dir.), *La libertad religiosa y de conciencia ante la justicia constitucional*, Actas del VIII Congreso Internacional del Derecho

vicciones religiosas de los padres en la educación de sus hijos y, al mismo tiempo, se reforma la ley de educación para suprimir el derecho a la objeción de conciencia de los profesores.[7] Esos son los pasos previos para poder imponer de forma obligatoria una asignatura llamada "Éthique et culture religieuse" (Ética y cultura religiosa, abreviado ECR), que remplaza las dos asignaturas anteriores de enseñanza de la religión (católica o protestante, para los creyentes) y de la moral para los que solicitaban la dispensa del curso de religión.

b) La erradicación de la conciencia de los médicos: en Ontario y en otras provincias se trata de suprimir el derecho a la objeción de conciencia de los médicos y otro personal sanitario exigiendo de ellos que cooperen con el aborto, las píldoras anticonceptivas (incluida la del día siguiente), la esterilización y otras prácticas que no son en sí actos médicos, con amenazas de expulsión de la profesión, de multas, etc. Y recientemente, en Québec, algunos organismos del Colegio de médicos han iniciado campañas para imponer a los médicos la colaboración con el suicidio, presentado a veces como eutanasia.

c) La deformación de las conciencias en la enseñanza de la medicina: la forma de proceder que acabamos de mencionar se hace más acosadora en las facultades de medicina, en las que se trata de imponer a los estudiantes una forma de pensar y de concebir la profesión que es ideológica y sin fundamento científico, para que se considere la homosexualidad como la situación normal de la mayoría, lecciones en las que se pretende que, como la Iglesia ha cambiado su forma de pensar (se da como ejemplo la abstinencia de carne los viernes) también cambiará en el caso del aborto, de los métodos anticonceptivos, de la fecundación artificial, etc. Se amenaza a los estudiantes que no se doblegan a esa forma de pensar con no darles el reconocimiento necesario para que puedan presentar los exámenes de ingreso en los colegios de médicos o en algunas especialidades, como la ginecología.

No es posible hacer una exposición detallada de las múltiples manifestaciones y de los comportamientos que terminan aherrojando la liber-

---

Eclesiástico del Estado, Granada, 13-16 de mayo de 1997, Granada, Ed. Comares, 1998, pp. 225-244, en pp. 242-244.

[7] *Cf. Loi modifiant diverses dispositions législatives de nature confessionnelle dans le domaine de l'éducation*, L.Q. 2005, c. 20 (Projet de loi 95), sancionada el 17-06-2005. Su artículo 13 modifica el art. 41 de la *Charte des droits et libertés de la personne/Charter of Human Rights and Freedoms* (L.R.Q. c. C-12) de Québec (suprimiendo el derecho de los padres a obtener del estado una educación religiosa de sus hijos de acuerdo con sus creencias) y suprimiendo con el artículo primero los art. 5, 20 y 21 de la *Loi de l'instruction publique* (L.R.Q. I-13.3), que reconocía a los padres el derecho de escoger entre la enseñanza de la religión (católica o protestante) y la moral, y a maestros y profesores el derecho a la objeción de conciencia.

tad religiosa. Me detendré, por su importancia y porque se trata de situaciones que están actualmente debatidas a distintos niveles, en los dos que acabo de mencionar: los ataques legislativos contra la libertad de los padres y de los maestros en Québec y las manipulaciones para llegar a la "amputación" de la conciencia de los médicos y de los otros profesionales de la medicina para poder imponer comportamientos que son contrarios a la moral natural.

QUÉBEC: DE LA PROTECCIÓN CONSTITUCIONAL DE LAS RELIGIONES CRISTIANAS A SU SUSTITUCIÓN POR UNA "RELIGIÓN DE ESTADO" AMORFA Y RELATIVISTA, IMPUESTA TOTALITARIAMENTE

El título ya dice bastante. Ilustrémoslo con tres aspectos: las reformas legislativas sistemáticas que lleva a cabo el gobierno de Québec (en distintas etapas con alternancia de dos partidos políticos) a través de la Asamblea nacional para poder llegar a la imposición totalitaria de esa "religión de estado"; una vez el marco legislativo establecido, la ejecución de ese programa, tarea en parte difícil pero que el Estado ha llevado a cabo contra viento y marea. En fin, la acción de varios grupos de padres y de una escuela contra el Estado, una reproducción moderna de la lucha entre David y Goliat, que está todavía ante los tribunales.

Las etapas legislativas

El primer obstáculo que el gobierno de Québec debía superar para eliminar las escuelas confesionales, garantizadas a católicos y a protestantes en el artículo 93 del *British North America Act*,[8] y que daba lugar a una organización escolar en comisiones religioso-territoriales, era evidentemente descartar esa garantía constitucional. El gobierno del *Parti québécois* puso entre paréntesis sus pretensiones políticas[9] para poder excluir esas garantías. Una vez que las garantías establecidas en ese artículo de la Constitución se suprimieron, tenían campo libre para continuar vaciando de contenido religioso los programas escolares, aunque para ello hubiera

---

[8] Se trata de la ley británica que formula la constitución canadiense desde 1867 y que desde 1982, al repatriarla pasando de la competencia del Parlamento británico al canadiense, se denomina *Constitution Act, 1867*, para distinguirla de *Constitiution Act, 1982*, en la que se sanciona la *Canadian Charter of Rights and Freedoms*.

[9] Como lo hemos expuesto en E. Caparros, "Una problemática canadiense...", nota 6, a pesar de no haber ratificado la Constitución en 1982, el gobierno del *Parti Québécois* se sirvió de ella para alcanzar su objetivo de suprimir las comisiones escolares agrupadas por religión (católicas y protestantes) y poder remplazarlas por comisiones lingüísticas.

que suprimir derechos fundamentales reconocidos a los padres y maestros por acuerdos internacionales integrados en leyes provinciales, entre ellas la *Charte des droits et libertés de la personne*. Cabe subrayar que un testigo de las negociaciones necesarias para alcanzar la reforma de la Constitución, Jacques Brassard, que era en esas fechas Ministro de asuntos intergubernamentales, afirmó recientemente que el objetivo era establecer comisiones escolares divididas por lenguas (francés e inglés) pero que en los debates parlamentarios todo el mundo insistía en que el establecimiento de las comisiones escolares lingüísticas no abrogaban el derecho a la enseñanza religiosa garantizada por la Carta de derechos de Québec. Y denunció, al mismo tiempo, que esa afirmación general sobre la que se basaba la reforma constitucional ha sido traicionada.[10]

La traición se lleva a cabo con las reformas introducidas por la Ley del 2005.[11] El artículo 13 de esa ley suprime, en el artículo 41 de la *Charte des droits et libertés de la personne*, el derecho de los padres a obtener del Estado una educación religiosa de sus hijos de acuerdo con sus creencias. De ese artículo que se leía: "*Los padres o quienes hacen sus veces tienen derecho de exigir* que sus hijos reciban en los establecimientos públicos una enseñanza religiosa o moral de acuerdo con sus convicciones según los programas previstos en la ley",[12] se modifica la primera frase para remplazarla por la siguiente: "Los *padres o quienes hacen sus veces tienen derecho de asumir* la educación religiosa o moral de sus hijos".[13] y se añade una frase final (*dans le respect des droits de leurs enfants et de l'intérêt de ceux-ci*) que permitirá al Estado arbitrar si los padres ejercen ese derecho-obligación respetando los derechos y el interés de los hijos.

Parece interesante realzar que la *Charte des droits et libertés de la personne* había integrado en el ordenamiento jurídico de Québec los compro-

---

[10] *Cf.* J. Brassard, "Les dieux sont vraiment tombés sur la tête!", Chicoutimi, *Le Quotidien*, 17-12-2008, también en www.cyberpresse.ca. Su afirmación sobre los debates parlamentarios está documentada: la ministro de Educación de la época, Mme Pauline Marois, había hecho unas declaraciones ministeriales garantizando ante la Asamblea nacional el respeto de la enseñanza religiosa y la libertad de elección de los padres, esas declaraciones se encuentran en *Journal des débats*, Débats de l'Assemblée Nationale, 35e législature, 2e session (du 25 mars 1996 au 21 octobre 1998), Le mercredi 26 mars 1997 (por la importancia que tienen esas declaraciones, reproducimos unos extractos en apéndice). Es posible que el episcopado de Québec, quizás engañado por esas afirmaciones que se han traicionado, no se opuso a la reforma constitucional.

[11] *Cf.* nota 7.

[12] Mi traducción. El original se lee: «Les *parents ou les personnes qui en tiennent lieu ont le droit d'exiger* que, dans les établissements publics, leurs enfants reçoivent un enseignement religieux ou moral conforme à leurs convictions, dans le cadre de programmes prévus par la loi.»

[13] Mi traducción. El original se lee: «Les *parents ou les personnes qui en tiennent lieu ont le droit d'assurer* l'éducation religieuse et morale de leurs enfants».

misos recogidos en el *Pacto sobre derechos económicos y sociales*.[14] Así pues, la *Charte* no solo garantizaba, en disposiciones sucesivas, la instrucción pública gratuita, sino también el derecho de los padres y tutores a que sus hijos recibieran, en las instituciones públicas, la enseñanza religiosa y moral conforme a sus convicciones, así como el derecho de escoger para sus hijos instituciones privadas de enseñanza.[15] El legislador de Québec, al escoger la *Charte* como modo de reconocer estos derechos de los padres, les había otorgado unas garantías importantes, pues había escogido un texto legislativo al que se reconocía un valor especial. Las garantías que otorgaba podían incluso permitir recursos ante los tribunales para exigir los derechos en ella garantizados.[16] La reforma introducida, sin respetar plenamente las exigencias parlamentarias, podría dar lugar a recursos contre el gobierno.

El derecho reconocido anteriormente a los padres, con la correspondiente obligación que recaía necesariamente sobre el Estado, desaparece. Ahora el Estado no tiene ninguna obligación y los padres heredan un derecho-obligación de cara a sus hijos. El Estado se lava las manos de la dimensión religiosa, salvo el control que pueda ejercer sobre los padres si sus convicciones, a juicio del Estado, van contra los derechos et intereses de los hijos. De esa forma tiene cancha libre para imponer "su religión de estado", ignorando totalmente las obligaciones internacionales asumidas al ratificar e integrar en su propia legislación de rango superior esos derechos de los padres.

Un aspecto que manifiesta la manipulación y la falta de transparencia con que se han llevado a cabo todas estas reformas es que la supresión del derecho de los padres se ha introducido de manera solapada, en Comisión parlamentaria con sólo algunos representantes de cada partido; además, la propuesta inicial de modificación fue presentada por la que fuera Ministro de educación cuando se inició el proceso de la reforma de la constitución.[17] La operación de suprimir el derecho de los padres frente al Estado

---

[14] *Cf. International Covenant on Economics, Social and Cultural Rights*, 16-XII-1966, ONU GA Res. 2200 (XXI), en vigor 3-I-1976, art.13, (3) y (4), in id.I.A.12.2.b.

[15] *Cf. Charte des droits et libertés de la personne/Charter of Human Rights and Freedoms*, L.R.Q. c. C-12, art. 40, 41 y 42. Comparar con la nota 14.

[16] Habíamos expuesto algunas de estas cuestiones en «El papel de la familia en la legislación educativa», en C. Sánchez-Ilundain (dir.), *Valores, Familia y Educación*, Mexico, J.G.H. Editores, 1995, pp. 71-78; versión inglesa:" The Role of the Family in Education Legislation", en M. Gottschalk (ed.), *The Family Revolution. Rebuilding Traditional Family Life in the Third Millennium*, Scepter, Princeton, 1997, pp. 163-181.

[17] *Cf.* Projets de loi 95 —*Loi modifiant diverses dispositions législatives de nature confessionnelle dans le domaine de l'éducation*, Étude détaillée— CE 62:1-13 —*Commission permanente de l'éducation*, Cahier n° 62, 7 juin 2005, pages 1-13, bajo el título **Charte des droits et libertés de la personne**, Mme Pauline Marois, députée de Taillon propone: «Ce que, moi, je vous suggère plutôt, M. le Président, c'est d'introduire un nouvel article après l'article 11, et

va todavía más lejos cuando, a propuesta del entonces ministro de educación, se limita el derecho de los padres por temor a que no respeten los derechos e intereses de los hijos.[18] Esta reforma establecida conjuntamente por dos partidos no sólo retira a los padres el derecho de *exigir* del Estado la educación religiosa de sus hijos, sino que además impone unos limites al derecho-obligación de asumir la educación religiosa de sus hijos, puesto que el estado se erige en árbitro del "respeto de los derechos de los hijos", al considerar el ministro que en algunas creencias religiosas pueden no respetarse esos derechos de los hijos.

Así pues, a pesar de la aparente unanimidad del voto en la Asamblea nacional para aprobar la reforma, no se ha procedido al voto nominal, como prescriben las reglas parlamentarias. La denuncia que hemos señalado de Jacques Brassard[19] de esa forma de proceder y el cambio de la perspectiva de la reforma, para eliminar el derecho de los padres así como la enseñanza religiosa, es más significativa aún, pues tanto él como la antigua ministro de educación, Mme Pauline Marois, hoy jefe del *Parti Québecois*, en el que militaba igualmente M. Brassard, habían sido los artífices

---

qui deviendrait l'article 12 et qui se lirait de la façon suivante: L'article 41 de la Charte des droits et libertés de la personne est remplacé par: «Les parents et, le cas échéant, les tuteurs légaux ont le droit de faire assurer l'éducation religieuse et morale de leurs enfants conformément à leurs propres convictions.» Ya se ve que en política las contradicciones no matan; cf. las declaraciones que hizo en 1997 (ver nota 10) cuando era ministro de educación y la forma desenvuelta con la que introduce las modificaciones que van totalmente contra los derechos que garantizaba entonces.

[18] *Cf.* Projets de loi 95 —*Loi modifiant diverses dispositions législatives de nature confessionnelle dans le domaine de l'éducation*, Étude détaillée CE-63: 1-3.*Commission permanente de l'éducation*, Cahier n° 63, 8 juin 2005, pages 1-3, bajo el título **Article en suspens Charte des droits et libertés de la personne**, al reanudar los trabajos el ministro de educación, M. Fournier interviene: «M. le Président, [...] Insérer, après l'article 11, ce qui suit: «Charte des droits et libertés de la personne.» 11.1. L'article 41 de la Charte des droits et libertés de la personne est remplacé par le suivant: «41. Les parents ou les personnes qui en tiennent lieu ont le droit d'assurer l'éducation religieuse et morale de leurs enfants conformément à leurs convictions, dans le respect des droits de leurs enfants et de l'intérêt de ceux-ci.» Je fais une courte pause pour rappeler que l'amendement proposé par notre collègue de Taillon [Mme Pauline Marois] reprenait essentiellement l'idée de la première partie. *Nous y ajoutons une autre partie qui a été d'ailleurs expliquée. Il peut arriver que, selon certaines convictions, il pourrait y avoir des comportements qui ne sont pas nécessairement respectueux du droit des enfants* (señalo esta frase). Donc, il faut moduler ou arbitrer préalablement, dans les droits reconnus par la charte, l'application de ces droits-là, dans le respect des uns et des autres. Et donc ce bout-là est rajouté. [...] **Mme Marois:** [...] On est satisfaits de ce qui est là, ça correspond exactement aux attentes exprimées. La Commission des droits nous l'avait rappelé, la CSQ l'a mentionné aussi. Alors, plusieurs sont venus sur cette question-là en disant: Il faut qu'absolument on modifie la charte. Nous avions donc proposé cet amendement. Je suis d'accord pour retirer l'amendement et que l'on reprenne avec celui-là».

[19] Antiguo ministro, que participó en la gestiones necesarias para llegar a la eliminación en 1997 de las garantías inscritas en la Constitución. *Cf.* nota 10.

de la puesta en marcha de la máquina legislativa para reformar las leyes y pasar del encuadramiento religioso de la educación primaria y secundaria al encuadramiento lingüístico.

Era también necesario eliminar los derechos que la *Loi de l'Instruction publique* reconocía a los padres de escoger entre la educación religiosa y moral[20] y a los maestros los de la libertad de conciencia.[21] Estos tres artículos de la ley de la instrucción pública son abrogados de un plumazo por el artículo primero de la ley de 2005, cuyo título, ya mencionado,[22] es explícito: **Ley modificando diversas disposiciones legislativas de naturaleza confesional en el campo de la educación** (*Loi modifiant diverses dispositions législatives de nature confessionnelle dans le domaine de*

---

[20] *Loi sur l'Instruction publique*, L.R.Q. c. I-13.3 (À jour au 31 octobre 2004), art 5:
Enseignement moral ou religieux.
5. L'élève, autre que l'élève du second cycle du secondaire et que celui inscrit à la formation professionnelle ou aux services éducatifs pour les adultes, a le droit de choisir, à chaque année, entre l'enseignement moral et religieux, catholique ou protestant, et l'enseignement moral.
Programme d'études local ou enseignement moral.
Cependant, lorsque l'école que fréquente l'élève est autorisée, conformément à l'article 222.1, à remplacer les programmes d'enseignement moral et religieux, catholique ou protestant, par un programme d'études local d'orientation œcuménique ou par un programme d'études local d'éthique et de culture religieuse, cet élève a le droit de choisir entre ce programme d'études local et l'enseignement moral.
Choix.
Au primaire et aux deux premières années du secondaire, les parents exercent ce choix pour leur enfant.
Application du choix.
Un choix fait en vertu du présent article est appliqué en conformité avec l'organisation des services éducatifs approuvés, en vertu des articles 84 à 86, par le conseil d'établissement de l'école où est inscrit l'élève.
1988, c. 84, a. 5; 1997, c. 96, a. 5; 2000, c. 24, a. 17.

[21] *Loi sur l'Instruction publique*, L.R.Q. c. I-13.3 (À jour au 31 octobre 2004), arts. 20 y 21:
Liberté de conscience.
20. L'enseignant a le droit de refuser de dispenser l'enseignement moral et religieux d'une confession pour motif de liberté de conscience.
Mesure disciplinaire.
Il ne peut se voir imposer un congédiement, une suspension ou toute autre mesure disciplinaire parce qu'il a exercé ce droit.
1988, c. 84, a. 20.
Avis au directeur.
21. L'enseignant qui désire exercer ce droit en informe par écrit le directeur de l'école dans les délais et suivant les modalités établis par la commission scolaire.
Durée du refus d'enseigner.
Le refus de dispenser l'enseignement moral et religieux d'une confession vaut jusqu'à ce que le directeur de l'école reçoive un avis écrit à l'effet contraire.
1988, c. 84, a. 21.

[22] *Cf.* nota 17.

l'éducation). Así, brevemente y de forma sucinta, se borra de las leyes de Québec todo lo que pueda reconocer un derecho en materia de educación religiosa o de libertad de conciencia basada en las convicciones religiosas.

El campo está libre para imponer una "religión de estado" teóricamente laica, aunque en realidad es más bien una especie de revoltijo o mezcolanza religiosa[23] que erige en principio el relativismo y adopta una actitud totalitaria, y por consiguiente elimina en ese campo una de las libertades más fundamentales.[24]

La imposición de la "religión de estado" contra viento y marea

La nueva legislación, que había eliminado las trazas de la religión en el ordenamiento jurídico de la educación, había previsto la entrada en vigor de la mayoría de su articulado para el 1º de julio de 2005, y para el 1º de julio de 2008 el resto. El plan establecido era la imposición obligatoria y universal en las escuelas primarias y secundarias, tanto públicas como privadas, subvencionadas o no, de un programa de cursos titulado Éthique *et culture religieuse* (ECR) cuyos contenidos y manuales tanto para los alumnos como para los maestros estaban todavía en fase de elaboración en el verano del 2008. A pesar de ello, la ministro de educación Michelle Courchesne rechaza las sugerencias de una moratoria de la imposición del curso para que el material pedagógico estuviese mejor preparado y también para poder considerar algunas demandas de grupos de padres.[25]

Un gran grupo de padres de varias creencias se constituye en una Coalición para la libertad de la educación (CLE)[26] que inicia acciones múltiples de protesta, de comunicación, solicitudes de exención de sus hijos de esos cursos e incluso de recursos ante los tribunales, al ser confrontados con los rechazos de las solicitudes de exención, para recuperar el derecho anterior que les permitía optar entre dos tipos de cursos. El Cardenal arzobispo de Québec, Marc Ouellet, interviene ante la Comisión Buchard-

---

[23] *Cf.* D. Farrow. «Babel ou le nouveau programme d'enseignement religieux au Québec», Égards nº 19, printemps 2008, pp. 7-14; B. Kay, «Quebec's creepy new curriculum», *National Post*, 17-12- 2008.

[24] Para un análisis de la filosofía a la base del curso a partir de la presentación de uno de sus artífices ver J. Renaud, «À propos d'un essai de Georges Leroux, philosophe-technocrate», Égards nº 21, automne 2008, pp. 49-55.

[25] *Cf.* G. Durand, «Pour un moratoire sur le cours d'Éthique et culture religieuse» (firmado por otras ocho personalidades del mundo de la educación), *Le Soleil*, Québec, 11-04-2008, también en *ciberpresse.ca*.

[26] *Cf.* www.coalition-cle.org.

Taylor,[27] para reclamar el restablecimiento de los derechos de los padres reconocidos anteriormente y, al menos, la apertura necesaria para que en las escuelas privadas católicas se pueda ofrecer un curso de religión católica opcional.[28] Pero no son sólo los católicos los que se oponen al totalitarismo estatal. Hay también movimientos de protesta de grupos evangélicos, ortodoxos, musulmanes, etc. La actitud de la ministro le vale prácticamente la unanimidad de todas las tendencias contra el programa y su imposición obligatoria. También se oponen los movimientos inspirados del humanismo masón pues consideran que no se presentan sus ideologías suficientemente.[29] La única voz que no se opone radicalmente es una Declaración de la Asamblea de obispos de Québec, acompañada de una carta a la ministro, en la que el episcopado de la provincia manifiesta sus críticas pero acepta, aunque sea con reticencia, que se lleve a cabo el programa impuesto por el ministerio.[30]

Contra viento y marea la ministro mantiene de forma totalmente inflexible la decisión gubernamental, manipula la Declaración del episcopado para rechazar las peticiones de algunos padres, y para promover la imposición organiza una campaña de "sensibilización" de la población distribuyendo un millón de folletos explicativos, colgando un video en la página del ministerio, multiplicando las convocatorias de reuniones de información en las que legiones de funcionarios del ministerio recorren la provincia tratando de convencer a la gente de los beneficios del programa, además de movilizar a casi quinientos "formadores" para que los maestros y profesores sepan lo que tienen que enseñar.[31]

A pesar de todo, la oposición se mantiene viva con protestas públicas y otros tipos de denuncias.[32] Además comienza la "guerrilla" para obtener

---

[27] Comisión constituida por el gobierno para estudiar la situación de la presencia del fenómeno religioso en la sociedad y de las posibles formas de acomodar la convivencia de las diferentes creencias, que tuvo audiencias públicas en 2007-2008.

[28] Sus intervenciones en este campo se pueden ver en www.diocesequebec.qc.ca.

[29] *Cf.* C. Cauchy, «Les laïcs aussi ont contre le cours d'éthique et culture religieuse», *Le Devoir*, Montréal, 18-04-2008, www.LeDevoir.com .

[30] *Cf.* para los textos de la Declaración y de la carta a la ministro del 11-03-2008 www.eveques.qc.ca. Un punto de vista crítico de esta intervención en L. O'Neil, «Sortir de la brume, avancer dans la clarté», *Le Devoir*, Montreal, 31-03-2008, www.LeDevoir.com. Dieciocho meses después, una nueva carta del presidente de la Asamblea de Obispos de Québec a la Ministro, hecha pública el 22-09-09, manifiesta criticas al programa y a su puesta en marcha y solicita que se tengan en cuenta. La carta se encuentra también en www.eveques.qc.ca.

[31] *Cf.* I. Hachey, «La ministre Courchesne met le paquet», *La Presse*, Montréal, 19-04-2008, www.Cyberpresse.ca.

[32] *Cf.* M. Deland, «L'opposition ne s'essouffle pas», *La Voix de l'Est*, Granby, 17-03-2008; F. Gougeon, «La coalition pour la liberté en éducation récidive», *La Tribune*, Sherbrooke, 19-04-2008, www.Cyberpresse.ca.

las exenciones de alumnos de los cursos de *ECR* para llegar, tras numerosas peripecias administrativas, hasta los tribunales de primera instancia.

*Los recursos ante los tribunales de los padres
y de una escuela*

Antes de llegar a los tribunales, numerosos padres de diversas creencias han comenzado por solicitar a la dirección de la escuela de sus hijos la exención del curso. Es decir, permitir a sus hijos que no asistan a esos cursos y que durante los períodos de enseñanza se le permita estudiar en la biblioteca. Esa fue la forma de proceder que se llevó a cabo hace años por los padres que no deseaban que sus hijos asistieran a las clases de enseñanza religiosa y que provocara que se iniciaran los cursos alternativos de moral.

Sin embargo, en el caso que nos ocupa la actitud totalitaria del ministerio es inflexible. La ministro hace declaraciones públicas en las que afirma que no se concederán exenciones, sin tener en cuenta las razones que podrían ser invocadas. Esta forma de proceder constituye una infracción grave al principio de la separación de poderes, pues el ejecutivo dicta formas de proceder a los organismos administrativos (escuelas y comisiones escolares) que, aunque estén bajo la jurisdicción del ministerio, poseen una autonomía administrativa reconocida por las leyes y los reglamentos. Así pues, a pesar de que se solicitan esas exenciones por centenares, todas son denegadas a los padres por la dirección de las escuelas, aduciendo la obligatoriedad del curso.

Ante ese primer rechazo, los padres interponen recurso a la Comisión escolar correspondiente, que es el organismo administrativo que encuadra las escuelas. También a ese nivel, tras algunos retrasos, e intervenciones por vía judicial para exigir una respuesta, se confirma la decisión de la dirección de la escuela. Tras las repetidas respuestas negativas de diversas comisiones escolares, en algunos casos, los padres se movilizan y ante el rechazo de la opción de permitir a sus hijos que estudien en la biblioteca, van a sacar a sus hijos de la escuela durante las clases. La inflexibilidad continúa y esos alumnos son sancionados y amenazados de expulsión, por ausentarse de clases obligatorias.

Todas esas decisiones administrativas tienen una particularidad un tanto curiosa. Aunque cada Comisión escolar es un organismo administrativo independiente del ministerio, todas las respuestas tanto al nivel escolar como de las comisiones presentan una formulación y una argumentación casi idéntica recurriendo a la misma fraseología y a los mismos artículos de la ley y de los reglamentos. Se puede intuir que en el fondo el ministerio ha transmitido sus directivas a las direcciones de las escuelas y a las comisiones escolares y que en ambos niveles las autoridades competentes se han sometido a esas directivas, dejando entrever un comportamiento totalitario en el que se puede alegar que el ministerio ha abusado de sus poderes.

Hay igualmente una escuela católica de habla inglesa de Montreal (*Loyola High School*) fundada por la Compañía de Jesús y que mantiene su ideario, que solicitó la exención para no utilizar el programa del curso ECR impuesto por el ministerio, sino otro programa elaborado por el profesorado del *High School* en el que se presentaban otras religiones, pero en una amplia perspectiva católica. La mayoría de los padres de alumnos Loyola se unieron a esa solicitud reclamando la exención del curso para sus hijos. También en este caso el rechazo fue total.

Sobre la base de esos precedentes administrativos se inician los recursos ante los tribunales. De la multitud de casos de rechazo por las comisiones escolares, el equipo de abogados que trabaja con los padres y con el apoyo de la CLE escoge dos que puedan servir de casos tipo, que al final se han unificado tras muchas peripecias judiciales de revisión de la demanda y de modificaciones de los objetos del litigio. No hay tiempo para presentar las numerosas peripecias de esta batalla de David (algunos padres) contra Goliat (el gobierno con sus abundantes recursos económicos y de personal), que ha comportado decenas de intervenciones y pequeñas victorias de David. La última ha sido precisamente la simplificación de los aspectos de la demanda y la unificación de ambos litigios en uno sólo que será la causa tipo y servirá de precedente para todas las otras solicitudes pendientes. La audiencia de esta causa se celebró en Drumondville durante la segunda quincena de mayo del 2009 y los abogados de los demandantes (los padres) y de la defensa (La comisión escolar y el procurador general de Québec) presentaron al juez sus argumentos escritos durante las semanas siguientes. La sentencia fue pronunciada el 31 de agosto rechazando, con gran decepción de los demandantes y de los que han apoyado esas acciones, los argumentos en defensa del derecho de los padres a educar a sus hijos según sus creencias, y en consecuencia de la libertad de religión.[33]

David contaba, desde mediados de febrero, con un testigo excepcional: El Cardenal Zenon Grocholewski, que al final de un simposio celebrado en Roma sobre la financiación de las escuelas por el estado, el 16 de febrero del 2009, hizo unas declaraciones en relación con el programa implantado en Québec en septiembre del 2008. Según la información publicada en *Zenit*, el Prefecto de la Congregación para la Educación católica afirmó: "Hablar de todas las religiones viola el derecho de los padres de

---

[33] *Cf. S. L. et D. J. c. Commission scolaire des Chênes et Procureur général du Québec*, Cour supérieure, district de Drummondville, 405-17-000946-082, Jugement du 31 août 2009, J.-G. Dubois, 43 pp.

educar a sus hijos según su religión." Reconoce así lo bien fundado de las protestas de los padres que pretenden que los manuales no son ideológicamente neutros. "Hablar de todas las religiones de la misma manera" continuó el Cardenal, "es casi como una educación anticatólica, pues provoca un cierto relativismo." Concluyó que esa forma de proceder puede ser antirreligiosa, pues la juventud se queda con la impresión que cada fe es como un cuento de hadas.[34] La Congregación para la educación católica confirmó esas ideas, manifestadas personalmente por su Prefecto en esas declaraciones, en una Carta Circular 520/2009 enviada el 5 de mayo del 2009 a los Presidentes de la Conferencias episcopales sobre la enseñanza de la religión en la escuela.[35] En esa carta, firmada por el Prefecto y el Secretario de la Congregación, se lleva a cabo una elaboración más completa de los argumentos formulados ex *abundantia cordis* por el cardenal Grocholewski en sus declaraciones del mes de febrero. Sin embargo, por razones de procedimiento y de plazos de admisión de la prueba, ni las declaraciones de febrero ni la carta circular de la Congregación fueron aceptadas como pruebas.

En su juicio del 31 de agosto el juez espiga en las abundantes pruebas presentadas, con testigos y expertos durante los cinco días de la audición, los elementos que le pueden ser útiles para afirmar que el curso de ECR no afecta a la libertad de religión ni de los padres ni de los alumnos. Se basa principalmente sobre el testimonio de un profesor de teología, testigo experto del Procurador general de Québec, que supo entresacar citas del magisterio de la Iglesia para sostener la voluntad del gobierno, apoyándose también en la declaración fluctuante de la Asamblea de obispos de Québec de marzo del 2008. Es de notar que el juez ignoró totalmente los argumentos de otros testigos expertos cuyos argumentos apoyaban la demanda de los padres.

Por otra parte rechaza también el juez la tesis presentada por los demandantes, al efecto que las decisiones uniformes indican una intervención superior. Para llegar a esa conclusión, el juez se basa en los interrogatorios, anteriores a las audiencias ante el tribunal, de dos perso-

---

[34] *Cf.* K. Dmytrenko, "Cardinal Worns Againts Anti-Catholic Education", Zenit.org, Rome, 19-02-2009, http://www.zenit.org/article-25146?l=english. El texto en inglés se lee: "Talking about all religions violates the right of parents to educate their own children according to their own religion," explained the Polish cardinal, echoing the protests of some parents in the province who say the textbooks are not ideologically neutral. "Talking in the same way about all religions," Cardinal Grocholewski continued, "is almost like an anti-Catholic education, because this creates a certain relativism." He concluded that this approach to instruction could ultimately be anti-religious, since youth are left with the impression that each faith is a fictional narrative.

[35] *Cf.* http://www.vatican.va/roman_curia/congregations/ccatheduc/documents/rc_con_ccatheduc_doc_20090505_circ-insegn-relig_sp.html, para la versión en español.

nas de la dirección de la Comisión escolar: uno afirma no haber recibido ninguna directiva y otra no recuerda haber recibido nada. El juez, que no estaba presente en esos interrogatorios, prefiere esos testimonios poco concluyentes a los testimonios contundentes y concordes de varios periodistas que habían presenciado las declaraciones de la ministro en el sentido de que no se concederían exenciones. Evidentemente, si el ministerio hubiera transmitido directivas y si las comisiones escolares las hubieran seguido, sabiendo que esa forma de proceder es ilegal, no lo habrían hecho con publicidad y los que las recibieran dirían que no habían recibido nada o que no recordaban nada. A finales de septiembre del 2009 los padres y los organismos que los sostenían en esta batalla llevaron este juicio hasta el tribunal de apelación.

En la otra causa, la carta circular de la Congregación para la educación católica, antes citada, ha constituido una de las piedras angulares de la argumentación de *Loyola High School* ante el tribunal de primera instancia en Montreal. Ese proceso que se ha desarrollado durante la segunda semana de junio del 2009, concluyó con la argumentación oral de los abogados de ambas partes y, estamos en espera de la sentencia del juez.[36]

Hasta aquí las manifestaciones del totalitarismo gubernamental para tratar de eliminar la presencia de las religiones cristianas en la enseñanza primaria y secundaria y remplazarla por la religión de estado relativista y amorfa, revoltijo de anécdotas curiosas de una gran diversidad de religiones,[37] aunque la noción de ateismo no se incluya.[38]

LA BATALLA PARA "AMPUTAR" LA CONCIENCIA DE MÉDICOS Y PERSONAL SANITARIO

Desde hace años se está tratando de amputar la conciencia a los profesionales del mundo sanitario[39] y de otros campos. Hay un esfuerzo importante tortuoso y a la vez perseverante de los distintos *lobbies* y grupos de presión que controlan y montan los parámetros de la *political correctness*.

Estos grupos *de cabildeo* tratan de hacernos creer que el futuro de nuestra sociedad se sitúa en la cultura de la muerte, con las secuela de sus manifestaciones (contracepción, píldora del día siguiente, procreación

---

[36] Cf. *Loyola High School et John Zucchi* c. *Michelle Courchesne*, en sa qualité de ministre de l'Éducation, du Loisir et du Sport, Cour supérieure, district de Montréal, 500-17-045278-085

[37] La carta del presidente de la Asamblea de obispos de Québec de 22-09-09 pone de manifiesto algunas de esas anécdotas religiosas. Cf. www.eveques.qc.ca.

[38] Cf. V. Dufour, «Le mot athée tabou», *Journal de Montréal*, 19-04-2008, p. 12.

[39] Cf. S. J. Genuis, "Dismembering the Ethical Physician", *Postgrad. Med. J.* 2006; 82; 233-238, www.postgradmedj.com.

artificial con la eliminación de los embriones "supernumerarios", aborto, manipulación y utilización comercial y farmacéutica de embriones, eutanasia, suicidio asistido, etc.). Se dedican también a poner disimuladamente todos los medios necesarios para construir una opinión pública en la que todos los comportamientos disfuncionales se consideren como comportamientos normales, tratando principalmente de destruir la familia y presentando las copias desvaídas (uniones de hecho, infidelidades conyugales, mancebías de personas del mismo sexo, promiscuidad sexual, poligamia sucesiva o concomitante, etc.) con toda su recua de consecuencias sociales nefastas, como las realidades que hay que promover. Como consecuencia, se trata de insistir, tanto en la formación de los estudiantes como en las normas que reglamentan la profesión, para que el personal sanitario deje su conciencia en la puerta de la clínica y que pueda hacer lo que desee el paciente, aplicando el criterio del consumismo: ¡el cliente tiene siempre razón! Y si no quiere actuar así, que abandone la práctica de las especialidades en las que puede haber actos en conflicto con su conciencia, o simplemente que abandone la práctica de la medicina.[40]

Evidentemente, en todos esos campos puede haber ilustraciones múltiples en numerosos países. Me limitaré a una muestra de Ontario y Québec así como a algunos testimonios de alumnos de facultades de medicina.

Ontario: un proyecto de reglamentación para "amputar" la conciencia, descubierto y combatido

Secundando en parte la *Ontario Human Rights Commission* (OHRC), el organismo administrativo provincial que acoge las quejas de discriminación y que poco a poco va pretendiendo que hay derechos, cuando ello es necesario para hacer avanzar las ideas disfuncionales de la *political correctness*,[41] el *College of Physicians and Surgeons of Ontario* (CPSO) prepara un anteproyecto de *policy* titulado *Physicians and the Ontario Human Rights Code*, que comunica en pleno verano, a mediados de agosto del 2008, a sus miembros. Todo se hace solapadamente, pues los plazos para presentar comentarios o críticas son breves.

El anteproyecto, propuesto por el organismo que otorga las licencias para ejercer la profesión, y que por consiguiente puede también retirarlas,

---

[40] Las opinions sobre la objeción de conciencia son frecuentes en prestigiosas publicaciones, *cf.* por ejemplo J. D. Cantor, "Conscientious Objection Gone Awry —Restoring Selfless Professionalism in Medicine", *N. Engl. J. Med*, April 9, 2009, 360; 15; nejm.org, que presenta una crítica en el sentido del texto; R. M. Veatch, "The art of medicine —The sources of professional ethics: why professions fail", *The Lancet*, Vol. 373 March 21, 2009, www.thelancet.com, que aporta un punto de vista más favorable a la objeción de conciencia.

[41] *Cf.* Ezra Levant, *Shakedown: How our Government is Undermining Democracy in the Name of Human Rights*, cit. nota 5.

constituía una amputación casi completa de la conciencia de los médicos. Así, bajo la rúbrica 1: Ofrecer servicios médicos sin discriminación (*Providing Medical Services without Discrimination*) en la subdivisión titulada "creencias religiosas o morales", el CPSO aconseja a los médicos actuar con gran cuidado, indicando que las necesidades del paciente tienen precedencia sobre la conciencia del médico, y precisa que las decisiones basadas en las creencias morales o religiosas pueden constituir una falta profesional (*professional misconduct*).[42] Bajo el título de "infracción al Código"[43] se precisa que el médico que rehúsa ofrecer un servicio o aceptar un paciente en base a uno de los aspectos prohibidos (como el sexo y la orientación sexual) actúa en contra del Código, aunque ese comportamiento esté basado en sus creencias morales o religiosas. El anteproyecto siente la necesidad de aclarar en una nota de pié de página que en este campo no hay aún certeza en la aplicación de la ley.[44] Se ve así que tratan de integrar en una *policy* del organismo aspectos jurídicos que están aún abiertos al debate. Es un procedimiento típico de las Comisiones llamadas de derechos humanos (*Human Rights Commissions)*, como lo invocamos al principio de nuestra exposición.

Pero a pesar de la forma de proceder que trataba de obtener una aprobación por falta de oposición en pleno verano, la reacción fue vigorosa y múltiple.[45] Uno de los principales organismos fue *The Ontario Medical As-*

---

[42] Cf. *Physicians and the Ontario Human Rights Code* (Draft). **1. Providing Medical Services without Discrimination**. ii) *Moral or Religious Beliefs*: If physicians have moral or religious beliefs which affect or may affect the provision of medical services, the College advises physicians to proceed cautiously.

Personal beliefs and values and cultural and religious practices are central to the lives of physicians and their patients. However, *as a physician's responsibility is to place the needs of the patient first, there will be times when it may be necessary for physicians to set aside their personal beliefs in order to ensure that patients or potential patients are provided with the medical treatment and services they require* (cursivas mías).

Physicians should be aware that decisions to restrict medical services offered, to accept individuals as patients or to end physician-patient relationships that are based on moral or religious belief may contravene the Code, and/or constitute *professional misconduct* (cursivas mías).

[43] Se trata del *Human Rights Code*, R.S.O. 1990, c. H.19, http://www.e-laws.gov.on.ca/html/statutes/english/elaws_statutes_90h19_e.htm

[44] *Contravention of the Code*
Within the Code, there is no defence for refusing to provide a service on the basis of one of the prohibited grounds. This means that a physician who refuses to provide a service or refuses to accept a patient on the basis of a prohibited ground such as sex or sexual orientation may be acting contrary to the Code, even if the refusal is based on the physician's moral or religious belief. [En nota 5 se aclara: The law in this area is unclear, and as such, the College is unable to advice physicians how the Courts will decide cases where they must balance the rights of physicians with those of their patients.]

[45] Para un análisis bien documentado, *cf.* Lea Sing, "New-look Inquisitions want to call doctors in for a little chat", October 1, 2008, www.mercatornet.com/article/view/new_look_inquisitions_could...

sociation, el organismo profesional que agrupa a los médicos, que afirmó que nunca puede considerarse como una falta profesional (*professional misconduct*) que un médico de Ontario actúe según sus creencias religiosas o morales.[46] También unieron sus voces otros grupos de médicos, como *Canadian Physicians for Life*[47] y otras entidades como *The Catholic Organization for Life and Family* (COLF),[48] organismo copatrocinado por la Conferencia de obispos del Canadá y los Caballeros de Colón, que presenta una defensa vigorosa de la objeción de conciencia en defensa de la vida.

El vigor y la racionalidad de las protestas condujeron al *College of Physicians and Surgeons of Ontario* (CPSO) a ceder y a aprobar unas normas diluidas. Pero la espada de Damocles sigue colgando sobre las cabezas de los médicos, pues la OHRC acoge quejas de pacientes que pueden entablar los recursos a expensas del estado, mientras que el médico que es acusado tiene que sufragar su propia defensa. La situación no se presenta sólo en Ontario,[49] ni sólo para médicos, sino que otros profesionales del mundo sanitario también son atacados, como, por ejemplo los farmacéuticos.[50]

También aprovechando la calma veraniega, esta vez de 2009, un comité de dos personas del *Collège de médecins du Québec* ha lanzado un ataque más puntual y a la vez más agresivo proponiendo que "la población" está ya dispuesta a aceptar la eutanasia y sobre todo el suicidio asistido.[51] Como en el caso de la tentativa de Ontario, en Québec una serie de asociaciones y organismos han manifestado su desacuerdo, subrayando igualmente que no es el papel de un comité considerar que pueden llevarse a cabo cambios tan importantes en el comportamiento de los médicos sin obtener el voto del conjunto de los médicos. Como se puede ver siempre hay una minoría de activistas, infiltrados en los organismos de gestión de las corporaciones profesionales, que pretenden promover la cultura de la

---

[46] *Cf. Ibid.*

[47] Esta asociación reacciona rápidamente haciendo llegar dos cartas de protesta, una el mismo 18 de agosto (cf. www.physiciansforlife.ca / html / conscience / articles / CPSOSubmission.html) y otra más completa el 11 de septiembre de 2008 (cf. www.physiciansforlife.ca / html / conscience / articles /).

[48] *Cf.* www.colf.ca/mamboshop/index.php?option=com_content&task=view&id=172&Itemid=191.

[49] Cf. para ejemplos de esta campaña para obtener "derechos" contra la objeción de conciencia, Ch. Lewis, "The next moral quagmire: concience", *National Post*, Toronto, April 4, 2009, www.nationalpost.com; M.A. Fragoso, "Doctor's orders —Attacks on conscientious objection are part of an international campaign to make abortion a basic right", October 15, 2008, www.mercatornet.com/articles/view/doctors_orders/

[50] *Cf.* C. Alarcon, "Pharmacist or Automatons?-Should pharmacists have the right to act according to their conscience or are they prescription filling robots?", April 15, 2009, www.mercatornet.com/articles/view/profesionals_or_automatons/.

[51] *Cf.* R. Séguin, "Quebec physicians tentatively propose legal euthanasia", *The Globe and Mail*, Toronto, Jul. 15 2009.

muerte para tratar de imponer sus ideas de forma solapada y casi por sorpresa. Afortunadamente hay también una serie de profesionales competentes que se dan cuenta de la importancia de la cultura de la vida para la sociedad y para sus propias profesiones, y que saben reaccionar para evitar las acciones incalificables de algunos.

Finalicemos este recorrido con unas breves consideraciones sobre los esfuerzos para "malear" a los estudiantes de medicina.

El esfuerzo para que los alumnos de las facultades de medicina se sometan a la political correctness

Evidentemente, no es fácil documentar este esfuerzo de las facultades de medicina, pero por testimonios recogidos de algunos alumnos de medicina, se puede establecer que, por un lado, no reciben clases completas y bien documentadas en bioética, sino más bien lecciones separadas sobre algunos de los comportamientos disfuncionales relacionados con la vida o con la familia. Así por ejemplo, la lección sobre el aborto aborda esa intervención como un acto médico, aun cuando el embarazo sea totalmente normal y sin ningún tipo de riesgos, y con una actitud por parte del médico que ha de ser la de aceptar el deseo de la paciente. Los criterios presentados antes, que se trataron de imponer en Ontario, dan una idea de que la objeción de conciencia o la explicación completa de las consecuencias del aborto tanto para el nonato como para la madre han de evitarse. La clase sobre métodos anticonceptivos se aprovecha para atacar las enseñanzas morales de la Iglesia católica y se afirma categóricamente que la Iglesia tiene que cambiar y que cambiará, como lo ha hecho en el caso del ayuno y de la abstinencia. Se ve claramente en este caso que los prejuicios se unen a la ignorancia en esas afirmaciones.

En una sesión para exponer la necesidad de "crear lazos de comprensión con los pacientes homosexuales", se establecía con firmeza que es necesario evitar manifestaciones de "homofobia" y "hetersexismo" como serían, al hacer la historia clínica de una mujer, preguntarle por su marido, o a un hombre por su esposa; hay que hablar de "partner". No se debe presumir que el paciente es heterosexual. Es decir, que se trata de inculcar en los estudiantes una forma de razonar basada sobre une ínfima proporción del género humano que se ha apropiado de los micrófonos y trata de imponer su disfuncionalidad sexual a través de todos los canales posibles.[52]

También me llegó una historia, que tampoco he podido documentar, de un estudiante que se especializaba en ginecología, el cual, al exponer a su supervisor su visión del aborto como un mal que convenía evitar, se

---

[52] Estos ejemplos no son imaginarios. Provienen de testimonios de alumnos de primer año de medicina.

vio amenazado con la prohibición de presentar el examen que le abriría la puerta para obtener la certificación necesaria para el ejercicio de esa especialidad.

CONCLUSIÓN

He presentado sólo algunos aspectos significativos de cómo la libertad de religión y su corolario, la objeción de conciencia, están parcialmente aherrojadas en Canadá. Es triste comprobar que en algunos de esos campos, un país como Canadá, paladín del *Estado de derecho*, se revela en estos casos más bien como un *Estado de* "torcido".

Resulta también instructivo apercibir los nuevos brotes de fobia a la religión que se manifestaron en Québec a principios de octubre del 2009 en relación con unas peticiones por parte de algunos grupos judíos y musulmanes que desean que los examinadores de la prueba para obtener el permiso de conducir sean del mismo sexo que el candidato o la candidata. La respuesta del organismo encargado de hacer los exámenes ha sido razonable: si el candidato es hombre y no quiere encontrarse solo en el auto con una examinadora, esperará hasta que haya un examinador disponible. E igualmente se hace con la mujer que no quiere encontrarse a solas con un examinador. Esta forma de proceder ha sido fuertemente criticada en nombre de la laicidad del Estado y de la igualdad hombre-mujer, conceptos utilizados como pantalla para no manifestar que, en el fondo, lo que no se acepta es que las convicciones religiosas tengan un impacto en la vida pública.

Ciertamente, muchos de esos intentos de eliminar derechos pueden terminar siendo contrarrestados por acciones judiciales, o por actuaciones diligentes de otros profesionales que no se dejan avasallar por los que tratan de imponer sus ideas sin legitimidad y sin autoridad. Pero no deja de ser inquietante la multiplicidad de ataques por varios flancos a la libertad de religión y a la objeción de conciencia.

Apéndice a la nota 10

Journal des débats, DÉBATS DE L'ASSEMBLÉE NATIONALE, 35e législature, 2e session (du 25 mars 1996 au 21 octobre 1998), Le mercredi 26 mars 1997.

Déclarations ministérielles. Mme la ministre de l'Éducation.

Orientations en matière d'éducation morale et religieuse à l'école publique
Mme Marois: Merci, M. le Président. Dans le cadre de la volonté du gouvernement de récupérer ses pleins pouvoirs en matière d'éducation et d'être soustrait à l'application de l'article 93 de la Constitution de 1867, je veux indiquer les orientations et les aménagements que le gouvernement propose en vue de répondre aux attentes diverses des citoyens en matière d'éducation morale et religieuse à l'école publique.

Il convient, **premièrement**, de gérer ces demandes dans la perspective d'une société pluraliste et ouverte. La diversité du paysage socioreligieux éclate partout au Québec. L'école publique se doit donc de respecter le libre choix ou le libre refus de la religion, cela fait partie des libertés démocratiques. C'est dire que toute école doit assurer la liberté de conscience de chaque individu, fût-il seul devant la majorité, et apprendre aux jeunes à vivre dans le respect des allégeances diverses. Pour autant, l'école n'a pas à devenir réfractaire à tout propos sur la religion. Elle doit se montrer ouverte, capable d'accueillir, par delà les convictions particulières et dans un esprit critique, ce que les religions peuvent apporter en fait de culture, de morale et d'humanisme. [...]

Troisième orientation. Il importe de gérer ces attentes dans le respect de l'histoire et de la culture québécoises. Même une fois disparues les contraintes de l'article 93, il n'est pas question de faire table rase de l'histoire et de la culture socioreligieuses du Québec. Si l'égalité de traitement s'impose pour toutes les options, humaniste et religieuse, en ce qui touche l'exercice de la liberté de conscience, il reste un fait évident: la tradition chrétienne, catholique et protestante a marqué profondément et continue de marquer distinctement le paysage architectural, toponymique, culturel, social du Québec de manière aussi distinctive, je dirais, que la neige en hiver et les pointes de clocher des villes et villages. Nous croyons qu'il est possible de reconnaître à l'école cette donnée historique et patrimoniale sans pratiquer l'exclusion ou la discrimination, sans oublier les apports des nouvelles cultures et des autres groupes religieux. À la lumière de ces orientations, nous prévoyons donc les aménagements suivants.

Premièrement, la structure des commissions scolaires sera désormais, dans l'ensemble du territoire, sans référence confessionnelle. Cette déconfessionnalisation des structures fait l'objet d'un très large consensus dans la population.

Deuxième aménagement: afin de favoriser une mise en place harmonieuse des commissions scolaires linguistiques, nous maintiendrons le statut confessionnel actuel, catholique ou protestant, des écoles. Toutefois, deux ans après l'implantation des commissions scolaires linguistiques, les écoles seront appelées à réviser, après consultation des parents, la signification et la pertinence de leur statut confessionnel. Par ailleurs, en vertu de l'économie générale de la Loi sur l'instruction publique, à la demande expresse de parents, une telle révision pourrait avoir lieu dès la mise en place desdites commissions.

Troisième aménagement: le libre choix entre l'enseignement moral et l'enseignement religieux catholique et protestant continuera d'être offert, en conformité avec la Charte québécoise des droits et libertés. Le service d'animation pastorale ou religieuse sera également offert au libre choix. Enfin, dans le contexte d'une société pluraliste, serait-il souhaitable que tous les élèves reçoivent une certaine formation au sujet du phénomène religieux, des cours de culture religieuse intégrant les diverses grandes traditions, des cours d'histoire des religions? J'entends soumettre ces questions à un groupe de travail dont l'avis serait référé à la commission de l'éducation de l'Assemblée nationale, qui pourrait alors entendre l'ensemble des groupes qu'intéresse cette question.

Libertad religiosa, democracia estable y seguridad internacional

Thomas F. Farr
Visiting Associate Professor
Edmund A. Walsh School of Foreign Service, Georgetown University

Me atrevo a decir que, la mayoría de nosotros apoyamos la idea de la libertad religiosa. Sin embargo, al mismo tiempo, quizás no estemos de acuerdo sobre su significado y alcance. Por ejemplo, todos reconocemos que la libertad religiosa incluye el derecho a la creencia y el culto;[1] pero probablemente disentimos sobre hasta qué punto incluye el derecho de los actores religiosos a actuar en política, o su derecho a hacer proselitismo, o a la apostasía. Estoy seguro que, de presentarse la ocasión, tendríamos un animado debate sobre estos temas.

Del mismo modo, la mayoría de nosotros piensa también que la "democracia" es una buena cosa. Una vez más, puede que no estemos de acuerdo sobre todos los detalles, como qué es lo que produce la democracia, crea sus raíces y la convierte en estable y perdurable. Pero la mayoría de nosotros reconoceremos que lograr una democracia estable y perdurable sería bueno para nosotros y nuestros países, para nuestros vecinos y el mundo en general. Sabemos que una democracia madura y consolidada se asocia con los bienes morales y materiales que todos deseamos, como la libertad individual, la prosperidad económica, la seguridad, la justicia y la paz.[2]

Ahora bien, reflexionando sobre las invasiones militares de Estados Unidos a Irak y Afganistán, algunos insistirán en que una democracia

---

[1] Para encontrar un análisis más amplio sobre el significado y alcance de la libertad religiosa, y de muchos otros temas que cubre esta ponencia, ver Thomas F. Farr, *World of Faith and Freedom: Why International Religious Liberty is Vital to American National Security* (New York: Oxford University Press, 2008), esp. 17-25. Ver también Farr, "Diplomacy in an Age of Faith," *Foreign Affairs*, March/April, 2008, 110-124.

[2] Ver, por ejemplo, Bruce M. Russett, *Grasping the Democratic Peace: Principles for a Post-Cold War World* (Princeton: Princeton University Press, 1993); Joseph T. Siegle, Michael M. Weinstein, and Morton H. Halperin, *The Democracy Advantage: How Democracies Promote Prosperity and Peace.* (New York: Routledge, 2005).

exitosa no puede imponerse, sino que debe ser un producto nacional. Sea cierto o no, queda claro que una democracia estable debe ser *sostenida* por disposiciones internas culturales, económicas y políticas. Alemania y Japón en la posguerra, que se suelen mencionar como ejemplos exitosos de una democracia impuesta, ya tenían algunas de estas disposiciones, por frágiles que fueran.[3] El éxito de Irak como democracia ya no dependerá de las acciones de Estados Unidos, sino de su capacidad de poseer o desarrollar los recursos internos para sostener una gobernabilidad democrática. Por otro lado, el supuesto de que la Rusia post soviética no tardaría en adoptar las instituciones y costumbres democráticas no se ha realizado, en parte debido a la ausencia de las disposiciones internas necesarias.

Sin embargo, imagino que la mayoría de nosotros aplaude la propagación de la democracia. Y, de hecho, las formas democráticas de gobierno han aumentado rápidamente durante el último cuarto del siglo XX. Sin embargo, a partir de 2006, los derechos políticos y las libertades democráticas han decrecido durante tres años sucesivos, según los resultados de la encuesta anual de Freedom House *Freedom in the World*.[4] Es más, hemos presenciado un aumento del inquietante fenómeno de las "democracias no liberales", es decir, los estados que han adoptado formas democráticas sin los derechos y las libertades fundamentales que hacen que las democracias sean estables y perdurables.[5] Parece que los líderes autoritarios como Vladimir Putin en Rusia, Hugo Chávez en Venezuela, el Líder Supremo de Irán Ali Khamenei y el de Egipto Hosni Mubarak, han aprendido la forma de explotar los trucos de la democracia para fortalecer su propio poder.

Justamente ante este panorama deseo afirmar mi creencia. *Tanto la historia como las investigaciones contemporáneas demuestran que una democracia exitosa y consolidada no puede lograrse sin un compromiso con los derechos y las libertades fundamentales, cuyo núcleo es un amplio régimen de libertad religiosa*. Los estudiosos a menudo mencionan un "paquete" de libertades fundamentales, como la libertad de expresión, de asociación y la igualdad ante la ley, que son necesarias para la consolidación de la democracia.[6] Existe cada vez más evidencia de que la libertad

---

[3] Eva Bellin "The Iraqi Intervention and Democracy in Comparative Historical Perspective." *Political Science Quarterly* 119, no. 4 (1 de diciembre de 2004): 595-608. Ver también Francis Fukuyama, *America at the Crossroads: Democracy, Power and the Neoconservative Legacy* (New Haven: Yale University Press, 2006), 132.

[4] *Undermining Democracy: 21st Century Authoritarians*. Washington, DC: Freedom House: 3.

[5] Fareed Zakaria, "The Rise of Illiberal Democracy," *Foreign Affairs* 76.6 (Noviembre/Diciembre 1997): 22-43. Ver también Zakaria, *The Future of Freedom: Illiberal Democracy at Home and Abroad* (New York: W.W. Norton and Co., 2003).

[6] Brian J. Grim, "The Social and Political Impact of Religious Freedom Worldwide," ponencia presentada en un simposio en Georgetown University sobre la política de U.S. IRF

religiosa es la pieza clave de este proceso.[7] Sin ella, las democracias inmaduras están expuestas a conflictos y persecuciones religiosas que acaban con la democracia. *Es más, yo diría que para vencer de manera definitiva el terrorismo basado en la religión en los países donde se incuba, y desde donde a menudo se exporta, se requiere una democracia estable basada en la libertad religiosa.*

Esto no significa que la libertad religiosa deba existir en su plena expresión en una sociedad antes de su emergencia como democracia. Esta circunstancia es muy rara en la historia. Es cierto que ciertas variantes de la libertad religiosa existían en algunas naciones occidentales antes de su democratización, en especial en Estados Unidos. Aun allí, sin embargo, se dieron formas virulentas de persecución religiosa en la época de la colonia, al mismo tiempo que emergían las teologías políticas liberales que produjeron el régimen constitucional de libertad religiosa. En los inicios de ciertas democracias de Europa Occidental, como Francia y Alemania, la libertad religiosa que pudo haber existido era bastante tenue, en especial en Francia, donde todavía es el caso.

Lo que sí indica este argumento es que en las sociedades religiosas la democracia sólo puede echar raíces si la apoyan los actores religiosos poderosos, y si este apoyo incluye un compromiso con la libertad religiosa. Deben percibir la libertad religiosa como algo consistente con sus propios intereses, tanto políticos como económicos y teológicos. Y esto plantea un problema especial para las autoridades. Actualmente, los gobiernos y sociedades a menudo perciben la idea misma de libertad religiosa como un imperialismo occidental, y como una fachada para los misioneros occidentales.

Por desgracia, el problema de la libertad religiosa internacional ha despertado muy poco interés en Estados Unidos, mi propio país, y aún menos en otros lados. Muchos estudiosos y gobernantes se interesan por la democracia, pero pocos son los que ven la libertad religiosa como algo crítico para el éxito de la democracia. Para la mayoría, la libertad religiosa

---

el 25 de febrero de 2008. Una version de la ponencia de Grim aparece como "Religious Freedom: Good for What Ails Us?" in *The Review of Faith and International Affairs*, Julio de 2008. Ver también Grim y Roger Finke, "Religious Persecution in Cross-National Context: Clashing Civilizations or Regulated Religious Economies," *American Sociological Review* 72:4 (2007). Para encontrar un análisis del modelo de la competencia religiosa de la libertad religiosa, y cómo puede llevar a un capital social, ver Rodney Stark and Roger Finke, *Acts of Faith: Explaining the Human Side of Religion* (Berkley, CA: University of California Press, 2000). Sobre las relaciones entre la creencia religiosa y el crecimiento económico, ver Robert J. Barrow and Rachel M. McCleary, "Religion and Economic Growth Across Countries," *American Sociological Review* (October 2003). Volvemos al tema de la religión y la democracia en el capítulo 3.

[7] *Ibid.*

se encuentra dentro de la constelación de derechos humanos que son deseables, pero tienden a darle una definición estrecha, prefiriendo términos como "libertad de culto", que puede entenderse como un obstáculo para las actividades políticas por parte de actores religiosos. Pero la libertad religiosa debe significar algo más que el derecho de culto, en especial si queremos que induzca a los actores y comunidades religiosos no liberales a apoyar el tipo de instituciones que sostienen la democracia.

Esto es cierto en las democracias emergentes, como Turquía e Indonesia, en las democracias en problemas, como Rusia, Irak, Pakistán y Afganistán, y en los estados autoritarios como Egipto, Arabia Saudita, Irán e incluso China, esto es, en países donde es importante que se dé una transición pacífica a la democracia para la seguridad internacional. Y la libertad religiosa es absolutamente necesaria para derrotar al extremismo y terrorismo basado en la religión, como el que practican el Talibán y Al Qaeda.

Permítanme explorar brevemente este argumento en tres áreas. La primera, ¿cuál es el contenido de un amplio régimen de libertad religiosa que considero necesario para el progreso de la paz y la seguridad internacionales? La segunda, ¿demuestran las investigaciones en ciencias sociales que este tipo de libertad religiosa ayudará a que eche raíces la democracia y por lo tanto a que progresen la paz y la seguridad? La tercera, ¿cuáles son los obstáculos para este proyecto y cómo podemos enfrentarlos?

UN CONCEPTO AMPLIO DE LA LIBERTAD RELIGIOSA

Comencemos con una definición de libertad religiosa induzca a los actores religiosos poderosos a adoptar la libertad religiosa *y también* la democracia. Imaginemos tres niveles de libertad religiosa que se traslapan. El primero es el derecho prievado de creer o no. Éste es el elemento fundamental de la libertad religiosa. Es absoluto en el sentido de que se basa en la naturaleza y dignidad de toda persona y no puede ser legítimamente restringido por ningún gobierno ni agente humano. Nótese que incluye el derecho a no creer.

El segundo nivel incluye tanto a los individuos como a las comunidades religiosas. Protege el derecho de los *individuos* a ingresar o abandonar las comunidades religiosas, y a actuar, o negarse a actuar, según su conciencia. Protege el derecho de las *comunidades* religiosas a realizar actos que les son naturales como miembros de la sociedad civil, como celebrar el culto en común, disciplinar espiritualmente a sus miembros, invitar a otros a su comunidad y defenderse en contra de la pérdida de adherentes y de identidad. Nótese que al menos tres aspectos de la libertad religiosa en este nivel crean un conflicto potencial: el derecho de un individuo a abandonar una comunidad religiosa (apostasía); el derecho de las comunidades a invitar a otros (proselitismo); y el derecho de una comunidad a resistirse a la apostasía y defenderse contra el proselitismo, en especial cuando utiliza métodos violentos o predadores.

Ahora nos encontramos ya en territorio controvertido, pero tenemos que profundizar aún más. El tercer nivel de libertad religiosa incluye la expresión *política* por parte de individuos y grupos religiosos, el derecho a contender en la arena pública democrática sobre la base de principios morales de origen religioso. En este terreno es donde los actores religiosos no liberales pueden ser atraídos al pacto de la democracia.

Aquí, al igual que en el segundo nivel, debemos prestar la debida atención no solo al contenido del derecho en sí, sino también a los límites apropiados que pueden imponer legítimamente los gobiernos en pro del bien común. Por ejemplo, el derecho de las comunidades religiosas mayoritarias a contender en la arena pública se ve limitado por el principio de la igualdad ante la ley de todas las comunidades religiosas. Ninguna ley ni medida política puede privilegiar la pertenencia a la comunidad mayoritaria, ni tampoco exigir sus formas de culto. Estas leyes constituyen una barrera importante en democracias en apuros como las de Irak, Pakistán y Afganistán, sin mencionar los estados autoritarios como Irán, Egipto y Arabia Saudita.

Dentro de una democracia que funciona, sin embargo, toda persona y comunidad debe tener el derecho a intentar influir, con base en sus argumentos religiosos, sobre las leyes y políticas que la gobiernan, respetando los límites adecuados. Por supuesto que éste es un aspecto sensible e importante, por ejemplo en México, donde la historia desgraciadamente ha legado el miedo de la participación política de la Iglesia Católica, en especial del clero.

Pero la resolución de este problema es crítica para la salud y consolidación a largo plazo de democracias como la mexicana, al igual que la de toda sociedad con un número importante de personas y comunidades religiosas, como los son la mayoría de las sociedades en el mundo actual. No existe una única fórmula para equilibrar la autoridad de la religión y del Estado; dependiendo de cada nación, este equilibrio se verá reflejado en diferentes leyes y políticas. Pero este equilibrio debe lograrse de tal manera que no intente proscribir de la esfera pública a los actores religioso, sean clero o laicos. Hacerlo contravendría el principio fundamental de la democracia: la igualdad ante la ley. Y lo que es quizá más relevante para nuestro objetivo, sencillamente no funcionaría.

Para resumir: un Estado que alcance la libertad religiosa en su ley y cultura habrá logrado un pacto sostenible entre la religión y el Estado. Este pacto protege los derechos de todos los individuos y las comunidades religiosas. Se basa en el principio de la igualdad ante la ley y mantiene una diferencia adecuada entre la religión y el Estado sin proscribir de la esfera pública a las personas, comunidades o ideas religiosas.

EL ARGUMENTO A FAVOR DE LA LIBERTAD RELIGIOSA INTERNACIONAL Y LA SEGURIDAD INTERNACIONAL

Examinemos ahora la evidencia a favor del argumento de que la libertad religiosa es necesaria para el desarrollo de una sociedad civil y una democracia estable, así como para el éxito de las estrategias no militares de lucha contra el terrorismo.

En primer lugar, *la historia* misma indica claramente que en las sociedades con comunidades religiosas poderosas la democracia no madurará a menos que estas comunidades adopten tanto la democracia como la libertad religiosa. Veamos las naciones que tienen comunidades mayoritarias de católicos romanos. Durante gran parte de los siglos XIX y XX, la Iglesia impugnó tanto la democracia como las manifestaciones públicas de las comunidades no católicas. Al tiempo que sostenía que debía protegerse el derecho privado a la libertad religiosa para todas las personas, también enseñaba que las expresiones religiosas públicas por parte de los que no fueran católicos debían estar limitadas por el Estado para proteger el bien común.[8]

A mediados del siglo XX el Concilio Vaticano Segundo reconoció que la Iglesia debía afirmar sus verdades sin el apoyo del Estado. Declaró de manera formal el derecho de toda persona y comunidad religiosa a tener inmunidad ante la coerción de la sociedad civil en asuntos de religión. Lo que exigió a cambio fue el apoyo del Estado para la *libertas ecclesiae*, la libertad de la Iglesia para reivindicar sus verdades y ser el mentor moral de los ciudadanos.[9] Nótese el aspecto claramente público del derecho que reivindicaba entonces la Iglesia. Nótese también que, en consistencia con el principio de la igualdad ante la ley, la Iglesia reivindicó este derecho no sólo para ella, sino para todas las demás comunidades religiosas. Éste fue el cambio doctrinario que impulsó la tercera oleada de democratización en las décadas de 1970 y 1980, tres cuartas partes de la cual sucedió en países mayoritariamente católicos.[10]

En la práctica, este cambio ha impulsado tanto la libertad religiosa como la democracia estable. En América Latina, por ejemplo, la Iglesia ha

---

[8] Brian Tierney, "Religious Rights: A Historical Perspective," in Noel B. Reynolds y W. Cole Durham, Jr., eds,, *Religious Liberty in Western Thought* (Grand Rapids: William B. Eerdmans Publishing Company, 1996), 29-57; George Weigel, "Catholicism and Democracy," in Weigel, *Freedom and It's Discontents: Catholicism Confronts Modernity* (Washington DC: Ethics and Public Policy Center, 1991), 25-50.

[9] See Thomas F. Farr, "*Dignitatis Humanae* and Religious Freedom in American Foreign Policy: A Practitioner's Perspective," in Kenneth D. Whitehead, *After 40 Years: Vatican Council II's Diverse Legacy* (South Bend, Indiana: St. Augustine's Press, 2007), 237-250.

[10] Samuel P. Huntington, *The Third Wave: Democratization in the Late Twentieth Century* (Norman: University of Oklahoma Press, 1991), 76.

tenido que enfrentar la pérdida de fieles ante los grupos pentecostales durante años. En ciertos casos, los católicos reaccionaron buscando imponer leyes que beneficiaran a la Iglesia en detrimento de los que no eran católicos. Sin embargo, la situación ha empezado a cambiar gradualmente.[11] En algunos países, la Iglesia no solo participa en el discurso público sobre el bien común, sino también en una competencia religiosa pacífica por captar almas. En estos casos, está practicando la libertad religiosa tal como la definen los Padres de la Iglesia, lo que John Courtney Murray llamó "credos en un conflicto inteligible" dentro de una sociedad civil democrática.[12] Esto ha ayudado a que la Iglesia se arraigue en América Latina. Es bueno para estos países, para la región y la seguridad internacional.

Tomemos el ejemplo contrario de la Rusia post soviética. Allí la comunidad religiosa mayoritaria no ha aceptado la libertad religiosa y, junto con otras fuerzas políticas y económicas, ha contribuido a impedir que se arraigue la democracia. Tras la caída de la Unión Soviética, la Iglesia Rusa Ortodoxa decidió unirse con el autoritarismo político para mantener su monopolio religioso en Rusia. Ha buscado y obtenido leyes que ponen en desventaja a los demás grupos religiosos.[13] Aunque le ha concedido ciertos beneficios de corto plazo, en el largo plazo la Ortodoxia Rusa pierde su credibilidad como comunidad religiosa vital así como su capacidad para competir por las almas. Al ayudar a las fuerzas antidemocráticas, retarda la consolidación de la democracia en Rusia.

La segunda categoría de la evidencia en pro del valor de la libertad religiosa para la solidez de la democracia proviene de las investigaciones de economistas, politólogos y sociólogos. Por ejemplo, los estudios pioneros del sociólogo Brian Grim demuestran por qué la libertad religiosa es realmente la piedra angular del desarrollo democrático.[14] Lo que muestran las investigaciones de Grim es que la *ausencia* de libertad religiosa lleva a conflictos religiosos que acaban con la democracia, a la persecución religiosa y al extremismo. La *presencia* de libertad religiosa se correlaciona claramente con beneficios políticos, sociales y económicos. Como lo dice

---

[11] Ver Brian J. Grim and Rodger Finke, *The Price of Freedom Denied*. Under review; Martin Poblete, "Chile: From the Patronato to Pinochet." *Religious Freedom and Evangelization in Latin America: The Challenge of Religious Pluralism*. Ed., Paul E. Sigmund. Maryknoll: Orbis Books, 232; Andrew Downie. "Behind Brazil's Catholic Resurgence." *Time*. 8 May 2008. Disponible: http://www.time.com/time/world/article/0,8599,1618439,00.html

[12] John Courtney Murray, *We Hold These Truths: Catholic Reflections on the American Proposition* (Garden City, N.J.: Doubleday Image Books, 1964), 55, 126.

[13] "Russia: Policy Focus," U.S. Commission on International Religious Freedom, (2006). Available: http://www.uscirf.gov/images/stories/pdf/Policy_Focus/Russia.pdf

[14] Brian Grim, "Religious Freedom: Good for What Ails Us?" *The Review of Faith & International Affairs* Vol. 6 No. 2 (Summer 2008): 3-7.

Grim: "Pruebas estadísticas más avanzadas indican que en realidad existe una contribución independiente crucial por parte de la libertad religiosa".[15]

Veamos ahora brevemente la cuestión de cómo puede la libertad religiosa reducir o eliminar el terrorismo basado en la religión, en particular el terrorismo islámico, que aún constituye una amenaza importante para la seguridad internacional. Aunque siempre será necesaria la fuerza militar para perseguir a los terroristas, yo creo que las ideas que constituyen la fuerza del extremismo islámico no pueden vencerse sólo con medios militares. Deben ser derrotadas por los propios musulmanes, y ellos deben poseer una amplia base de libertad religiosa para lograrlo.

En términos generales, la fuerza del radicalismo islámico proviene de ciertas afirmaciones que se infieren de los textos sagrados del Islam. La afirmación central es que Dios desea que el mundo esté sujeto al Islam, y está basada en conceptos como el *tawhid* (la unicidad absoluta de Dios), la *jihad* (la lucha al servicio de los objetivos de Dios) y la *sharíah* (el camino que debe seguir la vida de un musulmán). Aunque la mayoría de los musulmanes rechaza la violencia, el uso que hacen los extremistas de los textos sagrados brinda autenticidad a sus acciones y les otorga poder de reclutamiento. Los jóvenes musulmanes pueden tener toda una gama de razones para convertirse en terroristas: opresión, rabia, desempleo y pobreza, entre otras. Pero estas patologías sociales y económicas se transforman en terrorismo islámico por el poderoso sentido de obligación religiosa.[16]

Los radicales insisten en que su afirmación medular —el hecho de que Dios desea que triunfe el Islam— no requiere ninguna interpretación. Los verdaderos musulmanes lo buscarán por todos los medios que sean necesarios, incluyendo el engaño, la coerción civil y el asesinato de personas inocentes. Como lo dijo uno de los primeros extremistas, Ibn Taymiyya, si en una *jihad* defensiva mueren inocentes junto con culpables, Dios ya los seleccionará en la otra vida. Los radicales piensan que Dios está contento con sus acciones para defender el Islam y extender su poder, y estas acciones les ganarán su favor en este mundo y el paraíso en el otro.[17]

Además, los radicales acusan a las naciones occidentales de amenazar al Islam, no solo con ataques militares, sino —de manera mucho más insidiosa— infiltrando las ideas e instituciones democráticas que llevan a la decadencia moral y espiritual. Ellos insisten en que la libertad occidental equivale a la licencia moral. Ven la virtud democrática de la libertad reli-

---

[15] *Ibid.*, 4.
[16] El análisis del Islam que sigue está tomado de Thomas F. Farr, "Islam's Way to Freedom," *First Things*, November 2008. Disponible: http://www.firstthings.com/article/2008/10/002-islams-way-to-freedom-22
[17] *Ibid.*

giosa ya sea como una fachada para los misioneros cristianos, un complot sionista, o como *laïcité*, el sistema francés de marginar o controlar la religión que empleó Turquía durante todo el siglo XX. Cualquier esfuerzo occidental en favor de la libertad religiosa, dicen los radicales, es un caballo de Troya diseñado para destruir el Islam. La política de promover la libertad religiosa que ha seguido Estados Unidos durante una década no ha logrado vencer estos argumentos.[18]

Lejos de volver a la sobriedad por el éxito de los ataques militares, o incluso por rotundas derrotas militares, las convicciones islámicas tienden a intensificarse con la percepción de la victimización y el martirio. Las medidas norteamericanas actuales pueden lograr (y han logrado) encontrar y eliminar a los líderes islámicos radicales y también trastornar los planes y las comunicaciones de los dirigentes extremistas. Pero estas medidas no bastan. La difícil tarea de contener el islamismo radical requiere una alteración de la dinámica *teológica* que lo sostiene, tarea que solo los propios musulmanes pueden llevar a cabo. Los actores externos pueden ejercer cierta influencia sobre este proceso, pero sólo tendrán éxito si dan poder a los musulmanes que pueden vencer al extremismo por medio de un Islam político, democrático y liberal. Para ello necesitan la libertad religiosa.[19]

Por desgracia, las autoridades de Estados Unidos y otros países siguen dejándose tentar por el argumento de que pueden suprimirse las ideas y movimientos radicales por medio de gobernantes autoritarios en la región. Hasta la fecha, la administración de Obama no ha mostrado ninguna tendencia a rechazar este argumento. Pero cuando los dictadores como el Presidente de Egipto Mubarak o el Rey de Arabia Saudita Abdullah enfrentan el extremismo con arrestos arbitrarios, torturas y ejecuciones, lo único que logran de hecho es garantizar que sobrevivirá y será exportado. Décadas de apoyo norteamericano a los tiranos del Medio Oriente han ayudado a retrasar el crecimiento de un Islam político moderado. La historia demuestra que la represión religiosa y política, aunque no constituye la raíz del extremismo islámico, sí bloquea su remedio más efectivo: el desarrollo de teologías políticas que favorezcan políticas democráticas liberales.[20]

A diferencia de muchos de sus predecesores, el Presidente de Estados Unidos George W. Bush al menos comprendía que las democracias arraigadas y estables son el camino a la moderación en tierras del Islam. Pero una democracia estable requiere algo más que las constituciones y las libertades políticas que han emergido en Irak y Afganistán.[21] Como se seña-

---

[18] *Ibid.*
[19] *Ibid.*
[20] *Ibid.*
[21] Ver Thomas F. Farr, *World of Faith and Freedom* (New York: Oxford University Press, 2008): 3-7.

ló anteriormente, todas las democracias requieren también un crecimiento económico, así como la adopción de los derechos humanos y las libertades civiles, tanto por la ley como por la cultura. Los estrategas de Bush nunca comprendieron plenamente lo que Brian Grim y otros demostraron con sus investigaciones. Lo repito: en las sociedades con poderosas comunidades religiosas, la piedra angular de las libertades es justamente la libertad *religiosa*. Sin ella, la democracia se marchita y hace implosión.

CONCLUSIÓN

Permítanme concluir con algunas observaciones sobre los terribles obstáculos para el progreso de la libertad religiosa internacional y las formas en que pueden vencerse. Un obstáculo importante en otros países es la percepción generalizada de que el interés que muestra el Occidente por la libertad religiosa no es más que un imperialismo cultural, diseñado para abrir el camino a los misioneros cristianos, socavar las comunidades religiosas mayoritarias y —de manera un tanto irónica— imponer un modelo secular occidental en el cual la religión queda desplazada al margen de la vida pública.

En Estados Unidos un problema importante es que la mayoría de los líderes de la diplomacia son renuentes a analizar la religión entre las medidas políticas. Incluso una autoridad como la anterior secretaria de estado Madeleine Albright lo admitió en un libro reciente. Señaló que los diplomáticos y legisladores simplemente han ignorado el papel de la religión en la conformación del mundo. Para ellos, escribe, el tema de la religión "estaba por encima y más allá de la razón; evocaba las pasiones más profundas; además, en la historia, era causa de muchos derramamientos de sangre. A los diplomáticos de mi época se les enseñaba a no buscar problemas, y no parecía haber un tema más peligroso intrínsecamente que la religión".[22]

¿Qué debe hacerse para vencer estos obstáculos y lograr una mayor efectividad en la política de libertad religiosa? Para empezar, la diplomacia internacional debe adoptar un principio general: la religión es normativa de los asuntos humanos y no un simple "añadido" a la naturaleza humana. Además, las naciones occidentales deben aprender a dar poder a los actores locales que busquen regímenes políticos basados en la libertad religiosa. Deben aprender a construir argumentos que resulten atractivos para los intereses de las comunidades religiosas fuertes, como los chiítas de Irak, los sunitas de Afganistán y la Iglesia Ortodoxa de Rusia. Uno de

---

[22] Madeline Albright, *The Mighty and the Almighty: Reflections on America, God, and World Affairs* (New York: HarperCollins Publishers, 2006): 8.

estos argumentos es que los beneficios de la democracia —como el desarrollo económico, la armonía social y la paz— no se pueden alcanzar sin la libertad religiosa. Otro es que estas comunidades pueden florecer en un régimen de libertad religiosa, pero sin él no es probable que lo logren.

Terminaré recordando algo de la historia de Estados Unidos. En la década de 1660, los congregacionistas norteamericanos torturaron y colgaron a los cuáqueros en Boston Commons. Un siglo después, los norteamericanos adoptaron un vigoroso sistema de libertad religiosa. No fue únicamente el resultado de la Ilustración, ni de la separación de la religión y la política, sino de un desarrollo en tándem de la teología y la política. No cabe duda que este sistema ha contribuido a que los musulmanes norteamericanos, sujetos por décadas a la influencia del Wahhabismo, no se hayan radicalizado como ha sucedido con los musulmanes europeos. *The Economist* subrayó esta ironía: "Lo extraño es que, cuando Estados Unidos ha tratado de enfrentar la política religiosa en otros países, en especial la violencia de la *jihad*, no ha aprendido de su éxito en su propio país. ¿Por qué un país tan arraigado en el pluralismo se ha preocupado tan poco por la libertad religiosa?".[23]

¿Por qué? Tanto la política de Estados Unidos como la de otras naciones que buscan la seguridad nacional e internacional deben cambiar. Para alentar la difusión de las formas de gobierno democráticas estables, para derrocar al radicalismo islámico, debemos cambiar. La libertad con orden exige una actitud realista sobre la naturaleza humana. Para que tengan éxito en sociedades muy religiosas, las democracias deben basarse en la libertad religiosa.

---

[23] *The Economist*, 1 November 2007.

Voces en el debate global

Religión, libertad religiosa y derechos humanos:
¿Integración, colaboración o conflicto?

Paolo G. Carozza[1]
Professor of Law and Associate Dean for International and Graduate Programs,
Notre Dame Law School

En este corto ensayo me gustaría abordar cuatro puntos muy extensos acerca de la relación entre religión, libertad religiosa y derechos humanos. En primer lugar, la noción de derechos humanos, tanto en la teoría como en la trayectoria histórica, está íntimamente relacionada con la religión y depende de ella. En segundo lugar, existe al mismo tiempo cierta tensión ambigua entre religión y derechos humanos que es evidente de manera práctica e histórica y que es inherente a la estructura del proyecto global contemporáneo de los derechos humanos. En tercer lugar, es necesaria la intensa protección de la libertad religiosa con el fin de mantener esta relación positiva y constructiva y mitigar así la relación negativa, la de confrontación. Finalmente, en cuarto lugar, existe una lamentable negligencia en relación con la libertad religiosa en muchas de las leyes contemporáneas de derechos humanos internacionales y en su práctica, lo que está conduciendo al surgimiento de un conflicto entre la libertad religiosa y otras reivindicaciones de los derechos humanos en detrimento tanto de estos últimos como de la religión.

En el nivel más elemental, la conexión entre religión y derechos humanos empieza con su íntima relación con el destino de la persona humana y su experiencia del significado y de la identidad. No se trata de presentar un discurso filosófico, por lo que ilustraremos muy brevemente este punto de partida con un ejemplo literario. Entre los numerosos pasajes profundos y provocativos de *Los Hermanos Karamazov* de Dostoievski, se encuentra un hermoso diálogo entre Dimitri y su hermano Aliocha en prisión, cuando el primero enfrenta la posibilidad de ser sentenciado a

---

[1] El Dr. Carozza fue miembro de la Comisión Interamericana de Derechos Humanos de enero de 2006 a enero de 2009 y Presidente de dicha Comisión en 2008-2009.

trabajos forzados en las minas. Dimitri se ha convertido en lo que él llama "un hombre nuevo" debido a su encuentro con Dios y le confiesa a Aliocha que no teme ser condenado injustamente, porque, dice, "En las minas, en un forzado, en un asesino podemos encontrar un hombre de corazón con el que entendernos; sí, también allá lejos podemos amar, vivir y sufrir...y todos somos culpables ante ellos".[2] Y entonces, de su propio sufrimiento, Dimitri maravilla a su hermano cuando le dice:

> No puedes figurarte...cómo anhelo la vida ahora, hasta qué extremo se ha apoderado de mí la sed de vivir, precisamente desde que estoy encerrado entre estas siniestras paredes...Siento en mí una energía que me permitirá hacer frente a todos los sufrimientos, con tal que pueda decirme a cada momento: "¡Existo!". Incluso en el tormento, aun en las convulsiones de la tortura, existo. Y atado a la picota, sigo existiendo; veo el sol, y si no lo veo, sé que brilla. Y saber esto es vivir plenamente.[3]

En esta relación recién descubierta con el Dios transcendental, el Dimitri de Dostoievski por un lado toma conciencia de su responsabilidad —ciertamente la de todos— por los demás, y especialmente de la necesidad de vivir, amar y sufrir con quienes son desterrados y literalmente enviados bajo tierra y olvidados. Por otro lado, en el mismo encuentro, toma conciencia de su propio ser, de su propia dignidad humana, con capacidad para afirmar el significado de la vida, una dignidad que ningún abuso puede borrar, porque, como dice, "saber esto [que el sol brilla] es vivir plenamente". Su conciencia de ¡Existo! es inseparable de la esperanza y la expectativa de que en todo ser humano "podemos encontrar un hombre de corazón con el que entendernos", que lo lleva así a ver que "todos somos culpables ante ellos". En otras palabras, Dostoievski narra de manera vívida cómo la dimensión religiosa de la experiencia humana posee la capacidad para generar tanto el individuo sujeto de derechos, como la persona humana y su reconocimiento de la dignidad de los demás y su solidaridad hacia ellos, tanto la libertad como la responsabilidad.

No es necesario afirmar con energía que la religión siempre es *necesaria* para esta creación de relaciones auténticas de solidaridad entre mi "yo" y los otros que me rodean. En el contexto de nuestra charla, es suficiente reconocer que, para enormes sectores de la humanidad, las comunidades religiosas y las tradiciones religiosas constituyen el principal contexto para enfrentarse con el significado de la realidad, para discernir el objetivo de la existencia social y personal, para vivir seriamente el drama de la vida orientada hacia los ideales fundamentales y para educarnos a nosotros mismos y a las futuras generaciones sobre nuestras responsabi-

---

[2] Fiodor Dostoyevski, *Los hermanos Karamazov* 1564-65, Disponible en http://www.scribd.com/Fiodor-Dostoievski-Los-Hermanos-Karamazov/d/7310407, p. 539.
[3] *Ibid.* 539-538.

lidades con nosotros mismos y con los demás. Por lo tanto, sencillamente no es posible que podamos mantener ningún respeto profundo o generalizado por los derechos humanos sin el papel formativo de la búsqueda religiosa y la práctica religiosa vivida de manera comunitaria. La religión es capaz de generar una experiencia de nuestra propia dignidad humana individual, o del compromiso social por el bienestar de otros y el vínculo entre ambos. No es fortuito que, de todos los derechos humanos reconocidos en la legislación internacional, el derecho a la libertad religiosa sea uno de los que vinculan más explícitamente la dimensión comunitaria con la individual de la condición de la persona humana y de la dignidad.

Al dar luz a la solidaridad y las relaciones humanas, por vincular la dignidad individual con la comunidad, la religión posee la capacidad de cultivar de otra forma los derechos humanos. Asimismo, es la simiente de la que crece la sociedad civil. Sin las asociaciones y las iniciativas sociales existentes entre el individuo y el Estado no habría una protección eficiente para los derechos humanos. Es una realidad que hemos aprendido de manera trágica por diversas formas del autoritarismo en todo el mundo. No se trata de especulaciones abstractas acerca del papel de la religión para establecer la base existencial, moral y social para los derechos humanos. El registro histórico de los derechos humanos confirma y complementa este papel, incluyendo particularmente la historia de la tradición de derechos humanos de Latinoamérica desde sus orígenes hasta la actualidad.

Después de todo, la noción de derechos humanos nació en Latinoamérica. Transitó por siglos de gestación en la sabiduría acumulada en diferentes culturas y civilizaciones, y de manera particular en la historia del Cristianismo; pero la noción de que existen *derechos* personales y universales deben reconocerse en virtud de la humanidad inherente de todo hombre y mujer, y en virtud de su calidad de integrante de una familia humana común, encontró primero una expresión explícita en el contexto del encuentro entre Europa y los pueblos indígenas del Continente Americano. En Salamanca, Francisco de Vitoria y sus contemporáneos establecieron los fundamentos filosóficos y teológicos para la noción,[4] mientras aquí, en lo que ahora es México, Bartolomé de las Casas puso en funcionamiento las enseñanzas de la Escuela de Salamanca en defensa de los derechos del pueblo indígena a ser libre de conquistas y esclavitud.[5] Tanto la teoría como la práctica fueron inseparables del sentido religioso de estos

---

[4] Ver Joeseph M. de Torre, *The Roots of International Law and the Teachings of Francisco de Vitoria as a Foundation for Transcendent Human Rights and Global Peace* (Las raíces del derecho internacional y las enseñanzas de Francisco de Vitoria como fundamento de los derechos humanos trascendentales y la paz mundial), Ave Maria Law Review 123, 142 (2004).

[5] Ver Paolo G. Carozza, *From Conquest to Constitutions: Retrieving the Latin American Tradition of the Idea of Human Rights* (De la Conquista a las constituciones: Recuperación de

protagonistas de la historia antigua de los derechos humanos. Conmovió la conciencia de Bartolomé de las Casas para que se transformara de propietario de esclavos en infatigable defensor de la verdad de que "ellos son nuestros hermanos", como literalmente lo dijo. Obligó a Vitoria a valerse de sus estudios para poner de relieve las enseñanzas de Santo Tomás de Aquino y de la Iglesia ante las terribles injusticias de la conquista.

Desde sus inicios, la relación entre la religión y la historia de los derechos humanos en Latinoamérica ha sido estrecha. Los movimientos revolucionarios de liberación que condujeron a la independencia y a las primeras constituciones basadas en los derechos del continente fueron en gran parte sustentados —muchas veces en contraste con sus contrapartes europeas— por el fundamento de la tradición escolástica de la ley natural que se enseñaba en las facultades de derecho de las universidades católicas del continente. El movimiento panamericano contra la esclavitud del Siglo XIX —uno de los más importantes predecesores del sistema de los derechos humanos internacionales contemporáneos— estaba profundamente arraigado e inspirado en comunidades religiosas que permanecieron solidarias con sus hermanos y hermanas de África.[6] Incluso en el ambiente radicalmente anticlerical aquí en México en el siglo diecinueve, la religión representó un papel constructivo y vital en el crecimiento y el desarrollo de la noción de los derechos humanos. Aunque no siempre se le reconoce, el registro histórico muestra que el hito que representa la Constitución Mexicana de 1917 —la primera constitución en el mundo en incorporar una protección sustancial a los derechos sociales y laborales— se debió de manera indirecta pero importante al desarrollo del pensamiento social católico durante las décadas precedentes.[7] Cuarenta años después, durante el proceso de elaboración del proyecto de los primeros instrumentos de los derechos humanos internacionales, la herencia religiosa de Latinoamérica representó una parte importante de la inmensa influencia que los países latinoamericanos ejercieron durante el proceso. E incluso en años más recientes, no faltan ejemplos de individuos y comunidades de la región cuya identidad religiosa y participación los han llevado a estar en radical solidaridad con los oprimidos por todo tipo de violencia, desde el terrorismo y el crimen organizado hasta la sistemática represión de las dictaduras militares. En resumen, existe una larga historia de integración entre la noción y la práctica de los derechos humanos y las identidades y los compromisos de origen religioso entre los pueblos latinoamericanos.

---

la tradición latinoamericana de la noción de derechos humanos), 25 Human Rights Quarterly 281, 289-96 (2003), de donde provienen este párrafo y los siguientes.

[6] *Ver* Paul Gordon Lauren, The Evolution of International Human Rights: Visions Seen (La evolución de los derechos humanos internacionales: una visión), Capítulos 1 y 2 (1998).

[7] Ver Carozza, *supra* nota 5, pp. 303-11.

Permítanme dejar muy claro que el fin de todo esto de ningún modo es denigrar o minimizar las numerosas ocasiones en las que la creencia y la pertenencia religiosa también han actuado en contradicción con las nociones de la dignidad humana que representan los derechos humanos. Si el lenguaje de los derechos humanos surgió por primera vez como respuesta de algunas personas a los abusos de la conquista del Continente Americano, se debe en parte a que otros usaban la religión como una justificación para la violencia y una excusa para el sometimiento. Los estados confesionales o cuasi-confesionales de las antiguas repúblicas del Continente Americano que primero reconocieron los derechos y las libertades fundamentales de las constituciones también discriminaron las creencias de las religiones minoritarias, les negaron su libertad y las persiguieron, a veces hasta hace poco (particularmente a los pueblos indígenas). A pesar de todos los sobrecogedores ejemplos que poseemos sobre los creyentes religiosos al frente de la solidaridad con las víctimas del abuso, podemos señalar otros casos, trágicos, en los que la religión ha sido usada al servicio de ideologías violentas y opresivas, tanto de la izquierda revolucionaria radical como del asesinato patrocinado por el estado, la tortura y la desaparición. No se puede más que estar de acuerdo con el análisis del entonces Cardenal Joseph Ratzinger en una conferencia que dictó poco antes de convertirse en el Papa Benedicto XVI: "En la religión existen patologías sumamente peligrosas —declaraba el cardenal—, que pueden conducir al terrorismo y a la violencia, que hacen necesario considerar la luz divina que representa la razón, es decir, como una especie de órgano de control, desde el que y por el que la religión ha de dejarse purificar y ordenar una y otra vez...".[8]

También existe una tensión más sutil entre la creencia religiosa y los derechos humanos. Mi narrativa de las fuentes religiosas de los derechos humanos no tiene la intención de sugerir que la creencia y la experiencia religiosas sean las **únicas** fuentes de las nociones y normas de los derechos humanos, ni que posean cualquier derecho *exclusivo* de legitimidad como base para el compromiso y las acciones en favor de los derechos humanos. Por el contrario, la existencia de múltiples tradiciones diferentes de pensamiento político y filosófico que se han entretejido en el proyecto de los derechos humanos internacionales es un hecho bien conocido que Mary Ann Glendon y otros han documentado y explorado. La Profesora Glendon se refiere a estas diferentes tradiciones de pensamiento como las que dan origen a diferentes "dialécticas de los derechos".[9]

---

[8] Jürgen Habermas y Joseph Ratzinger, *Entre razón y religión. Dialéctica de la secularización*. Colec. Centzontle, Ed. FCE, ISBN 9789681684365.

[9] Mary Ann Glendon, El lenguaje de los derechos. El empobrecimiento del discurso político, disponible en Centro de Estudios Públicos, Chile: http://www.cepchile.cl/dms/lang_1/autor_981.html

Este pluralismo de fuentes tiene importantes implicaciones para la religión y la libertad de religión. Significa que el lenguaje y la práctica de los derechos humanos no representan una ética única, coherente y uniforme de la vida pública. La noción de derechos humanos contiene en sí misma una multitud de diferentes nociones y premisas acerca de la naturaleza de la persona humana y del destino de la vida humana, acerca del papel adecuado del estado respecto a las formas más íntimas de asociación humana como el matrimonio y la familia y, de manera más general, de la relativa importancia de los diferentes valores, como la autonomía, la equidad o la libertad personal, para el fortalecimiento de comunidades humanas positivas y florecientes. El significado de la "dignidad humana", que es la única "norma básica" o *grundnorm* explícita que se menciona virtualmente en todo documento de los derechos humanos internacionales, es en sí objeto de profundos debates.[10] A menudo estos principios fundamentales solo son implícitos, pero siempre están presentes y podemos ver fácilmente cómo una determinada elección entre las nociones de "derechos humanos" que rivalizan entre sí puede ser más o menos consonante con un punto de vista particular, de origen religioso, acerca del significado de la libertad y la responsabilidad. A veces existirán conflictos categóricos entre ellos. Más a menudo, habrá superposición en algunas áreas —por ejemplo, en la protección de los derechos de los inmigrantes y obreros o en la oposición al trato inhumano a detenidos y en la aplicación de la pena de muerte— mientras en las otras existe una divergencia significativa, como en la defensa del nonato y el reconocimiento legal de la familia tradicional.

El punto es que, por razones inherentes a la estructura del discurso y a la ley de los derechos humanos, es extremadamente improbable que exista una total integración entre cualquiera de las nociones la dignidad humana de origen religioso y el punto de vista predominante sobre los derechos humanos en cualquier momento y lugar. Desde luego, es imposible que una concepción particular de los derechos humanos se integre con todas o incluso con la mayoría de las tradiciones religiosas de una sociedad pluralista. Lo mejor que se puede esperar es una colaboración en ciertos frentes, motivada quizás por razones divergentes, pero con ciertos resultados o estrategias comunes. En otros aspectos, la relación será de oposición, presentando puntos de vista opuestos sobre lo que es la forma adecuada de vida. Tal pluralismo de puntos de vista no es malo, ayuda a crear las condiciones para el respeto mutuo, para el debate público razonado y para el arte de la democracia.

---

[10] Ver Christopher McCrudden, Human Dignity and Judicial Interpretation of Human Rights (Dignidad humana e interpretación jurídica de los derechos humanos), 19 European Journal of International Law 655 (2008).

Pero a veces el contraste entre estos puntos de vista rivales puede ir incluso un paso más lejos. Algunas nociones de "derechos humanos" han sido y serán absolutamente hostiles a la religión, a los creyentes y a los puntos de vista basados en la religión. Pueden, por ejemplo, privilegiar nociones individualistas de equidad y no discriminación por encima de los derechos de asociación y prácticas religiosas comunitarias; pueden requerir un grado de control estatal sobre la educación o la vida familiar que interfiera con los derechos de los padres y las iglesias para transmitir el contenido de su fe; pueden adquirir un punto de vista tan absolutista del estado secular que impidan expresiones razonables de creencia en la esfera pública, por ejemplo, prohibir a los religiosos usar cierto tipo de vestimenta o ejercer sus derechos políticos, como sucedió aquí en México.[11]

Es importante que comprendamos dichos conflictos no solo como conflictos entre el estado, por un lado, y los derechos humanos (incluyendo la libertad religiosa) por el otro. A menudo son conflictos *en el interior* de la legislación y de la práctica de los derechos humanos, entre las diferentes nociones de derechos humanos que están más o menos abiertas a la vida religiosa de las personas y las comunidades humanas. Por ejemplo, el intenso conflicto entre el secularismo anticlerical radical de la Francia jacobina y la Iglesia Católica en el Siglo XIX se comprende mejor, no como una lucha de los derechos humanos contra la religión o de la religión contra los derechos humanos, sino como una lucha sobre los diferentes significados de los derechos y su relación con la persona humana, una lucha entre una concepción de los derechos que surgió de la Ilustración y secularizó la razón, y otra concepción, más antigua, basada en fundamentos antropológicos muy diferentes.[12] Las ideologías de los derechos basadas en una concepción de la "razón" que se depura de todo contenido religioso posee sus propias "patologías" que son el espejo del fanatismo religioso, como señaló el Cardenal Ratzinger en la misma conferencia a la que nos referimos anteriormente: "...una desmesurada arrogancia de la razón que resulta incluso más peligrosa" que la de la religión, enfatizó, por eso, "la razón debe, inversamente, ser consciente de sus límites y aprender a prestar oído a las grandes tradiciones religiosas de la humanidad. Cuando se

---

[11] Para una visión general más amplia de la historia de la libertad religiosa en México, ver José Luis Soberanes Fernández, "México y la Declaración sobre la Eliminación de Todas las Formas de Intolerancia y Discriminación Fundadas en la Religión o las Convicciones de las Naciones Unidas en 1981". Disponible en http://www.bibliojuridica.org/libros/1/58/tc.pdf, p. 44.

[12] Ver Paolo Carozza y Daniel Philpott, The Catholic Church, Human Rights and Democracy: Convergence and Conflict with the Modern State, (La Iglesia Católica, los derechos humanos y la democracia: Integración y conflicto con el estado moderno) disponible en inglés en http://ssrn.com/abstract=1394355.

emancipa por completo y pierde esa disposición al aprendizaje y esa relación correlativa, se vuelve destructiva".[13]

¿Cómo retenemos la gran capacidad existencial e histórica que tiene la experiencia religiosa para generar principios y estructuras para el reconocimiento y la protección de la dignidad humana, mientras al mismo tiempo reconocemos y comprendemos su tentación de excluir a la razón y coartar la libertad? ¿Cómo conservamos abierto el dominio de los derechos humanos a la gran variedad de formas de sabiduría representada por diferentes tradiciones religiosas, expandiendo el alcance de la colaboración y minimizando la probabilidad de conflictos directos? Está claro que una respuesta completa incluye varias partes. La principal de ellas es la educación en su más amplio sentido, incluyendo tanto la educación del sentido religioso como la extensión de nuestra razón. Un compromiso con las virtudes del autogobierno democrático sería también otra pieza importante en este rompecabezas. Pero sin importar lo que se haga, la libertad religiosa tiene un papel importante. Un compromiso con una comprensión muy sólida de la libertad religiosa es crítico, porque por medio de esta primera libertad somos capaces de promover en la vida social una apertura tanto de la religión como de la razón, un diálogo genuino entre las propias tradiciones de la religión y entre éstas y las diversas dialécticas rivales de los derechos. Y por el contrario, todo dialecto de los derechos humanos que no esté abierto a la libertad de que los hombres y las mujeres busquen el infinito como un aspecto estructural de su humanidad, de sus compromisos con la justicia y la solidaridad con el sufrimiento de los demás, se convertirá por sí mismo en una forma de violencia, porque niega uno de los hechos básicos de la realidad humana. Para decirlo de otro modo, la libertad religiosa debe comprenderse y perseguirse como una condición necesaria para que las cuestiones más importantes —las cuestiones esencialmente humanas sobre el significado que nos constituyen como individuos y como miembros de comunidades— se traten libremente. Las nociones *tanto* de la religión *como* de los derechos humanos que contemplen coartar esta búsqueda, tarde o temprano se convertirán en ideologías de esclavitud más que de libertad.

Contra estos antecedentes muy generales y necesariamente demasiado condensados, quisiera volver a una evaluación mucho más práctica del estado de la libertad religiosa en la actual legislación de derechos humanos en el Continente Americano.

Los instrumentos legales internacionales básicos del sistema interamericano de derechos humanos contienen sólidas normas fundamentales para la libertad religiosa. El Artículo III de la Declaración Americana de

---

[13] Jürgen Habermas y Joseph Ratzinger, Entre razón y religión. Dialéctica de la secularización. Colec. Centzontle, Ed. FCE, ISBN 9789681684365.

los Derechos y los Deberes del Hombre que mediante la Carta de la Organización de Estados Americanos se aplica a todos los países del Continente Americano, especifica que "Toda persona tiene el derecho de profesar libremente una creencia religiosa y de manifestarla y practicarla en público y en privado".[14] Para los países que ratificaron la Conferencia Internacional Americana sobre Derechos Humanos (que desafortunadamente no incluye casi ninguno del mundo de habla inglesa de América del Norte y el Caribe), el Artículo 12 va un poco más lejos en la protección de la libertad religiosa. Especifica que la libertad de conciencia y de religión "implica la libertad de conservar su religión o sus creencias, o de cambiar de religión o de creencias, así como la libertad de profesar y divulgar su religión o sus creencias, individual o colectivamente, tanto en público como en privado".[15] Restringe el tipo de medidas que los Estados pueden establecer por ley y finalmente especifica que los padres tienen derecho a que sus hijos reciban la educación religiosa y moral que esté de acuerdo con sus propias convicciones.[16]

Durante los 50 años de historia de la Comisión Interamericana de Derechos Humanos —el principal órgano internacional para la protección y la promoción de los derechos humanos en el sistema interamericano— se han realizado numerosos esfuerzos para otorgar mayor significado y aplicación práctica a estas normas. Durante años, para dar una idea, en casos polémicos individuales la Comisión ha actuado así:

1. resuelve que ha sido violada la libertad de minorías religiosas como los Testigos de Jehová mediante decretos que prohíben o coartan sus actividades;[17]

2. resuelve que se violan los derechos de las personas en las prisiones cuando no se les permite rendir libre culto o recibir visitas regulares del clero de sus iglesias;[18] y

3. resuelve que se viola la libertad religiosa de los pueblos indígenas cuando son forzados a desplazarse o cuando la explotación ilegal de los recursos naturales los priva de sus lugares sagrados.[19]

---

[14] Declaración Americana de los Derechos y Deberes del Hombre (1948), aprobada en la Novena Conferencia Internacional Americana (1965). Disponible en http://www.oas.org/DIL/esp/Declaración_Americana_de_los_Derechos_y_Deberes_del_Hombre_1948.pdf

[15] Conferencia Internacional Americana sobre Derechos Humanos, artículo 12, 22 de noviembre de 1969. disponible en http://www.oas.org/Juridico/spanish/tratados/b-32.html

[16] *Ibid.*, artículo 12.

[17] *Ver, por ejemplo*, Testigos de Jehová *Vs.* República Argentina, Caso 2137 (1978), disponible en https://www.cidh.oas.org/annualrep/78sp/Argentina2137.htm

[18] *Ver, por ejemplo*, Benedit Jacob *Vs.* Grenada, Caso 12.158, Informe No. 56/02 (2002), disponible en inglés en http://www.cidh.oas.org/annualrep/2002eng/Grenada.12158.htm.

[19] Caso Masacre Plan de Sánchez *Vs.* Guatemala. Sentencia del 29 de abril de 2004, Corte Interamericana de Derechos Humanos, disponible en http://www.corteidh.or.cr/docs/casos/articulos/seriec_105_esp.pdf

En varios casos, incluyendo uno en México decidido en 1999, se resolvió que ciertos miembros de comunidades religiosas habían sido perseguidos, detenidos, ultrajados y expulsados por agentes estatales por las actividades que emprendieron, por causa de sus convicciones religiosas, en beneficio de los pobres y marginados en medio de conflictos sociales como los disturbios en Chiapas o la larga guerra civil en Guatemala.[20] En estos casos, la Comisión afirmó que el derecho a la libertad religiosa incluía también a las obras de caridad y el ministerio social de estos individuos.

La Comisión Interamericana también se dedica a una investigación más general y a informar sobre la situación de los derechos humanos en países particulares de la región o respecto a temas particulares. En este contexto, en diversas ocasiones la Comisión ha criticado, por ejemplo, el estado de la libertad religiosa en Cuba,[21] la violenta persecución de las comunidades religiosas durante los conflictos armados en El Salvador y Guatemala,[22] y más recientemente algunas de las inquietantes manifestaciones de intolerancia religiosa en Venezuela.[23]

No obstante, debe decirse que la legislación interamericana de derechos humanos llama más la atención por lo que *no* ha dicho o hecho acerca de la libertad religiosa a lo largo de los años. Son extremadamente limitados los casos sobre libertad religiosa expuestos ante la Comisión. En la Corte Interamericana de Derechos Humanos, en San José de Costa Rica, las únicas decisiones relacionadas con la libertad religiosa se han dado en el contexto de casos que involucran violaciones generalizadas de los derechos de los pueblos indígenas.[24] La Comisión nunca ha elaborado un solo informe temático sobre la libertad religiosa en el Continente Americano. Está claro que debe reconocerse que las violaciones en las que generalmente se *ha enfocado* el sistema interamericano a lo largo de su historia

---

[20] Ortiz v. Guatemala, Case 10.526/Report No. 31/96, Inter-American Commission on Human Rights, available at http://www.cidh.oas.org/annualrep/96eng/Guatemala10526.htm; Riebe Star et al. v. Mexico, Case 11.610/Report No. 49/99, available at http://www.cidh.oas.org/annualrep/98eng/Merits/Mexico%2011610.htm.

[21] Por ejemplo, Informe sobre la situación de los derechos humanos en Cuba, (1983), disponible en http://www.cidh.oas.org/countryrep/Cuba83sp/indice.htm

[22] Informe sobre la situación de los derechos humanos en El Salvador (1978), disponible en http://www.cidh.oas.org/countryrep/ElSalvador78sp/indice.htm; Informe sobre la situación de los derechos humanos en la República de Guatemala (1983), disponible en http://www.acnur.org/biblioteca/pdf/4391.pdf; Informe sobre la situación de los derechos humanos en Nicaragua (1978), disponible en http://www.cidh.oas.org/countryrep/Nicaragua78sp/introduccion.htm

[23] Informe Anual de la Comisión Interamericana de Derechos Humanos, 2008, Capítulo IV (continuación), Desarrollo de los derechos humanos en la región-Venezuela, disponible en http://www.cidh.oas.org/countryrep/Nicaragua78sp/introduccion.htm

[24] *Ver, por ejemplo,* Caso Masacre Plan de Sánchez *Vs.* Guatemala, *supra* nota 16.

son abusos sistemáticos del derecho a la vida y a la integridad física, es decir, desapariciones, tortura y ejecución extrajudicial. Las amenazas masivas y urgentes de las dictaduras criminales pueden hacer que el problema más sutil de la libertad religiosa en la región parezca un lujo incosteable, especialmente en un sistema obligado a priorizar el uso de recursos humanos y financieros muy limitados.

Y sin embargo, incluso si la dramática urgencia de enfrentar regímenes de estado terroristas ha menguado en la región —afortunadamente—, también se ha dado una disminución realmente sustancial de la atención a los asuntos de la libertad religiosa desde las primeras décadas de actividad de la Comisión, ya sea en casos de litigios individuales o en informes generales sobre las condiciones de los derechos humanos. ¿Por qué sería el caso? Sin duda, en parte debido a que algunas de las violaciones de la libertad religiosa más serias de la región ahora se han resuelto o reducido. Hasta hace poco estos países prohibían algunas religiones. La violenta represión de creyentes comprometidos políticamente que tuvo lugar en el contexto de los conflictos ideológicos de la guerra fría es generalmente un asunto del pasado. México, por ejemplo, ha atenuado su intolerancia oficial a la religión en la vida pública,[25] e incluso Cuba, a pesar de que aún padece muchas dificultades, ha abandonado las formas extremas de represión de la religión que el régimen impuso durante sus primeros años en nombre de su ideología oficial de materialismo dialéctico.[26]

A pesar de todo, no se trata en realidad de que la preocupación sobre la libertad religiosa ya no exista en la región. Se trata más bien de que no se ve, aun cuando son aparentes otros problemas de igual o menor importancia. Consideren un ejemplo. La Comisión Interamericana sólo ha adoptado una vez un informe nacional sobre la situación de los derechos humanos aquí en México, en 1998.[27] Era relativamente detallado, con capítulos sobre los derechos a la vida, la libertad personal y el trato humano; sobre la administración de la justicia, los derechos políticos y la libertad de expresión; sobre los pueblos indígenas y los derechos de la mujer, así como sobre los derechos económicos y sociales. Concluía con un extenso

---

[25] Ver, por ejemplo, Floyd, J. Charlene, A theology of insurrection? Religion and Politics in Mexico (¿Una teología de insurrección? Religión y política en México), 50 Journal of International Affairs 142 (2001).

[26] Ver Short, Margaret, Law and Religion in Marxist Cuba: A Human Rights Inquiry (Ley y religión en la Cuba marxista: Un investigación sobre derechos humanos), (1993).

[27] Report on the Situation of Human Rights in Mexico, Inter-American Commission on Human Rights (1998), available at http://www.cidh.oas.org/countryrep/Mexico98en/table-of-contents.htm

Informe sobre la situación de los derechos humanos en México, Comisión Interamericana de Derechos Humanos (1998), disponible en http://www.cidh.oas.org/countryrep/Mexico98sp/indice.htm

conjunto de recomendaciones al Estado. Pero en ningún lugar se menciona o se analiza la libertad religiosa.

Por lo tanto, la ausencia de interés por la libertad religiosa necesita también explicarse en relación a otros factores. Uno de ellos es que hemos presenciado una orientación cada vez más pronunciada de la maquinaria de los derechos humanos internacionales hacia un limitado rango de subgrupos de la población que no incluye a las minorías religiosas. Para dar un ejemplo claro: en los años 1990, la Comisión Interamericana creó una serie de "relatores" temáticos internos para prestar una mayor atención a ciertos temas o a ciertos grupos particularmente vulnerables de la sociedad. Hoy cuenta con un "relator" sobre los derechos de la mujer, uno sobre los niños, uno sobre los pueblos indígenas (cargo que ocupé durante dos años) y uno sobre los afrodescendientes y la discriminación racial, pero ninguno sobre la religión, las minorías religiosas o la libertad religiosa. Además, los temas elegidos generalmente obtienen apoyo mediante considerables contribuciones financieras para promoverlos, pero ningún país donador ha elegido nunca financiar temas de libertad religiosa. Un segundo factor es que la Comisión y otros organismos están compuestos en gran parte por una subcultura de burócratas profesionales con un concepto del mundo y un sistema de valores comunes que normalmente no tienen ningún interés serio o vínculo con la religión. Unos pocos ven la religión como peligrosa y represiva, mientras que la mayoría la ve simplemente con una relativa indiferencia. De ningún modo pongo en duda su buena fe, pues los abogados que trabajaron para mí en la Comisión durante cuatro años eran personas sinceras, dedicadas, llenas de buena voluntad y nobles ideales. Pero son tan pocos los que tienen la religión como un factor central y vital en su vida que existe una ceguera generalizada e institucional para los temas como la religión en el movimiento de derechos humanos internacionales. A menudo parece como si la religión fuera solo algo relevante para la naturaleza exótica de las comunidades indígenas que es vista como esencialmente espiritual, pero no para la vida de la gente "común". Un tercer factor es que la mayoría de las instituciones de derechos humanos son actores pasivos. Escuchamos, decidimos casos o hacemos visitas por instigación y provocación de las víctimas individuales y las ONGs que se ocupan de sus causas. En el sistema interamericano existe una notoria ausencia de grupos con afiliación religiosa que llamen la atención sobre sus problemas y necesidades, o víctimas de violaciones de la libertad religiosa que pidan la reivindicación de sus derechos.

Lo que todos estos factores tienen en común es que reflejan, al menos en el Continente Americano, la ausencia de creyentes y comunidades religiosas con un compromiso activo, serio y continuo con las leyes y políticas internacionales. Es una triste ironía que la religión, que dio nacimiento a los derechos humanos y los nutrió en su cuna, ahora haya abandonado prácticamente a sus hijos para que sean criados por otros padres. En su obra *Coros de "La Roca"*, T.S. Eliot pregunta provocativamente, "¿Ha abandonado la Iglesia a la humanidad, o la humanidad ha abandonado a la Iglesia?".[28] Quizás podríamos parafrasear y adaptar esta pregunta así "¿Han abandonado los derechos humanos a la religión, o la religión ha abandonado a los derechos humanos?".

Para mí, la respuesta parece ser "ambas", y las implicaciones para la libertad religiosa probablemente son muy serias a la luz de las reflexiones con las que inicié mis comentarios. El resultado de la creciente fisura actual entre el discurso de los derechos humanos y la religión es una incapacidad para comprender que la protección de la dignidad *requiere* la protección de la apertura estructural de la persona humana para lo trascendente y su búsqueda de las respuestas a sus preguntas fundamentales sobre el significado. Fragmenta nuestro entendimiento de las personas y los derechos, enfrentando las diferentes nociones sobre los requisitos de justicia, dignidad y libertad, en lugar de integrarlas en una preocupación global por el bien de la persona humana como un todo. Con el tiempo, esto conducirá a una noción de los derechos humanos en la cual se subordina la libertad religiosa.

Los conflictos sobre la libertad religiosa que son intrínsecos al problema de los derechos humanos, y que describí anteriormente, aún no son evidentes desde el exterior en la legislación y las instituciones regionales de derechos humanos del Continente Americano. Pero con mi experiencia los veo aparecer en el horizonte y se aproximan rápidamente. Si observamos las formas en que ya se están manifestando en otros organismos y procesos de derechos humanos internacionales, tendremos una excelente idea de lo que puede ser en poco tiempo. Por ejemplo, la Directiva de Trato Igualitario de la Unión Europea propuesta actualmente puede tener como resultado serias limitantes para que las iglesias y las organizaciones de la sociedad civil basadas en la fe tengan la capacidad de actuar de acuerdo con sus principios morales fundamentales, tanto en su trabajo relacionado con las necesidades sociales básicas como en el cuidado de los enfermos, como en su gobernabilidad interna.[29] Durante años recientes, el Comité de Derechos Humanos —organismo inscrito al amparo del Pacto Internacional de los Derechos Políticos y Civiles— se ha enfocado en las relaciones entre la Iglesia y el Estado en numerosos países del mundo. Por

---

[28] T. S. Eliot, *Coros de "La Roca"*, Canto VII, disponible en http://el-capaneo.blogspot.com/2007/12/ts-eliot-el-significado-se-encarn-en-un.html

[29] *See*, *e.g.*, http://www.ccfon.org/docs/CCFON_&_CLC_Information_&_Action_Pack_on_the_EU_Equal_Treatment_Directive_FINAL.pdf

Ver, por ejemplo, http://eur-lex.europa.eu/LexUriServ/LexUriServ.do?uri=CELEX:52008PC0426:ES:HTML

ejemplo, en un informe de 2008, a pesar del reconocimiento explícito del Comité de Derechos Humanos de que el carácter oficial de la Iglesia Evangélica Luterana de Dinamarca está fundado en criterios sociales e históricos objetivos, concluyó que "el apoyo financiero directo que la Iglesia Luterana Evangélica recibe del Estado y las funciones administrativas confiadas a ella, como por ejemplo el registro del estado civil y la gestión de los cementerios, podrían conducir a discriminación con respecto a otros grupos religiosos", y por consiguiente el Comité recomendó que Dinamarca modificara sus leyes para limitar el papel de la Iglesia.[30] Abundan los ejemplos, desde recientes condenas tendenciosas y cuestionables de Italia por exhibir crucifijos en escuelas públicas,[31] hasta los esfuerzo por prohibir la llamada "difamación de las religiones" en el Consejo de Derechos Humanos.[32] Quizás el ejemplo que más rápidamente arrasará en el Continente Americano —predigo que inmediatamente— es el agresivo esfuerzo del Comité para la Eliminación de la Discriminación contra la Mujer (CEDAW) para insistir que la protección de los derechos humanos de la mujer requiere que los Estados se comprometan a restringir la libertad de los profesionales de la asistencia médica para negarse a participar en la realización de abortos.[33]

¿Por qué debemos estar atentos para prevenir dichos conflictos y mantener la importancia de la libertad de las religiones para la completa iniciativa de los derechos humanos? Por el bien de la religión, de los creyentes y las comunidades religiosas, sí. Pero también por el bien de los derechos humanos. Sin libertad religiosa, sin *libertas ecclesiae*, la libertad de la Iglesia (y de todas las comunidades religiosas) de vivir, respirar y generar una cultura de vida, ¿De dónde se espera que provengan los compromisos éticos para sustentar los derechos humanos? ¿Qué nutrirá nuestra solidaridad con los demás, en su sufrimiento y en su búsqueda de

---

[30] Comité de Derechos Humanos, Naciones Unidas, Examen de los informes presentados por los estados partes de conformidad con el Artículo 40 del Pacto, Apartado 12 (27 de noviembre de 2008).

[31] *Lautsi Vs. Italia*, Tribunal Europeo de Derechos Humanos, Juicio del 3 de noviembre de 2009, disponible en http://www.scribd.com/doc/22960742/Affaire-Lautsi-c-Italia

[32] Consejo de Derechos Humanos, Resolución 10/22, *La lucha contra la difamación de las religiones*, 26 de marzo de 2009, disponible en http://ap.ohchr.org/documents/S/HRC/resolutions/A_HRC_RES_10_22.pdf.

[33] Comité para la Eliminación de la Discriminación contra la Mujer (CEDAW), UN, Recomendación General 24, La Mujer y la Salud (20º Período de Sesiones, 1999), Doc. N.U. A/54/38, Pág. 5 (4 de mayo de 1999), disponible en
http://daccess-dds-ny.un.org/doc/UNDOC/GEN/N99/127/31/PDF/N9912731.pdf?OpenElement, reimpresa en Recopilación de las observaciones generales y recomendaciones generales adoptadas por órganos creados en virtud de tratados de derechos humanos, Doc. N.U. HRI/GEN/1/Rev. 6, Pág. 267 (12 de mayo de 2003). El CEDAW insistió en los comentarios de los informes periódicos, por ejemplo.

sentido? En un conflicto entre derechos humanos y religión, ambos perderán, ambos se desfigurarán. En esta línea, permítanme terminar donde comencé, con un Dostoievski que vio tan bien la crisis de la modernidad cuando solo estaba en sus inicios. En otra novela, *Los demonios* (también traducida como *Los endemoniados*), describe una conversación acerca de la existencia de Dios entre un grupo de oficiales militares. Cuando concluyen que de hecho Dios no existe, uno de ellos, que había escuchado en silencio, se pregunta en voz alta, "Si Dios no existe, entonces, ¿qué tipo de capitán soy?" Si no existe la libertad religiosa, entonces, ¿qué tipo de derechos humanos tenemos?[34]

---

[34] Fiodor Dostoyevski, *Los endemoniados*, Ed. Bruguera, 1976.

Estado laico y libertad religiosa
Un debate en curso

Mary Ann Glendon
Professor of Law, Harvard University

Para sorpresa de muchos, el debate sobre el Estado laico y la libertad religiosa se ha vuelto pertinente. Y digo "para sorpresa de muchos" porque, hasta hace relativamente poco, en los países occidentales muchos consideraban que la posición de la religión en la organización política laica estaba ya establecida según los lineamientos de uno de los dos principales modelos que emergieron, respectivamente, de las revoluciones francesa y norteamericana.

Pero durante las dos últimas décadas ha renacido un marcado interés por el lugar de la religión en un Estado laico. Resulta particularmente interesante señalar que participan nuevas voces en el debate representando a grupos inesperados, incluyendo importantes personajes no creyentes. El debate actual no versa tanto sobre una revisión de los viejos argumentos sobre la separación de la iglesia y el Estado, sino sobre el papel de la religión en la vida pública de las sociedades que aspiran a ser libres, democráticas y compasivas.

Varias controversias han despertado un renovado interés en este tema: los descubrimientos de la biotecnología plantean dilemas morales que no podrían haber imaginado las generaciones anteriores; se han dado amplios cambios en el comportamiento y las actitudes en áreas como el matrimonio, la vida familiar y la sexualidad humana; además, han surgido una cantidad de problemas éticos en relación con la crisis económica mundial. Encima de todo, como aun los "realistas" políticos se han visto obligados a reconocerlo, la religión desempeña un papel importante en la forma de los eventos de nuestro mundo cada más globalizado e interdependiente.

Una señal notable de la manera en que cambian los tiempos es el abandono del laicismo rígido por parte de muchos intelectuales y figuras públicas. En el caso de Jürgen Habermas, quien está considerado por muchos como el mayor filósofo actual de Europa, fue su preocupación por la ingeniería biológica y la instrumentalización de la vida humana la que lo llevó a concluir que el Occidente no puede abandonar su herencia religiosa sin poner en peligro los grandes avances sociales y políticos que en ella se basan. Habermas, ateo declarado y político de izquierda, asombró hace unos años a muchos de sus seguidores al afirmar que "solo el Cristianismo, y nada más, es el fundamento último de la libertad, la conciencia, los derechos humanos y la democracia, las características esenciales de la civilización occidental. Hasta este momento, no tenemos más opciones. Seguimos nutriéndonos de esa fuente. Todo lo demás no es más que charlatanería postmoderna."

No menos importantes son las observaciones del presidente de Francia Sarkozy, cuando recibió al Papa Benedicto en 2008. Refiriéndose a la religión cristiana como el "patrimonio vivo de Francia", Sarkozy añadió que "sería una locura privarnos de las contribuciones de este patrimonio a la vida intelectual y cultural." Voltaire se habrá revolcado en su tumba cuando Sarkozy prosiguió: "Por esta razón, llamo a una laicidad positiva. Una laicidad positiva ofrece a nuestra conciencia la posibilidad de [reflexionar sobre] el significado que queremos dar a nuestra vida... La laicidad positiva es una oportunidad, un aliento, una dimensión suplementaria para el debate político. Es un aliento para la religión, así como para todas las corrientes de pensamiento."

Y veamos el caso de Tony Blair, quien nunca habló sobre su fe mientras fue primer ministro de Inglaterra, ya que, como dijo, la gente lo consideraría "extraño". Pero en un discurso que pronunció en el Encuentro de Rimini por la Amistad entre los Pueblos, el ciudadano Blair criticó las actitudes negativas hacia la religión que permiten "que gane fuerza el agresivo secularismo de Occidente." Las personas de fe, dijo, deben "mostrar cómo la fe defiende la justicia y la solidaridad entre pueblos y naciones." Añadió que lo que aprendió como primer ministro fue que "para que una sociedad sea realmente armoniosa, completa, es necesario que la fe tenga su lugar."

Entre tanto, en Italia, el Senador Marcelo Pera, un agnóstico declarado que es también un importante filósofo, acaba de publicar un libro con el provocativo título de *Por qué nos debemos llamar cristianos*. El prefacio está escrito ni más ni menos que por el Papa Benedicto XVI, quien tiempo antes, cuando era cardenal Ratzinger, estableció un debate con Pera, el cual se publicó con el título de "Sin Raíces", en referencia al hecho de que Europa ha abandonado sus fundamentos culturales.

Está claro que algo importante está cambiando, cuando incluso el líder de Francia —el país que defiende con más energía el principio del Estado laico— llama a un "laicismo positivo", haciéndose eco de las propias palabras que el Papa Benedicto utiliza tan a menudo en sus llamados a "una nueva reflexión sobre el significado y la importancia de la *laïcité*." Algo está cambiando, cuando quien fue líder del gobierno laborista británico declara que desearía haber hablado más en público sobre su fe. Algo está cambiando, cuando el líder de la Iglesia Católica y un eminente agnóstico italiano comienzan a cantar a dúo.

Estos acontecimientos han vuelto a centrar inevitablemente la atención en los viejos modelos francés y norteamericano de secularismo. En su origen, durante el siglo XVIII, lo que ambos modelos tenían en común y que los diferenciaba de los países con una iglesia oficial de Estado, era su compromiso con un Estado laico, no confesional.

El principal rasgo que los diferenciaba era que, en un inicio, el modelo francés se caracterizaba por su hostilidad hacia el cristianismo en general y hacia la Iglesia Católica en particular. Era hostil al cristianismo porque muchos pensaban que era un obstáculo para la creación de una sociedad libre y racional y era hostil a la Iglesia Católica porque se pensaba que poseía demasiado poder temporal.

El modelo norteamericano aceptaba mejor la religión porque los descendientes de los disidentes protestantes, que habían huido de la persecución inglesa, se preocupaban más por la amenaza que representaba el Estado para la religión que por la situación contraria. En otras palabras, la rama de la Ilustración que era esencialmente anticlerical y antirreligiosa tuvo poca influencia sobre Norteamérica al momento de su fundación. Así, se suele decir que el modelo norteamericano del secularismo fue diseñado para proteger a la religión y a las iglesias del gobierno, mientras que el modelo francés, y los sistemas que le siguieron, se diseñaron para proteger al gobierno de la religión y las iglesias.

El Papa Benedicto XVI ha alabado con frecuencia lo que llama la concepción "positiva" norteamericana de laicidad, en contraste con la forma "negativa" de laicismo heredada de la Revolución Francesa. Ha llegado a decir que la versión norteamericana podría constituir un "modelo fundamental" para Europa y que Estados Unidos es un lugar "donde la dimensión religiosa, con su diversidad de expresiones, no sólo es tolerada, sino incluso apreciada, como el 'alma' de la nación y como garante fundamental de los derechos y deberes del hombre".

LOS MODELOS Y LA REALIDAD

Sin embargo, la realidad es siempre más complicada que cualquier modelo. El hecho es que el llamado modelo francés contiene desde hace tiempo algunos elementos de laicidad positiva, mientras que el modelo norteamericano se desplaza cada vez más hacia un laicismo negativo.

En la Francia actual, por ejemplo, un caso notable de "laicidad positiva" es el generoso programa de subsidios para las escuelas primarias y secundarias religiosas a las que asiste el 17% de los niños en edad escolar, algo que resultaría claramente inconstitucional en Estados Unidos. Yo señalaría también que Francia, al igual que la mayoría de las naciones europeas, posee leyes en muchas áreas controvertidas —como el aborto, la experimentación con fetos, las técnicas reproductivas y la adopción por parejas del mismo sexo— que se acercan más a las enseñanzas de las principales religiones que a las leyes de Estados Unidos.

En cuanto a Estados Unidos, los elementos del laicismo negativo han sido introducidos por una serie de decisiones de la Suprema Corte que, a partir de la década de 1940, han arrojado dudas sobre la constitucionalidad de casi toda forma de cooperación y aceptación pública de las instituciones religiosas.

El laicismo negativo de Europa y Estados Unidos se ha acelerado tras la revolución sexual. En esa era de experimentación sexual surgió, entre personalidades influyentes, un desdén abierto hacia los creyentes religiosos y una hostilidad declarada hacia las instituciones religiosas, en especial hacia las religiones que afirman verdades claras y tienen exigencias claras para sus miembros. No es de sorprenderse que en ese periodo también aparecieran nuevos derechos legales respecto al aborto, la reproducción asistida, la orientación sexual y la experimentación con embriones, que son derechos que van en contra de las creencias religiosas de muchos de los ciudadanos. Hoy en día, existe una poderosa resistencia contra las leyes que protegen los derechos de conciencia de los individuos y la autonomía de las instituciones religiosas. La libertad religiosa entra cada vez más en conflicto, no sólo con los diversos "derechos nuevos", sino con los intereses de poderosos grupos de cabildeo como la industria sexual, la del aborto, los que presionan en favor del control de la población y la industria de la reproducción asistida.

Como lo expresa el Profesor Philip Hamburger, un gran experto norteamericano en libertad religiosa, la Primera Enmienda de la Constitución de Estados Unidos, creada en un principio para limitar el gobierno, ha sido interpretada por la Suprema Corte cada vez más como una forma de constreñir la religión y relegarla a la esfera privada. Por supuesto que existen excepciones a estas tendencias, algunas de las cuales, como la exención impositiva de las instituciones religiosas, son muy importantes. Pero no es una exageración decir que la mejor forma de describir la situación actual en Estados Unidos es de una lucha fatídica entre los modelos de laicidad positiva y laicismo negativo, cuyo resultado final es incierto.

Esto me lleva a otro punto importante, aunque algo obvio: en el mundo actual, no existe ningún ejemplo puro de secularismo positivo o negativo. El sistema de relaciones entre Iglesia y Estado de cada nación se ve constantemente transformado por complejas negociaciones políticas.

Tras esta observación, señalaré otro punto que debe resultar obvio: ningún sistema nacional puede servir como modelo para otro país, si por "modelo" entendemos algo que debe copiarse. El sistema de relaciones entre Iglesia y Estado de cada nación es producto de su propia historia y sus circunstancias. La mayor parte de los sistemas de Europa continental fueron conformados por las confrontaciones entre el secularismo de la Ilustración y el Catolicismo Romano, en un marco de conflictos religiosos. El sistema norteamericano en un principio surgió del deseo de proteger diversas religiones protestantes contra el Estado y de promover la coexistencia pacífica entre las diversas confesiones protestantes. Por eso, el Papa dijo al alabar el modelo norteamericano: "Cierto es que en Europa no podemos copiar a Estados Unidos; tenemos nuestra propia historia". Lo que quiso decir al referirse al sistema de Estados Unidos como "modelo" es que la experiencia norteamericana muestra que un Estado laico no tiene por qué ser hostil a la religión. En su viaje de 2008 a Estados Unidos, dijo que se sentía particularmente impresionado porque los norteamericanos "no vacilan en llevar los argumentos morales basados en la fe bíblica a su discurso público."

Pero al mismo tiempo señaló que era necesario prestar atención al modelo de Estados Unidos. Advirtió que la erosión de la forma positiva de laicidad tendría implicaciones graves para la libertad, así como para la religión. "La preservación de la libertad —dijo— requiere que se cultive la virtud, la autodisciplina, el sacrificio por el bien común y un sentido de responsabilidad hacia los menos afortunados. También requiere la valentía de participar en la vida pública y de llevar las creencias y valores más profundos de cada uno a un debate público razonado. En una palabra, la libertad es siempre nueva. Es un reto que se plantea a cada generación y debe ser superado constantemente por la causa del bien."

La cuestión de la relación entre la religión y la libertad nos lleva al corazón del debate actual en Europa y Estados Unidos. No se trata de la separación de la Iglesia y el Estado, sino del papel de la religión en la supervivencia de una sociedad libre.

Para comprender por qué tantas personalidades no creyentes han comenzado a reconsiderar su actitud sobre esta cuestión, resulta útil recordar el análisis clásico de la relación entre religión y libertad que hace Tocqueville. Este autor expresó dos propuestas sobre religión y libertad en el prefacio de *La Democracia en América*. Una de estas afirmaciones retaba todo lo que los cristianos más devotos sostenían como cierto en ese momento; la otra pareció igualmente ridícula a sus amigos que eran escépticos ilustrados. La primera propuesta era que la libertad sería buena para la religión y, la segunda, que la religión resultaría benéfica para las sociedades libres emergentes.

Tocqueville advirtió enfáticamente a sus amigos escépticos que debían superar sus prejuicios en contra de la religión si esperaban que tuviera éxito un gobierno libre y democrático. "Los partidarios de la libertad —dijo— van a apresurarse a llamar a la libertad en su ayuda, porque saben que no se puede establecer el reino de la libertad sin el de las costumbres [que para él eran los hábitos y actitudes de los ciudadanos y gobernantes], ni consolidar las costumbres sin las creencias." La religión, escribió, "es la salvaguardia de las costumbres y las costumbres son la garantía de las leyes y prenda de la duración de la propia libertad." En otras palabras, la cultura es anterior a la política y a las leyes, y la religión es el núcleo de la cultura.

Sin embargo, durante mucho tiempo, numerosos intelectuales se han aferrado a la creencia de que la sociedad libre puede vivir sin religión y que cuanto antes nos deshagamos de la religión más libres seremos. No negaban que la preservación de una sociedad libre dependiera de ciudadanos y estadistas con habilidades, conocimientos y cualidades de mente y carácter particulares. Pero varios filósofos políticos, entre los que John Rawls es quizás el más conocido, rebatieron la afirmación de Tocqueville de que el experimento democrático dependía de manera crucial de una cultura alimentada por la religión bíblica (refiriéndose a una religión basada en las Escrituras Hebreas y el Evangelio Apostólico). Rawls y otros sostenían que la experiencia de vivir en una sociedad libre era en sí suficiente para alentar las virtudes cívicas de moderación, control, respeto por los demás y otras que requiere una sociedad decente.

Pero la fe en la capacidad de la democracia para generar las virtudes que requiere de sus ciudadanos se ha visto desmentida por los levantamientos sociales y culturales de fines del siglo XX. Cuando las familias, escuelas, grupos religiosos y otras instituciones de la sociedad civil se ven amenazadas, los no creyentes como Habermas y Pera comienzan a expresar su preocupación por los efectos políticos de la descomposición de tantos hábitos y costumbres que proporcionaron alguna vez la base cultural de la democracia liberal. Han comenzado a preguntarse, por ejemplo, dónde aprenderán las personas a ver a los demás con respeto y preocupación y no como objetos, medios u obstáculos. ¿Qué hará que la mayoría de los hombres y mujeres cumplan con sus promesas, limiten el consumo, respondan cuando su país los llama a servirlo y se ocupen de los menos afortunados? ¿Dónde encontrará un Estado basado en la ley a ciudadanos y estadistas capaces de diseñar leyes justas y luego cumplirlas? Habermas ha llegado a afirmar que los efectos positivos que Rawls y otros atribuyeron a la vida en las sociedades libres bien pueden provenir del "legado de la ética judaica de la justicia y la ética cristiana del amor".

En esta nueva situación, realmente no existen modelos que puedan seguirse, ya que muchos de los retos son demasiado nuevos. Pero decir que no existen modelos no significa que no haya sabiduría o experiencia a las que podamos recurrir. La experiencia histórica indica que existe una fuerte correlación entre la libertad religiosa y la subsistencia de un Estado democrático que respete las libertades individuales, la igualdad y el imperio de la ley y que atienda las necesidades de sus miembros menos favorecidos. Por el contrario, existe una fuerte correlación entre la negación de la libertad religiosa y la negación de otras libertades básicas.

Justamente este año, Pew Forum, organización no partidista, informó que cada vez más evidencia empírica subraya la contribución de la libertad religiosa a la gobernabilidad democrática, la tranquilidad nacional, el desarrollo económico, el progreso de las mujeres y la paz internacional. Tras realizar una investigación en 200 naciones de todo el mundo, un investigador de Pew encontró que "la presencia de la libertad religiosa en un país se correlaciona matemáticamente con la longevidad de la democracia" y con la presencia de otros rasgos positivos, como la libertad política y civil, la participación de las mujeres, la libertad de prensa, la alfabetización, una menor mortandad infantil y la libertad económica".

Así que, ¿cómo se ve la situación en las civilizaciones de Europa y América que enfrentan el reto de proteger la libertad religiosa dentro de un Estado laico? En cierto sentido, parece que estamos bien preparados. A pesar de las numerosas diferencias, todos nos beneficiamos de una herencia cultural común en la cual la religión y la libertad están inextricablemente unidas. Es un legado que incluye las civilizaciones clásicas de Grecia y Roma, las Escrituras Hebreas y el Evangelio Apostólico, así como la energía explosiva del Renacimiento y la Ilustración, el concepto de los derechos humanos, y mucho más.

Pero en las circunstancias actuales, los ciudadanos y estadistas de las sociedades más libres requerirán gran sabiduría y prudencia para encontrar formas de mantener la esfera pública abierta a los puntos de vista morales basados en la religión, y proteger las instituciones intermediarias que componen la "ecología moral" de cada país.

Igualmente decisiva, si no es que más, será la respuesta de los individuos y grupos religiosos mismos. Como bien sabemos, al cristianismo le tomó mucho tiempo aceptar que la libertad religiosa fuera buena para la religión. Para la Iglesia Católica el momento crucial fue el Concilio Vaticano Segundo. En éste, la Iglesia declaró oficialmente que era aceptable un Estado laico en el cual el cristianismo fuera tratado con justicia y no gozara de una posición legal especial. Constituye un signo notable de lo lejos que hemos llegado el hecho de que actualmente un Papa Católico diga, como lo hizo Benedicto XVI, que: "Es necesario aceptar los verdaderos logros del pensamiento de la Ilustración —los derechos humanos y en especial la libertad de fe y su ejercicio— reconociéndolos como elementos que también son esenciales para la autenticidad de la religión".

Concluiré con la siguiente reflexión. Para que tengan éxito los llamados que provienen de diferentes frentes para que se desarrollen formas más saludables y positivas del secularismo, el reto para las religiones será tan grande como para los gobiernos. Dependerá de las religiones alentar a sus miembros a que ejerzan su libertad de manera responsable. Les corresponde enseñar a sus miembros a presentar puntos de vista morales basados en la religión con un razonamiento inteligible para todos los hombres y mujeres de buena voluntad. Les corresponde rechazar las ideologías que manipulan la religión con fines políticos, o que usan la religión como pretexto para la violencia. Y les corresponde encontrar en sus propias tradiciones los recursos que promuevan el respeto y la tolerancia.

Es mucho lo que está en juego, pues ¿quién duda que el progreso de las sociedades libres sea objeto de cuidadoso escrutinio por parte de personas que no respetan ni la libertad ni las religiones que la han promovido y han florecido a su sombra? Actualmente, aún existen lugares en el mundo donde no se acepta ninguna de las dos propuestas de Tocqueville y donde se niega de manera regular, a menudo brutal, la libertad religiosa en todas sus dimensiones. Saber si estas sociedades encontrarán en sus tradiciones los recursos para promover la sinergia entre religión y libertad, y cuánto tiempo tomará este proceso, es una cuestión definitiva que ocupa nuestras reflexiones.

La difamación de las religiones
¿El final del pluralismo?[1]

L. Bennett Graham
Director de Programas Internacionales
Becket Fund for Religious Liberty

Durante la última década, la Organización de la Conferencia Islámica ante las Naciones Unidas (OIC por sus siglas en inglés), formada por 57 países musulmanes de todo el mundo, ha pretendido codificar el derecho de las religiones a no ser ofendidas, especialmente el Islam.[2] Este movimiento para combatir la "difamación de las religiones" no sólo ha puesto en duda el esquema internacional para la libertad de expresión. También ha empleado estratégicamente el lenguaje para confundir las tradicionales nociones legales de raza, religión y discurso del odio o "hate speech". Pero, ¿quién ha escuchado alguna vez acerca del derecho a no ser ofendido? Y, ¿desde cuándo las ideas, las religiones y las filosofías poseen sus propios derechos?

En este ensayo expondré, primero, el contexto histórico que muestra cómo ha evolucionado esta resolución en las Naciones Unidas. Después, trataré acerca de los aspectos fundamentales que esta resolución pretende abordar actualmente, con el fin de mostrar por qué una resolución contra la "difamación de las religiones" compromete la protección de las libertades fundamentales. Finalmente, presentaré de qué forma está cambiando el debate y lo que considero que puede hacer la comunidad internacional para encontrar una solución eficiente y apropiada.

HISTORIA DE UNA RESOLUCIÓN DE LAS NACIONES UNIDAS

En 1999 —antes de los ataques de Al-Qaida del 11 de septiembre de 2001, de la crisis de las caricaturas danesas en 2005 y del asesinato del cineasta holandés Theo Van Gogh— Pakistán presentó ante la Comisión de Derechos Humanos de las Naciones Unidas, en nombre de la OIC, un

---

[1] La versión original en inglés apareció en: L. Bennett Graham, *Defamation of Religions: The End of Pluralism*, 23 EMORY INT'L L. Rev. 69 (2009).
[2] Ken Levine & Robert Leikind, Artículo de opinión, *Keeping the Commitment to Dignity for All*, Boston Globe, 9 de diciembre de 2008, en A15.

proyecto de resolución intitulado "La Difamación del Islam".[3] Aunque su promotor pedía protección contra la creciente "islamofobia", otros miembros expresaron su preocupación por el enfoque centrado exclusivamente en el Islam.[4] La resolución resultante se intituló "Difamación de las Religiones".[5] La Comisión de Derechos Humanos de las Naciones Unidas adoptó resoluciones similares sobre la Difamación de las Religiones cada año de 1999 a 2005.[6] Los primeros dos años que se propuso, esta resolución fue adoptada sin someterla a votación.[7]

Como consecuencia del 11 de septiembre de 2001, la preocupación por la forma de tratar al Islam se incrementó en todo el mundo cuando se convirtió en el chivo expiatorio de todos los actos terroristas, y no sólo de los que involucraban a los extremistas musulmanes.[8] Al aumentar la preocupación, se puso mayor atención al término "islamofobia" y al trato de los musulmanes en la plaza pública.[9] No obstante, la preocupación de los medios de comunicación por el Islam polarizó a los participantes del debate, ya que mientras unos culpaban al Islam, otros luchaban por los derechos civiles de los musulmanes a interactuar en la plaza pública como cualquier otro ciudadano.[10] Fue en 2001 cuando se puso a votación una

---

[3] ONU, Consejo Económico y Social [ECOSOC], Comisión de Derechos Humanos, Proyecto de Resolución: El racismo, la discriminación racial, la xenofobia y todas las formas de discriminación, Doc. N.U. E/CN.4/1999/L.40 (20 de abril de 1999).

[4] ONU, Consejo Económico y Social [ECOSOC], Comisión de Derechos Humanos, Acta Resumida de la 61º Reunión, 3, 6, Doc. N.U. E/CN.4/1999/SR.61 (29 de abril de 1999) (Representantes de Alemania y Japón expresan su preocupación acerca de que el proyecto de la resolución solo aborda la cuestión del Islam).

[5] Resolución CDH1999/82, Pág. 30, ESCOR, ONU, Informe sobre 55º Período de Sesiones, Suplemento No. 3, N.U., Doc. E/CN.4/1999/167 (30 de abril de 1999).

[6] Resolución CDH 2005/3 Pág. 406, N.U., ESCOR, 61º Período de Sesiones, Suplemento No. 3, Doc. N.U., E/ CN.4/2005/135 (12 abril de 2005); Resolución CDH 2004/6, Pág. 47, N.U., ESCOR, 60º Período de Sesiones, Suplemento No. 3, Doc. N.U., E/CN.4/2004/127 (13 de abril de 2004); Resolución CDH 2003/4, Pág. 36, N.U., ESCOR, 59º Período de Sesiones, Suplemento No. 3, Doc. N.U., E/CN.4/2003/135 (14 de abril de 2003); Resolución CDH 2002/9 Pág. 58, N.U. ESCOR, 58º Período de Sesiones, Suplemento No. 3, Doc. N.U., E/CN.4/2002/200 (15 de abril de 2002); Resolución CDH 2001/4 Pág. 46, N.U. ESCOR, 57º Período de Sesiones, Suplemento No. 3, Doc. N.U., E/CN.4/2001/167 (19 de abril de 2001); Resolución CDH 2000/84, Pág. 359, N.U. ESCOR, 56º Período de Sesiones, Suplemento. No. 3, Doc. N.U., E/CN.4/2000/167 (26 de abril de 2000; Resolución CDH 1999/82, *supra* nota 4.

[7] *Ver* Resolución CDH 2000/84, *supra* nota 5, Pág. 339; Resolución CDH 1999/82, *supra* nota 4.

[8] *Ver* Consejo de Derechos Humanos [CDH] Resolución 4/9, Pág. 21, UN Doc. A/HRC/4/123 (30 de marzo de 2007); Ali S. Asani, *"So That You May Know One Another": A Muslim American Reflects on Pluralism and Islam* (Así se conocerán unos a otros: Un musulmán norteamericano reflexiona sobre el pluralismo y el Islam), Annals Am. Acad. Pol. & Soc. Sci., julio 2003, pp. 40, 40, 49-51.

[9] Ver Asani, *supra* nota 7, págs. 49-51.

[10] Ver *Ibid*.

resolución en la Comisión de Derechos Humanos de las Naciones Unidas sobre la Difamación de las Religiones. La resolución fue aprobada por una mayoría abrumadora.[11]

En 2004, Theo Van Gogh, un cineasta holandés, agregó más leña al fuego del debate con su cortometraje *Sumisión*, que retrataba al Islam bajo una luz negativa e incluía la colaboración de Ayaan Hirsi Ali, quien había sido musulmana; desde entonces ella ha abandonado Holanda por su propia seguridad.[12]

El debate sobre la sensibilidad religiosa irrumpió en la escena mundial en 2005 con la publicación de las caricaturas que mostraban a Mahoma de forma despectiva (por ejemplo, con una bomba integrada a su turbante) en el periódico danés *Jyllands-Posten*.[13] Estallaron disturbios en Europa y en todo el mundo musulmán cuando el gobierno danés se negó a ofrecer una disculpa por publicar imágenes que muchos musulmanes consideran una blasfemia.[14] Fueron atacadas las embajadas de Dinamarca, los productos europeos fueron boicoteados y se vieron amenazadas las relaciones diplomáticas entre Dinamarca y muchos países musulmanes.[15] Las tensiones empeoraron cuando varios periódicos de Europa y Estados Unidos reprodujeron las caricaturas en un acto de solidaridad con la libertad de expresión, mostrando poca consideración por la sensibilidad de la población musulmana de todo el mundo.[16]

En las Naciones Unidas se renovó el debate acerca de la difamación de las religiones, centrado en la supuesta elección entre la libertad de expresión y la sensibilidad religiosa. En 2005 se debatió por primera vez en la Asamblea General una versión de resolución sobre la difamación de las

---

[11] Ver CDH Resolución 2001/4, Pág. 50. La Resolución se adoptó en votación nominal por 28 votos contra 15 y 9 abstenciones. *Ibid*.

[12] Rebecca Leung, *Slaughter and 'Submission': Creator of Dutch Film Vows Sequel Despite Muslim Death Threats* (Matanza y 'Sumisión': El creador del cortometraje promete una segunda parte a pesar de las amenazas de muerte de los musulmanes), CBS News, 20 de agosto de 2006, http://www.cbsnews.com/stRebecca Leungories/2005/03/11/60minutes/main 679609.shtml (en ingles). (Ver *Submission:* http://www.youtube.com/watch?v=UrxP1y0NOaM con subtítulos en español).

[13] Anthony Browne, *Denmark Faces International Boycott over Muslim Cartoons* (Dinamarca enfrenta boicot internacional debido a las caricaturas musulmanas), Times (Londres), 31 de enero de 2006, p. 29.

[14] *Ibid*.

[15] *Muslim Cartoon Fury Claims Lives* (La furia de las caricaturas cobra vidas), BBC News, 6 de febrero de 2006, http://news.bbc.co.uk/2/hi/south_asia/4684652.stm (en inglés: sobre los ataques a las embajadas y la amenaza de las relaciones diplomáticas); Browne, *supra* nota 12 (en inglés: sobre el boicot de los productos daneses).

[16] *Muhammad Cartoon Row Intensifies* (Se intensifica el escándalo de las caricaturas de Mahoma), BBC News, 1º de febrero de 2006, http://news.bbc.co.uk/2/hi/europe/4670370.stm.

religiones.17 La votación en la Asamblea General obtuvo una mayoría aplastante y la resolución se aprobó fácilmente.18 La Asamblea General ha adoptado resoluciones sobre la difamación de las religiones en 2006, 2007 y 2008.19

Estados Unidos se ha opuesto sistemáticamente a la resolución.20 Pero en 2006, se volvió más evidente que la resolución no desaparecería y que podría amenazar los intereses de Estados Unidos al cuestionar la jurisprudencia de la Primera Enmienda y disminuir el umbral de la expresión pública aceptable. De este modo, Estados Unidos empezó a involucrarse más seriamente en el tema mediante negociaciones diplomáticas y conversaciones bilaterales. Estas discusiones (así como las iniciativas de otras organizaciones y países) llevaron a un primer cuestionamiento serio de la resolución de difamación de las religiones en el Consejo de Derechos Humanos de las Naciones Unidas (antes la Comisión de Derechos Humanos de las N.U.) en 2006.

Durante la última década, a medida que ha ido evolucionando el desglose de los términos y las negociaciones, las delegaciones han ido comprendiendo mejor el concepto de difamación de las religiones y su peligro para la estructura de los derechos humanos.21 Esta campaña informativa afectó significativamente el apoyo a la resolución. El Consejo de Derechos Humanos y la Asamblea General continuaron aprobando la resolución,22

---

17 Asamblea General (G.A.), 60° Período de Sesiones, 3a.Comisión, *Yemen: proyecto de resolución-La lucha contra la difamación de las religiones*, Doc. N.U., A/C.3/60/L.29 (31 de octubre de 2005).

18 Asamblea General (G.A.) Resolución 60/150, Doc. N.U., A/RES/60/150 (16 de diciembre de 2005). la resolución 60/150 fue adoptada por 101 votos contra 53 y 20 abstenciones. de las UN, 60° Período de Sesiones, 64° Sesión Plenaria, Pág. 11, NU Doc. A/60/PV.64 (16 de diciembre de 2005).

19 Asamblea General (G.A.) Resolución 61/164, Doc. N.U., A/RES/61/164 (19 de diciembre de 2006); Asamblea General (G.A.) Resolución 62/154, Doc. N.U., A/RES/62/154 (18 de diciembre de 2007); Asamblea General (G.A.), Resolución 63/171, Doc. N.U., A/RES/63/171 (18 de diciembre de 2008).

20 Ver, *por ejemplo*, Documentos Oficiales de la Asamblea General (GAOR), 60° Período de Sesiones, 3a. Comisión, Acta resumida 45a. Sesión, párrafo 39, Pág. 6, Doc. N.U., Doc. A/C.3/60/SR.45 (Nov. 21, 2005); *ver también* Martin Sieff, *U.N. Religious Hate Vote Alarms Liberty Groups* (El voto de odio religioso en las Naciones Unidas alarma a Liberty Groups), United Press Int'l, 18 de diciembre de 2008, http://www.upi.com/news/issueoftheday/2008/12/19/Critics_slam_UN_religious_hate_vote/UPI-292812 29711881/ (discussing continued U.S. opposition in 2008).

21 Sede de las N.U. en ginebra [UNOG], Informes de Debates del Consejo de Derechos Humanos sobre la Libertad de Religión y Creencias, Derechos Humanos y Solidaridad Internacional (13 de septiembre de 2007).

22 Consejo de Derechos Humanos (HRC) Resolución 7/19, Doc. N.U., A/HRC/4/123 (27 de marzo de 2008); Consejo de Derechos Humanos (HRC) Resolución 4/9, Pág. 23 *supra* nota 7; Asamblea General (G.A.) Resolución 63/171, *supra* nota 18, Pág. 6 (18 de diciembre de 2008); Asamblea General (G.A.) Resolución 62/154, *supra* nota 18, Pág. 6 (18 de diciembre de

pero en 2008 ambas resoluciones, una en el Consejo de Derechos Humano y la otra en la Asamblea General, se aprobaron solo por mayoría relativa.[23] Por primera vez, había más votos "en contra" y abstenciones que votos "a favor".

Sin embargo, es probable que el tema no desparezca pronto a pesar del giro que han tomado los acontecimientos recientes. La OIC propondrá, posiblemente en marzo de 2009, una resolución similar al Consejo de Derechos Humanos y el tema ya ha empezado a desempeñar un papel central en la preparación de la Conferencia de Revisión de Durban.[24]

LOS TEMAS CANDENTES DEL DEBATE

EL CHOQUE DE CIVILIZACIONES

En el mundo académico, la tesis de Huntington sobre el "choque de civilizaciones" está considerada como un imán para el pesimismo y el milenarismo.[25] Sin embargo, el tema de la difamación de las religiones ha hecho realidad la profecía social de este científico. En efecto, el aspecto más provocativo de la tesis de Huntington es el miedo a que Occidente y el mundo musulmán no encuentren una solución para reconciliar sus

---

2007); Asamblea General (G.A.) Resolución 61/164, *supra* nota 18, Pág. 4 (19 de diciembre de 2006).

[23] La resolución del Consejo de Derechos Humanos fue aprobada por 21 votos a favor 10 en contra y 14 abstenciones. La Resolución del Consejo de Derechos Humanos (HRC) 7/19, *supra* nota 21, p. 8. La Resolución de 2008 de la Asamblea General fue aprobada por 86 votos a favor, 53 en contra y 42 abstenciones. Documentos Oficiales de la Asamblea General (GAOR) NU, 63º Período de Sesiones, 70a. Sesión Plenaria, Doc. N.U., A/63/PV.70 (18 de diciembre de 2008).

[24] Barbara Sowell, *Durban II: More U.N. Efforts to Squelch Free Speech?* (Durban II: ¿Más esfuerzos de las Naciones Unidas para silenciar la libertad de expresión? Digital Journal, 11 de marzo de 2009, http://www.digitaljournal.com/article/269015 (disponible en inglés). La Conferencia de Examen de Durban tendrá lugar en abril en Ginebra, Suiza. Se trata de la segunda parte de la conferencia que tuvo lugar en Durban, Sudáfrica, en 2001, sobre el tema del racismo y otras formas de intolerancia. El objetivo de la conferencia de 2001 era abordar las diferencias en el marco internacional de la protección contra el racismo y otras formas de intolerancia. Desafortunadamente, en lugar de defender los principios de respeto y tolerancia, la primera conferencia de Durban se convirtió en una plataforma internacional del racismo, el antisemitismo y otras formas de intolerancia. Algunos países ya han expuesto sus reservas acerca de su asistencia o su intención de boicotearla. Simon Tisdall, *West Fears Muslim Countries Will Hijack Racism Conference* (El temor de Occidente por los países musulmanes secuestrará la conferencia del racismo), Guardian (Londres),17 de abril de 2009, p. 24 (en inglés).

[25] Ver John H. Knox, *The Case of the Missing Paradigm* (El caso del paradigma perdido), 32 Tex. Int'l L. J. 355 (1997).

diferentes visiones del mundo.[26] Y, desafortunadamente, ninguna de las partes es inocente. Durante la última década, hubo gran cantidad de reuniones a puerta cerrada acerca de la difamación de las religiones. La OIC apenas hace poco ha empezado a enfrentar a los gobiernos de Occidente de manera más transparente.[27] Mientras tanto, aunque la mayoría de los gobiernos occidentales han puesto en práctica medidas de protección contra la discriminación de los musulmanes, la imagen más estereotipada del trato occidental a los musulmanes es la revisión de cuerpo entero de todo hombre del Medio Oriente que pasa por un aeropuerto.

Discriminación religiosa

Para todas las partes es importante reconocer que existe un serio problema de discriminación contra las personas de todas las religiones. En el mundo moderno, la discriminación contra los musulmanes es particularmente evidente debido al predominio de una forma de terrorismo que pretendió secuestrar el nombre del Islam. El término "islamofobia" es erróneo porque formula el problema en términos de miedo más que de odio. Y a pesar de todo, para los organismos internacionales como las Naciones Unidas, es importante enfrentar el problema muy real del odio irracional basado en la religión. La solución, sin embargo, no debe inhibir las discrepancias intelectuales entre visiones del mundo particulares, porque el mundo está lleno de creencias que siempre entrarán en conflicto unas con otras. Es importante proteger a los individuos que desean expresar dichas creencias de manera pacífica, sin imposiciones ni censuras indebidas.

¿Libertad de expresión contra libertad de religión?

Como se dijo antes, la crisis de las caricaturas danesas fue crucial para el debate sobre la protección de la sensibilidad religiosa. Efectivamente, la forma en que se desarrollaron los acontecimientos en torno a la publicación de las caricaturas fue deplorable. La falta de respeto mostrado por unos cuantos editores y caricaturistas se interpretó como la intención de todo un continente.[28] Al mismo tiempo, la respuesta de muchos de los

---

[26] Ver *Ibid.*, p. 357.

[27] En 2007, la OIC no sostuvo en la Asamblea General prácticamente ninguna discusión informal sobre la resolución de la difamación de las religiones. En 2008, la OIC, encabezada por Uganda, sostuvo cierto número de discusiones informales en un esfuerzo por abordar las preocupaciones de muchas delegaciones occidentales. *New York Update, Asamblea General, 63º Período de Sesiones, 21 de octubre-18 de diciembre de 2008*. N.Y. Monitor (International Serv. for Human Rights, New York, N.Y.), 2008.

[28] Ver Thomas Olesen, Caricaturas polémicas: Elite and Media-Driven Mobilization (Élite y medios incitan a la movilización), 12 Mobilization 37 (2007).

que se sintieron ofendidos por las caricaturas fue tan violenta y destructiva que únicamente fomentó un mayor ciclo de odio.[29] De esta caótica confusión surgió la afirmación de una dicotomía entre la libertad de expresión y la libertad de religión, dos principios que realmente van de la mano y que más adelante se analizarán a fondo.

La política en la escena

El clima político que surgió como consecuencia de la crisis de las caricaturas danesas y de la muerte de Theo Van Gogh adquirió un carácter polémico, movilizando a los partidos políticos nacionalistas xenófobos como el Frente Nacional y la Liga Norte en Europa.[30] En 2008, el parlamentario holandés Geert Wilders lanzó la película alarmista *Fitna*, que en árabe significa "contienda".[31] Simultáneamente, las guerras de Irak y Afganistán, el aumento de la tensión en el Medio Oriente, y las negociaciones sobre la posibilidad de que Turquía se una a la Unión Europea, han seguido ejerciendo influencia en la escena geopolítica sobre el debate en torno a la difamación de las religiones.

Tensiones entre musulmanes y judíos

Finalmente, las tensiones entre musulmanes y judíos también han desempeñado un papel importante en el debate acerca de la sensibilidad religiosa. Una buena parte del debate se remonta a la política de la época posterior a la Segunda Guerra Mundial, que inicialmente creó el estado de Israel, pero también promulgó leyes estrictas sobre el antisemitismo y la negación del Holocausto en toda Europa. El conflicto Israel-Palestina continúa actualmente sin que se vea una solución posible. Los musulmanes hoy sacan a colación las leyes europeas sobre el antisemitismo, que eran apropiadas para responder a una amenaza muy real contra un pueblo en la época de la posguerra, argumentando que desean una protección similar contra un discurso crítico del Islam (de ahí el movimiento para combatir la difamación del Islam). Gran parte de este aspecto del debate está entremezclado con las definiciones de raza y religión, otro tema que más adelante examinaremos a fondo.

---

[29] Hassan M. Fattah, *At Mecca Meeting, Cartoon Outrage Crystallized* (En la reunión de la Meca, el agravio de las caricaturas cristalizado), N.Y. Times, 9 de febrero de 2006, p. A1.

[30] *Ver por ejemplo*, Ray Taras, Europe Old and New: Transnationalism, Belonging, Xenophopia (La vieja y la nueva Europa: trasnacionalismo, pertenencia, xenofobia) 102-04 (2008).

[31] *Ibid*. Pág. 104; Gregory Crouch, *Dutch Film Against Islam Is Released on Internet* (Suben a Internet cortometraje holandés contra el Islam), N.Y. Times, 28 de marzo de 2008, p. A8.

DIFAMACIÓN DE LAS RELIGIONES: UNA SOLUCIÓN PROBLEMÁTICA PARA UN PROBLEMA REAL

¿Cuál se supone que es el objetivo de las leyes tradicionales contra la difamación?

Con una mejor percepción del problema y de los factores que contribuyen al mismo, ahora es posible evaluar el papel de una resolución de las Naciones Unidas cuyo objetivo es combatir la difamación de las religiones. El objetivo de una ley tradicional contra la difamación es proteger a un individuo de falsas creencias que afecten su modo de vida.[32] El caso Roger Clemens es un ejemplo actual y bien conocido de un caso de difamación. Clemens, un famoso lanzador de béisbol ganador del premio Cy Young, adquirió mala reputación cuando su antiguo entrenador lo acusó de tomar drogas para mejorar su rendimiento.[33] Clemens se vio forzado a testificar ante el Congreso de Estados Unidos.[34] Se retiró del béisbol y quedó con una reputación tan manchada que ninguna empresa lo elegiría para presentar su producto en un comercial del Super Bowl. Su modo de vida se vio significativamente afectado por la acusación, que Clemens siempre rechazó como falsa.[35] Clemens entabló una demanda judicial por difamación contra su antiguo entrenador.[36] Si se encuentra que la acusación del entrenador es digna de crédito, éste no enfrentará ningún castigo o multa; sin embargo, si el entrenador no puede probar su acusación, enfrentará consecuencias legales por manchar y difamar a Roger Clemens. Es la naturaleza de una demanda tradicional por difamación.

Con el fin de hacer cumplir una demanda de difamación de la religión del mismo modo, primero un juez debe aceptar que una idea, una filosofía o una religión pueden difamarse del mismo modo que un individuo. Las leyes de derechos humanos siempre han buscado la protección de los derechos individuales, del mismo modo que las leyes tradicionales sobre la difamación siempre han buscado proteger a los individuos de falsas acusaciones que afectan injustificadamente el modo de vida del individuo o

---

[32] Ellyn Tracy Marcus, *Group Defamation and Individual Actions: A New Look at an Old Rule* (Difamación de grupo y actos individuales), 71 Cal. L. Rev. 1532, 1532 (1983).

[33] Mary Flood & David Barron, *Fighting Back —Clemens Winds Up, Lets Denials Fly— Lawsuit* (Contraataque-Clemens se enciende, lanza desmentidos), Houston Chron., 7 de enero de 2008, p. A1.

[34] *Ibid.*, Amy Shipley & Barry Svrluga, *On Capitol Hill, Clemens Denies Steroid Use*, (En Capitol Hill, Clemens desmiente el uso de esteroides), Washington Post, 14 de febrero de 2008, Pág. A1.

[35] Flood & Barron, *supra* nota 32; Dave Sheinin, *Clemens: Allegations 'Totally False,'* (Clemens: los alegatos son 'totalmente falsos') Washington Post, 7 de enero de 2008, p. E3.

[36] Flood & Barron, *supra* nota 32.

su reputación.[37] En segundo lugar, si un juez fuera capaz de aceptar la primicia inicial y continuar con el caso, también se vería obligado a tomar una decisión subjetiva. Con el fin de decidir un caso de difamación, un juez o un jurado deberían determinar lo que es verdadero en ese caso.[38] Así, si un musulmán declarara que Jesús era solo un profeta, ¿se consideraría esta declaración difamatoria para el Cristianismo, que afirma que Jesús es el Hijo de Dios? Para juzgar este caso, un juez tendría que tomar partido en un debate teológico. Cuando se trata de religión, un juez no puede determinar objetivamente lo que es verdad, a no ser que el Estado esté dispuesto a afirmar audazmente que posee el monopolio de la verdad eterna. Finalmente, también es importante mencionar que el objetivo de las leyes sobre difamación no es proteger a los individuos contra afirmaciones ofensivas de naturaleza pacífica.[39] Determinar lo que es ofensivo y lo que no lo es también requiere una opinión subjetiva. Y por incómodo que esto sea, simplemente no existe el derecho a no ser ofendido.

Los instrumentos legales existentes

Los partidarios de la resolución sobre la difamación de las religiones responden de inmediato preguntando qué defensa tenemos contra situaciones en las que las palabras tienen el poder de incitar a la gente a la violencia y al odio. Pero la ley internacional contempla las situaciones de incitación a la violencia y reconoce que es necesario censurar cierto tipo de discurso.[40] Del mismo modo que gritar "fuego" en un teatro lleno de

---

[37] La difamación es toda aseveración que "tiende a dañar la reputación de otra persona con el fin disminuir la estima de la comunidad o disuadir a terceras personas de asociarse o tratar con ella." Restatement (Second) of Torts § 559 (Segunda revisión de agravios) (1977).

[38] Demostrar que una supuesta difamación fue realmente verdad sirve como absoluta defensa contra la demanda por difamación. Noonan v. Staples, 556 F.3d 20, 26 (1st Cir. 2009) ("Debido a que una afirmación dada, incluso difamatoria, también debe ser falsa para dar lugar a un procedimiento judicial, el acusado debe sostener la verdad de la afirmación como absoluta defensa por una demanda por difamación.").

[39] "Se plantea en casos de [difamación no intencionada] en los que, si el acusado lleva a cabo todas las acciones razonables para limpiar la reputación de la persona perjudicada mediante una rápida rectificación y disculpa, así como el pago razonable de los costos implicados, entonces, aunque no se excluye que el demandante proceda con su acción (a no ser que acepte la rectificación y la disculpa), si se encuentra que no existía intención de difamar ni carencia del cuidado razonable al publicar las afirmaciones objeto e la demanda, la disculpa y la rectificación constituirán una buena defensa". G.W. Reed, *The Law of Defamation* (Ley de difamación), 8 U. Toronto L.J. 95, 96 (1949).

[40] Por ejemplo, el Estatuto de Roma de la Corte Penal Internacional penaliza la instigación a otros a cometer genocidio. Estatuto de Roma de la Corte Penal Internacional, Art. 25 (3) (e), 17 de Julio de 1998, 2187 Serie de Tratados de las Naciones Unidas (UNTS). 3. (Disponible en línea: http://www.un.org/spanish/law/icc/statute/spanish/rome_statute(s).pdf). Además, En mayo de 2005, el Consejo de Europa adoptó una nueva Convención para la Prevención del

gente es un delito castigado por la ley por ser una incitación al disturbio, se reconoce que ciertos tipos de discurso afectan la seguridad, la salud y el ánimo de otros.[41] El lenguaje que equivale a un discurso de odio o que incita a la violencia se considera peligroso para el bienestar de la sociedad y por lo tanto está restringido. Pero existe un umbral muy alto para lo que se puede definir como un discurso censurable.[42] Dichas leyes nacionales ya existen en el mundo y las sustentan leyes internacionales similares.[43]

Terrorismo que requiere que los estados parte penalicen la 'provocación pública para cometer un ofensas terroristas'. 'Provocación pública' significa 'la distribución, o poner a disposición por otros medios, de un mensaje al público con la intención de incitar a cometer una ofensa terrorista, en el que dicha conducta, ya sea que promueva directamente o no ofensas terroristas, ponga en peligro que una o más de dichas ofensas puedan cometerse'.

Ben Saul, *Speaking of Terror: Criminalising Incitement to Violence* (Hablando de terror: penalizar la incitación a la violencia), 28 U. New S. Wales L.J. 868, 869 (2005) (cita interna omitida), *disponible en inglés en* http://www.austlii.edu.au/au/journals/UNSWLJ/2005/ 53.html.

[41] "En la legislación internacional se reconoce que la libertad de expresión "entraña deberes y responsabilidades especiales. Por consiguiente, puede estar sujeta a ciertas restricciones (...) para: a) Asegurar el respeto a los derechos o a la reputación de los demás; b) La protección de la seguridad nacional, el orden público o la salud o la moral públicas". (Citado en Pacto Internacional de Derechos Civiles y Políticos, Art. 19 (3), Pág. 60, 19 de diciembre de 1966 S. Exec. Doc. E, 95-2 (1978), 999 U.N.T.S. 171 (A/RES/2200 A(XXI). (en adelante Consejo de Derechos Humanos de las Naciones Unidas [ICCPR por sus siglas en inglés]).

[42] La excepción no debe eliminar el derecho: Reprimir la libertad de expresión que se aproxima a la promoción de la violencia es una restricción justificable en una sociedad democrática puesto que la protección de la vida es un alto valor normativo y social que triunfa sobre la libertad de expresión, pero solo hasta el grado en que sea necesaria para prevenir mayor daño. La ley de derechos humanos no permite que las personas ejerzan sus derechos para destruir los derechos de los demás, pero cualquier restricción de la libertad de expresión no debe ponerla en peligro. *Ibid.*

[43] La Suprema Corte de Estados Unidos se ha esforzado por encontrar un equilibrio entre los derechos positivos y negativos de la libertad de expresión como se ejemplifica en las siguientes dos decisiones. En *Roth* contra *Estados Unidos*, 354 U.S. 476, 484 (1957), Justice Brennan brindó un ejemplo de los derechos positivos de la libertad de expresión: "Todas las ideas que posean un mínimo valor compensatorio de importancia social —ideas poco ortodoxas, controversiales e incluso ideas llenas de odio hacia el clima de opinión que prevalece— tienen la completa protección de las garantías". En *Gitlow contra. New York*, 268 U.S. 652 (1925), Justice Stanford (Enciclopedia de Filosofía de Sanford) proporcionó un ejemplo de los derechos negativos de la libertad de expresión:

Es un principio fundamental, establecido desde hace mucho tiempo, que la libertad de expresión y de prensa, que está garantizada por la Constitución, no confiere un derecho absoluto de hablar o publicar sin responsabilidad, sin importar lo que se elija ni un permiso sin restricciones y sin límites que brinda la inmunidad de uso posible del lenguaje e impide el castigo de aquellos que abusan de dicha libertad. Razonablemente limitada, como dijo Story en el pasaje citado, esta libertad es un privilegio inestimable en un gobierno libre; sin dicho límite, se convertiría en el flagelo de la república.

Que un Estado en el ejercicio de su poder policial deba castigar a quienes abusan de esta libertad mediante la declaración hostil del bienestar público, con tendencia a corromper las morales públicas, incitando al crimen o el disturbio de la paz pública, no está a discusión.

Raza contra religión

La mala interpretación de las diferencias entre raza y religión ha constituido uno de los obstáculos más significativos para el progreso de toda discusión acerca de este asunto. Aunque existe a menudo una relación entre estas características, la fusión de estos conceptos ha confundido la protección legal para cada uno de ellos. La raza, una característica inmutable, es diferente de la religión para la ley. El Artículo 18 de la Declaración Universal de los Derechos Humanos (UDHR por sus siglas en inglés) garantiza el derecho a cambiar de religión.[44] Este componente fundamental de la libertad de conciencia es, en su núcleo, el reconocimiento de que existe una conciencia que permite que evolucionen y cambien las creencias y las ideas de un individuo. Desafortunadamente, los mecanismos internacionales para la protección de los derechos humanos han debilitado gradualmente la mención directa de este derecho fundamental.[45] Si raza y

---

Además, por razones aún más imperativas, un Estado debe castigar expresiones que pongan en peligro los cimientos del gobierno organizado y amenacen con derrocarlo mediante medios ilegales. Esto amenaza su propia existencia como Estado constitucional. La libertad de expresión y de prensa, dijo Story (*supra*), no protege los disturbios de la paz pública o el intento de derrocar al gobierno. No protege publicaciones o enseñanzas que tiendan a amenazar o derribar al gobierno, o bien, a impedirle o a entorpecer los deberes de su gobierno. No protege publicaciones que inciten al derrocamiento del gobierno por la fuerza; el castigo a quienes publican artículos que tiendan a destruir a la sociedad organizada es esencial para la seguridad de la libertad y la estabilidad del Estado. Y un Estado debe penalizar declaraciones que defiendan abiertamente el derrocamiento de las formas representativas y constitucionales del gobierno de Estados Unidos y de numerosos Estados, mediante la violencia u otros medios ilegales. En resumen, esta libertad no priva a un Estado del derecho principal y fundamental de autopreservación, derecho que mientras perduren los gobiernos humanos, no puede negarse.
Ibid., p. 666-68 (citas omitidas).

[44] Declaración Universal de Derechos del Hombre, Art. 18, Asamblea General (G.A.), Resolución 217A, p. 2, UN, 3a. Período de Sesiones, 1a. Sesión Plenaria, Doc. UN A/810 (12 de diciembre de 1948), ("Toda persona tiene derecho a la libertad de pensamiento, de conciencia y de religión; este derecho incluye la libertad de cambiar de religión o de creencia, así como la libertad de manifestar su religión o su creencia, individual y colectivamente, tanto en público como en privado, por la enseñanza, la práctica, el culto y la observancia").

[45] Aunque la Declaración Universal de los Derechos del Hombre (UDHR) incluye el derecho a cambiar de religión, el Consejo de Derechos Humano de las Naciones Unidas (ICCPR), *supra* nota 40, no reconoce directamente dicho derecho sino que lo expresa como el derecho a adoptar una religión.
Toda persona deberá tener derecho al libre pensamiento, conciencia y religión. Este derecho debe incluir la *libertad de tener o adoptar una religión o creencia de su elección*, y la libertad, para manifestar, enseñar, practicar y cumplir su religión o creencia tanto individualmente como junto con otras personas, de forma pública o privada.
Ibid. Art. 18(1) (agrega énfasis). El cambio del vocablo "cambiar" por "adoptar" no plasma completamente este componente particular de la libertad religiosa y desafortunadamente se ha vuelto una norma en los acuerdos internacionales. En muchas interpretaciones

religión se continúan fusionando, los derechos seguirán siendo indeterminados puesto que la religión queda definida como un atributo inmutable.

En un caso en Malasia en el que intervino el Fondo Becket, una joven mujer llamada Azlina Jailani, nacida en una familia musulmana de una etnia malaya, se convirtió al Catolicismo.[46] Sin embargo, cuando solicitó el certificado de matrimonio del estado para confirmar su matrimonio con un hombre católico, la corte se lo negó debido a su nombre, que indicaba que era malaya. En la constitución malaya, una persona de una etnia malaya se define como musulmana, y por lo tanto, a ella no se le permitía desposar a un no musulmán. La corte le dijo que tenía que cambiarse el nombre y así lo hizo. Sin embargo, cuando estaba cambiando su nombre por Lina Joy, el gobierno aprobó una ley que requería que la cédula de identidad indicara su afiliación religiosa. Cuando llegó la cédula de identidad de la Señora Joy indicando que era musulmana, fue nuevamente a la corte para refutarlo. Esta vez sin embargo, la corte civil le dijo a la Señora Joy que el cambio de afiliación religiosa estaba fuera de su jurisdicción. Tendría que ir a la corte de la Sharia para ser declarada apóstata antes de poder contraer matrimonio con su esposo católico. Hasta ese momento, la corte malaya de la Sharia solo había declarado apóstata a una persona y lo había hecho de manera póstuma. La mayoría de las veces las solicitudes de apostasía se resolvían con una "reeducación" obligatoria en el Islam. Así, Lina Joy se negó a someterse a la corte de la Sharia porque afirmaba que, como no era musulmana, no estaba bajo su jurisdicción. Finalmente su caso se apeló ante la Suprema Corte de Malasia donde perdió por dos votos a uno y fue obligada a ocultarse. Este caso ilustra aún más los problemas creados por una fusión de características mutables e inmutables. Si la ley malaya hubiera tratado la pertenencia étnica o la raza de manera diferente a la religión, la confusión sufrida por Lina Joy no habría sido tan polémica.

La fusión de raza y religión se ha convertido en un detonante que anticipa la Conferencia de Examen de Durban, que tendrá lugar en abril de 2009.[47] Aunque el objetivo de la conferencia es enfocarse en temas de

---

del Islam, se prohíbe la apostasía, provocando de este modo complicaciones con el derecho a cambiar de religión.

[46] Para informes noticiosos acerca del caso, ver Ian MacKinnon, *Malaysia Rejects Bid for Christian Convert to Remove Islam ID Tag* (Malasia rechaza la propuesta de quitar del registro de identidad del Islam a los conversos cristianos), Guardian.co.uk, 31 de mayo de 2007, http://www.guardian.co.uk/world/2007/may/31/religion.islam; Jane Perlez, *Once Muslim, Now Christian and Caught in the Courts* (Antes los musulmanes, ahora los cristianos y atrapados en las cortes), N.Y. Times, 24 de agosto de 2006, p. A4.

[47] La Conferencia de Examen de Duraban evaluará el progreso hacia objetivos establecidos por la Conferencia Mundial contra el **racismo**, la discriminación racial, la **xenofobia** y las formas conexas de **intolerancia** en Durban, Sudáfrica, en 2001.

racismo y otras formas de intolerancia, la religión ha sido sistemáticamente considerada como un sustituto o corolario de la raza.[48] Reconocer una relación entre discriminación racial y religiosa es muy diferente a crear leyes que traten ambas características como una sola. Es de esperar que la próxima conferencia de examen aborde los verdaderos aspectos del racismo y la intolerancia en el mundo sin pretender fusionar raza y religión.

Implementación nacional

Quizás una cuestión más importante sobre las leyes de la difamación de las religiones es cómo se aplicará dicha resolución a nivel nacional. En las cortes nacionales, existen pocas referencias, si es que hay alguna, en relación a las resoluciones de las Naciones Unidas sobre la difamación de las religiones ya aprobadas. No obstante, dichas resoluciones sientan precedentes legales y contribuyen a la ley consuetudinaria, uno de los componentes básicos del derecho internacional.

A pesar de que existen pocas referencias específicas a las resoluciones en sí, existe un gran número de casos en los que el tema fue una ley que combatía la difamación de las religiones. El mejor ejemplo de dicha ley se encuentra en la Sección 295 del Código Penal de Pakistán que hace de la blasfemia un crimen castigado por la ley con multa, prisión o incluso la muerte.[49] Las resoluciones de las Naciones Unidas sobre la difamación de las religiones brindan una justificación para dichas leyes nacionales que han existido desde hace mucho tiempo. Resulta bastante interesante mencionar que la ley contra la blasfemia de Pakistán probablemente se emplea más a menudo contra los musulmanes que contra las minorías religiosas.[50] Debido a que la normativa de la blasfemia es ambigua y la responsabilidad de la prueba recae en el acusado que debe demostrar su inocencia, la ley

---

La Conferencia de Examen servirá como catalizador para cumplir las promesas de la Declaración y Programa de Acción acordado en la Conferencia Mundial de 2001 mediante acciones revigorizadas, iniciativas y soluciones prácticas, iluminando el camino hacia la equidad para individuales y grupos en todas las regiones y países del mundo.

[48] El representante de Bélgica, al abordar la Conferencia de Examen de Duraban en el Segmento de Alto Nivel de las Naciones Unidas del Consejo de Derechos Humanos en marzo de 2009, dijo que, "debemos ver el racismo como un problema para todos los países. El problema de la difamación de las religiones obstaculiza este proceso del sistema internacional para proteger los derechos humanos. Los derechos humanos deben proteger a las personas y las libertades de las personas, y no a las religiones como tal". *Dutch FM Verhagen 'Deeply Distrubed'* (El Ministro de Relaciones Exteriores de Holanda profundamente perturbado) *por Durban II*, UN Watch, 3 de marzo de 2009, http://blog.unwatch.org/?p=265.

[49] Actualmente Pakistán aplica el Código Penal 295 de 1860, que impone el castigo capital por blasfemia, incluyendo la difamación del Islam.

[50] Departamento de Estado de Estados Unidos, Pakistán, Informe 2008 sobre Libertad Religiosa Internacional, *disponible en inglés en* http://www.state.gov/g/drl/rls/irf/2008/index.htm

contra la blasfemia en Pakistán se aplica a menudo para dirimir conflictos personales y para alejar la competencia en los negocios.[51] Dichas leyes también se usan para reprimir la disidencia reformista o las sectas minoritarias del Islam.[52] Estos casos muestran cómo se emplean las leyes contra la blasfemia para establecer regímenes teocráticos.

Otro episodio reciente que involucró la ley contra la blasfemia tuvo lugar en una escuela primaria de Sudán. Gillian Gibbons, una ciudadana británica que era profesora de una escuela primaria en Sudán, preguntó a sus alumnos cómo les gustaría llamar al osito de peluche de la clase. Accedió al deseo de sus estudiantes de llamar al osito Mohamed, solo para encontrarse tras las rejas por difamar al profeta Mohamed.[53] Solo después de que intervino el gobierno británico, Gibbons fue puesta en libertad y deportada de Sudán.[54]

Sin embargo, las leyes contra la difamación de las religiones no sólo se emplean para "proteger" el Islam; también las emplean cristianos, budistas, hindúes y otros. En Rusia, hubo recientemente dos casos en los que un grupo de cristianos entabló un juicio contra las televisoras por la naturaleza difamatoria de la popular emisión *South Park*.[55] En la India, las leyes estatales contra la conversión definen la conversión forzosa para incluir "la amenaza del desagrado de la divinidad".[56] De este modo, si un musulmán dijera a un hindú que el politeísmo es incorrecto y que disgusta a Alá, el musulmán podría ser culpable de intentar convertir al hindú por la fuerza. Dichas leyes se emplean para intimidar y crear un ambiente hostil para las minorías religiosas.[57] En otoño del 2008, el ambiente de

---

[51] *Ibid.*

[52] Las leyes contra la blasfemia de Pakistán se emplean a menudo para perseguir a creyentes de la fe Ahamadiyya, una religión minoritaria a la que el gobierno de Pakistán no reconoce como verdaderamente musulmana. Isambard Wilkinson, *Islamic Splinter Group Targeted by Pakistan's Blasphemy Laws* Grupo islámico separatista en la mira de las leyes sobre blasfemia de Pakistán), Daily Telegraph (London), 26 de diciembre de 2007, p. 21. "The anti-blasphemy laws of Pakistan 'mandate three years' imprisonment for Ahmadis who dare to call themselves Muslim." (Las leyes contra la blasfemia de Pakistán "imponen tres años" de prisión para Ahmadis que se atreven a llamarse musulmanes) *Ibid.*

[53] Kevin Sullivan, *Sudan Convicts Teacher in Naming of Teddy Bear* (Sudán declara culpable a profesora por darle nombre a un osito de peluche) Wash. Post, 30 de noviembre de 2007, p. A18.

[54] *Teddy Row Teacher Leaves Sudan* (La profesora del escándalo del osito de peluche abandona Sudán), CNN, 3 de diciembre de 2007, disponible en inglés en http://www.cnn.com/2007/WORLD/africa/12/ 03/sudan.teacher/index.html.

[55] Nico Hines, *Russian Prosecutors in Bid to Ban South Park* (Fiscales rusos ordenan prohibir *South Park*), TimesOnline, 8 de septiembre de 2008, disponible en ingles en http://www.timesonline.co.uk/tol/news/world/europe/article4704089.ece.

[56] *Por ejemplo,*, Ley de Libertad Religiosa de Orissa, No. 21, art. 3 (1967) (India).

[57] Ver Charles Haviland, *Fears for India's Secularism* (Temor por el secularismo de la India), BBC News, 6 de junio de 2003, disponible en inglés en http://news.bbc.co.uk/2/hi/south_asia/2967196.stm.

hostilidad que se produjo como consecuencia de la ley contra la conversión se volvió violento cuando los extremistas hindúes tomaron las calles, mataron a más de 50 cristianos y desalojaron de sus casas a decenas de miles de ellos.[58] También se ha propuesto una legislación similar en Sri Lanka, donde los budistas, que componen el grupo religioso mayoritario, pretenden establecer un monopolio religioso.[59] La proliferación del abuso de las leyes sobre la difamación de la religión prueba que este concepto es un instrumento de opresión sin fronteras religiosas o nacionales.

¿Hacia dónde se dirigen las negociaciones?

Tras la reacción violenta contra las resoluciones sobre la difamación de las religiones en 2008, la OIC está empezando a abordar el tema desde un punto de vista diferente que se centra más en la incitación a la violencia, la discriminación o el odio, en lugar de centrarse en la difamación de las religiones.[60] Desde un punto de vista legal, las negociaciones se apartan de los Artículos 18 y 19 del Pacto Internacional de Derechos Civiles y Políticos (ICCPR por sus siglas en inglés), que garantiza libertad religiosa y de expresión, y se acercan al Artículo 20, que prohíbe la incitación a la discriminación y la violencia.[61] Sin embargo, existen numerosos riesgos asociados a la discusión en el contexto del Artículo 20. Antes que nada, el Artículo 20 presupone la libertad de expresión que se encuentra en los Artículos 18 y 19. Sin libertad de expresión no hay necesidad de un estricto conjunto de parámetros sobre las circunstancias en las que un gobierno

---

[58] Ver Christian Solidarity Worldwide, Briefing, India: Religiously-Motivated Violence & Discrimination Against Christians 4 (Christian Solidarity Worldwide, resumen, India: violencia motivada por la religión y la discriminación contra cristianos 4)(2009), *disponible en ingles en* http://dynamic.csw.org.uk/article.asp?t=report&id=106 (seguir "Download full report" hyperlink); *India: "Anti-Conversion" Law Considered in Karnataka* (India: se considera "ley anticonversión en Karnataka), Compass Direct News, 2 de marzo de 2009, *disponible en ingles en* http://www.compassdirect.org/en/display.php?page=news&lang=en& length=long&idelement=5829; Hari Kumar & Heather Timmons, *Violence in India Is Fueled by Religious and Economic Divide* (La violencia en la India está alimentada por la división económica y religiosa) N.Y. Times, 3 de septiembre de 2008, p. A6.

[59] Ver Melani Manel Perera, *Anti-Conversion Bill: Minorities Fear Restrictions on Religious Freedom* (Ley anticonversión: las minorías temen restricciones de libertad religiosa), AsiaNews, 20 de enero de 2009, disponible en inglés en http://www.asianews.it/index.php?l=en&art=14360

[60] Ver Oficina de las Naciones Unidas en Ginebra (UNOG), *supra*, notea 20 (Marghoob Saleem Butt of Pakistan speaking on behalf of the OIC about "incidents of religious intolerance and xenophobia in the west")(Marghoob Saleem es el blanco del discurso pakistaní sobre el beneficio de la Organización de la Conferencia islámica (OIC) acerca "de los incidentes de intolerancia religiosa y religiosa en occidente").

[61] El Artículo 20(2) establece: "Toda apología del odio nacional, racial o religioso que constituya incitación a la discriminación, la hostilidad o la violencia estará prohibida por la ley". ICCPR, *supra* nota 40, Art. 20(2).

pueda restringir la libertad. Cuando Estados Unidos ratificó el ICCPR, emitió una reserva respecto al Artículo 20 debido a una contradicción con la Primera Enmienda.[62] Las naciones europeas por su lado, ya poseen mayor legislación respecto al discurso de odio en sus libros y serán cuestionadas acerca del trato igualitario de todos los grupos. Se ha hablado de volver a someter el Artículo 20 al comentario general del Comité de Derechos Humanos, a un profundo análisis experto de la cláusula, que entonces será aceptada o rechazada por la Asamblea General. Sin embargo, dicha reapertura puede ser muy peligrosa, puesto que podría conducir a una reducción del elevado umbral de las circunstancias extremas en las que los derechos fundamentales pueden restringirse. En marzo de 2009 se espera otra resolución sobre la difamación de las religiones en el Consejo de Derechos Humanos y el asunto quedará muy probablemente en la agenda de la Conferencia de Examen de Durban.

Entonces, ¿cuál es la solución?

Aunque la mayoría de las soluciones legales propuestas por la OIC ya son peligrosas para la estabilidad de la ley de derechos humanos, para los países es importante pensar creativamente acerca de cómo abordar los problemas de odio y discriminación religiosa. En realidad, la mayoría de estas soluciones se encuentra en la arena política en lugar de la legal. En muchas situaciones, un gobierno puede condenar puntos de vista particulares sin actuar legalmente. Además, en la actualidad, gran parte del odio que se expresa hacia grupos religiosos particulares es resultado de la ignorancia, que puede contrarrestarse mediante una mayor educación. Si el "otro" no es comprendido, ¿por qué debe ser aceptado o respetado? En una sociedad moderna y pluralista, a veces debe agitarse el crisol cultural, y la mejor forma de hacerlo es por medio de la educación. Finalmente, un Estado tiene la obligación de proteger la plaza pública para asegurarse de que todas las tradiciones religiosas puedan interactuar libremente sin la amenaza de represión por parte de los actores del estado o de otro tipo. Si un estado es capaz de asegurar un espacio para el libre mercado de las ideas, las creencias funcionarán por sí mismas de manera educativa y se mantendrá el derecho fundamental de elegir y sostener creencias de manera pacífica.

---

[62] *Ver* S. Comm. on Foreign Relations, Report on the International Covenant on Civil and Political Rights (Senado del Comité de Relaciones Exteriores, Informe sobre el Pacto Internacional de Derechos politicos y Civiles), S. Exec. Rep. No. 102-23 (1992), *reimpreso en* 31 I.L.M. 645 (1992) ("El artículo 20 no autoriza o requiere una legislación u otro acto de Estados Unidos que restrinja el derecho a la libre expresión y asociación protegidas por la Constitución y las leyes de Estados Unidos").

EPÍLOGO

Desde la publicación de esta entrega se han desarrollado gran número de acontecimientos. En primer lugar, como previsto, en marzo de 2009 el Consejo de Derechos Humanos de las Naciones Unidas adoptó una vez más una resolución sobre la difamación de las religiones.[63] El voto siguió siendo de mayoría relativa y las discusiones informales reflejaron la preocupación sobre el uso de la palabra "difamación".

En segundo lugar, la Conferencia de Revisión de Durban en abril de 2009 abordó el tema de la difamación de las religiones, pero después de un fuerte cabildeo por parte de numerosos países preocupados por desvanecer por completo este propósito de la conferencia, cuyo objetivo era abordar el racismo, el documento final borró toda referencia a la difamación de las religiones.[64] Este acontecimiento fue un hecho de gran importancia en el debate y puede anunciar el abandono del término "difamación de las religiones" y el inicio del debate acerca de la incitación a la violencia, la discriminación, la hostilidad y el odio (Artículo 20 del ICCPR).

Finalmente, tres relatores especiales sobre las formas contemporáneas de racismo, discriminación racial, xenofobia y formas conexas de intolerancia, hicieron una declaración en abril en la Conferencia de Examen de Durban para expresar su preocupación respecto al tema de la difamación de las religiones.[65] Advirtieron a los países que no debían criminalizar las expresiones religiosas pacíficas e incluso advirtieron sobre el peligro de restar importancia a las concepciones existentes de incitación a la violencia, la discriminación, la hostilidad y el odio.[66]

---

[63] Consejo de Derechos Humanos (HRC) Resolución 10/22, Pág. 78, Doc. NU A/HRC/10/L.11 (26 de marzo de 2009).

[64] ONU Documento final de la Conferencia de Examen de Durban, *disponible en* http://www.un.org/es/comun/docs/?path=/spanish/durbanreview2009/pdf/Durban_Review_ outcome_document Sp.pdf.

[65] Githu Muigai, Asma Jahangir y Frank La Rue, Freedom of Expression and Incitement to Racial or Religious Hatred (Libertad de Expresión e incitación al odio religioso o racial), Declaración de la Oficina del Alto Comisariado para los Derechos Humanos (OHCHR), Eventos paralelos de la Conferencia de Examen de Durban (22 de abril de 2009), *disponible en inglés en* http://www2.ohchr.org/english/issues/opinion/docs/SRJointstatement22April09New.pdf.

[66] *Idem.*

Acallando la búsqueda de la verdad
Un panorama general de la "Difamación de las Religiones"

J. Kenneth Blackwell
Embajador de los Estados Unidos de Norteamérica

Fui embajador de Estados Unidos ante la Comisión de Derechos Humanos de las Naciones Unidas en Ginebra. Aunque Ginebra puede parecer un puesto de lo más confortable, a menudo abandonaba el Palais des Nations con un abrumador sentimiento de tristeza. Mary Ann Glendon se ha referido en diversas ocasiones al abuso del discurso de los "derechos" y eso es precisamente lo que yo presencié día con día. Ciertos países usan el mecanismo de los derechos humanos para alcanzar objetivos maliciosos y engañosos. Yo había esperado que después de mi estancia las reformas que se llevaron a cabo en Ginebra rectificaran las ineficiencias y abusos, pero me temo que el utilitarismo político aún tiene prioridad sobre la dignidad humana en la ONU. Una de las cuestiones que han tomado al mundo por sorpresa es la llamada "difamación de las religiones".

Pero antes de entrar en tecnicismos, hablemos de ositos de peluche. Mi hijita adoraba a su osito de peluche. Incluso le puso el mismo nombre que su hermanito y lo llevaba adonde fuera. Tras un año o dos de arrastrar a Bobby el Oso por los pisos de los baños, la cafetería de la escuela y las fiestas populares, mi esposa empezó a preocuparse porque no solo podía ser un peligro para la salud de Susie, sino para la salud de cualquiera que le pusiera los ojos encima. Así que Bobby el Oso volvió al bosque de donde había salido un domingo en la tarde a vivir feliz para siempre con Mamá Osa y Papá Oso, o al menos eso le dijimos a Susie, que no estaba muy feliz de que se hubiera marchado.

Pero el osito de peluche no sólo es un símbolo o una tradición de Estados Unidos, sino que es en realidad un objeto tranquilizador para los niños de todo el mundo. Los padres lo usan para calmar a los bebés, para los niños son amigos imaginarios durante los largos viajes en auto y los profesores los usan como mascotas para crear unidad y camaradería en el aula. Sin embargo, en Sudán, hace un par de años, cuando una profesora británica trató de darle un nombre al osito del salón, siguiendo el deseo de los niños, fue a parar a la cárcel. El problema, verán, es que el niño popular que había de dar su nombre al osito se llamaba Mohammed. Gillian Gibbons fue acusada de insultar a la religión, incitar al odio y mostrar desprecio por las creencias religiosas. Solo fue encontrada culpable de insultar a la religión, pero podría haber sufrido 40 latigazos si hubiese sido encontrada culpable de los tres cargos. Finalmente, pasó dos semanas en la cárcel y fue deportada, en contra de los deseos de los padres de muchos de sus estudiantes.

Ahora permítanme cambiar de tema por un momento. Prometo que todo va a tener sentido dentro de poco. ¿Quién no ha visto el programa de los Simpson? Lo hemos visto las tres cuartas partes de nosotros. Y todos sabemos que Homero, Bart y Marge son todos estereotipos de lo que puede ser el norteamericano medio. Ahora bien, por lo general me divierto con los Simpson, como me suele suceder con cualquier tipo de humor en que los norteamericanos se burlan de sí mismos. Sin embargo, de vez en cuando me ofende la forma en que Homero se refiere a las creencias religiosas o los estereotipos de ciertas minorías, por lo que nunca he permitido que mis hijos lo vean mucho. Pero ésta es mi prerrogativa y nunca he llamado a la cadena de televisión para que cancelen el programa. En Rusia, sin embargo, hace poco presentaron una demanda en contra de la estación por presentar episodios de los Simpson con el argumento de que el programa es una blasfemia en contra del cristianismo.

Una desviación más y podremos unirlo todo. Como católico, me he acostumbrado a que mi párroco, mi esposa e incluso mi hijo me digan que ciertos actos míos constituyen un pecado. Hiere mi orgullo, pero sé que procuran mi salvación y tratan de fortalecerme para honrar a Dios. Pero ello no quiere decir que otros hombres y mujeres fuertemente religiosos no hayan tratado de convencerme que el judaísmo, el hinduismo o la religión mormona constituyen una mejor forma de adorar a Dios que el catolicismo. Me enfrento a ellos, porque no estoy de acuerdo, pero no los demandaría por tratar de convencerme. Pero en la India existe una cantidad de leyes en contra de la conversión que declaran ilegales todas las "amenazas de desaprobación divina". Así que, la próxima vez que mis rivales políticos me manden al infierno, quizás les señale que bien merezco el infierno, pero que tenemos en Estados Unidos el privilegio de hablar libremente de Dios y la forma en que Él ve las cosas.

¿Qué tienen que ver las tres historias sobre ositos de peluche, los Simpson y las "amenazas de desaprobación divina" con las Naciones Unidas? Bueno, todas ellas son ejemplos de la forma en que el concepto de "difamación de las religiones" se usa a nivel nacional. Hay quienes quieren acallar el foro público para suprimir cualquier reto a sus propias creencias religiosas y, para intimidar a las religiones menos favorecidas con amenazas legales discriminatorias que a veces llevan hasta a la pena capital.

Los seres humanos nunca se han puesto de acuerdo sobre las respuestas a las preguntas fundamentales de la vida: ¿De dónde venimos? ¿Cuál es el fin de la vida? ¿Qué sucede después de la muerte? La búsqueda de la verdad última es uno de los pocos denominadores comunes de la vida de casi todas las personas. Ésa es la esencia de la dignidad humana, que incluye la capacidad de buscar y aceptar las verdades declaradas sobre temas tan elevados y sublimes como Dios o su inexistencia.

La Declaración Universal de los Derechos Humanos explica que éste es el punto de partida de los derechos humanos. El Artículo 1 dice: "Todos los seres humanos nacen libres e iguales en dignidad y derechos y, dotados como están de razón y conciencia, deben comportarse fraternalmente los unos con los otros".[1] Los gobiernos a menudo reconocen la dignidad humana afirmando el derecho a la libertad de conciencia y expresión. Sin embargo, el reconocimiento de la dignidad humana no ha llevado a los gobiernos a desempeñar un papel más importante en los asuntos religiosos. De hecho, la evolución de la teoría política ha llevado a la proliferación de la separación de la religión del Estado. La mayoría de los gobiernos se siguen ocupando de la filosofía, pero han dejado la teología a los monjes, gurús, sacerdotes y escépticos. Y tienen razón, porque es importante que los gobiernos comprendan quiénes son las personas para poder proteger la esencia de la dignidad humana, pero resulta peligroso animarlos a que también definan la naturaleza de Dios.[2]

Sin embargo, durante los últimos diez años, la ONU ha llamado a los gobiernos a hacerlo: proteger ideologías y creencias particulares en nombre la sensibilidad cultural.[3] Es más, el esfuerzo por combatir la "difamación de las religiones" ha llevado a los gobiernos a elevar la protección de las ideas y creencias por encima de las personas que las profesan.

EL CRISOL DE LAS NACIONES UNIDAS

La cuestión de la "difamación de las religiones" surgió en 1999, cuando la Organización de la Conferencia Islámica (OCI) —una unión de cincuenta y seis países de mayoría musulmana— propuso que la ONU aprobara una resolución llamada "Difamación del Islam". A partir de ese momento,

---

[1] Declaración Universal de los Derechos Humanos (1948); Art. 1.
[2] Kevin Hasson, *The Right to Be Wrong*, Encounter Books, 2005.
[3] Para una relación más detallada sobre esta resolución, léase *Defamation of Religions*, Issues Brief for UNHCHR, Becket Fund for Religious Liberty, June 2, 2008 o L. Bennett Graham, "Defamation of Religions: The End of Pluralism?," *Emory International Law Review*, Vol. 23, Issue 1, 2009.

Naciones Unidas ha aprobado una resolución que combate la "difamación de las religiones". A primera vista, esta resolución parece ser una declaración de respeto y tolerancia, pero si se estudia y analiza con cuidado, resulta claro que su objetivo es servir como ley internacional en contra de la blasfemia, más que como un manual de sensibilidad religiosa.

La aprobación de esta resolución no se dio en el vacío. Aunque las primeras resoluciones fueron aprobadas por unanimidad, los ataques terroristas del 11 de septiembre de 2001 cambiaron el tenor del debate sobre las formas estereotipadas de ver las religiones. El resultado fue que la resolución sobre la "difamación de las religiones" se convirtió en un tema de votación controvertido en la ONU. Acontecimientos internacionales álgidos, como el asesinato de Theo van Gogh, las caricaturas danesas que mostraban al Profeta Mahoma y la producción de la película *Fitna* por el miembro del parlamento holandés Geert Wilders, han contribuido al debate sobre las limitaciones del discurso religioso en la esfera pública. Además, la "Guerra contra el Terror" globalizada, que incluye las acciones militares en el Medio Oriente y el Sureste Asiático, ha empeorado las tensiones entre los países occidentales y el mundo musulmán.

A pesar de lo mucho que se ha hablado de los casos de blasfemia relacionados con el Islam, sería un error caracterizar el problema de la "difamación de las religiones" como únicamente musulmán. Aunque la resolución de Naciones Unidas fue promovida por la OCI, el concepto de leyes en contra de la blasfemia se da en el mundo entero. Y he mencionado los casos de la India y Rusia, pero incluso en Irlanda una persona se puede ver condenada a fuertes multas si dice algo que se considere "gravemente insultante en relación con puntos considerados como sagrados por cualquier religión que resulte una afrenta para un número importante de adherentes a dicha religión".[4]

Y en Pakistán, el Artículo 295 del Código Penal establece como pena máxima la pena de muerte por declaraciones blasfemas en contra del Islam, el Profeta Mahoma y el Corán.[5]

¿CUÁL ES EL PROBLEMA?

Así que, ¿cuál es el problema real detrás de esas leyes en contra de la blasfemia y por qué acallar su expresión no es una forma de resolverlo? La OCI ha afirmado que su principal queja es que se ha estereotipado a los musulmanes en el mundo entero, en especial a raíz del 11 de septiembre. Aunque la protesta en contra de un estereotipo negativo de los musulma-

---

[4] Defamation Bill 2006 (Aprobada en Julio de 2009). Disponible en http://oireachtas.ie/documents/bills28/bills/2006/4306/b43d06s.pdf.

[5] Pak. Pen. Code § 295 (1860).

nes como extremistas ideológicos es sincera y tiene bases reales, el esfuerzo actual de la OCI por atenuar este estereotipo religioso por medio de una protección legal en contra de la "difamación de las religiones" está fuera de lugar y es contraproducente. Conceptualmente, la alegación de la "difamación de las religiones" no es adecuada como razón legal. Las leyes tradicionales en contra de la difamación están destinadas a proteger a los individuos de afirmaciones falsas y no se extienden a la protección de las ideas, filosofías o religiones. Por lo tanto, la "difamación de las religiones" pone de cabeza el objetivo de las leyes sobre la difamación. También los derechos humanos están destinados a proteger sólo a los individuos. Las leyes sobre "difamación de las religiones" no solo no *protegen* a los individuos, sino que también se usan para *acosarlos*. Por desgracia, la vaga noción de las leyes sobre "difamación de las religiones" permite que el gobierno use dichas leyes para eliminar a los individuos de las minorías religiosas y las voces de la disidencia.

Aunque la queja de la OCI en relación con la creación de un estereotipo social no es impugnable ante la ley, la discriminación religiosa, por otro lado, es un problema muy real en todo el mundo y está establecida como concepto legal. En el mundo entero las personas religiosas enfrentan una discriminación constante, por razones tan diversas como su forma de vestirse, su horario de culto o su objeción de conciencia al servicio militar. Las creencias sinceras a menudo impulsan a los fieles a realizar ciertas prácticas y participar en determinadas manifestaciones externas de su fe interna. En ciertos países, la religión en general está reprimida pues se considera como una amenaza para el Estado (en países como Corea del Norte y China). Para los musulmanes, la preponderancia de ciertas interpretaciones extremistas del Islam a los ojos del público ha tenido una repercusión negativa, que en ocasiones llega a la discriminación en contra de las poblaciones tanto inmigrantes como nativas de los países occidentales.

Las leyes en contra de la discriminación ya existen en la mayoría de los países, en especial en el sector económico, donde los empresarios no pueden ni dejar de contratar empleados ni negar ningún servicio a sus clientes por razones de raza o religión. Estas leyes castigan directamente el trato desigual a las minorías y proporcionan una definición clara de los delitos.

A la luz de los problemas conceptuales que plantea la "difamación de las religiones" y la presencia de normas legales ya definidas para la discriminación religiosa, el Alto Comisionado de Naciones Unidas para los Derechos Humanos ha confirmado que no existe un consenso internacional sobre el concepto de "difamación de las religiones".[6] Así que, aunque se

---

[6] Informe del Alto Comisionado para los Derechos Humanos a la Conferencia de Examen de Durban sobre la implementación de la Declaración de Durban y el Programa de Acción y propuestas para su mejoramiento, Navi Pillay, 23 de enero de 2009.

han seguido aprobando resoluciones en las Naciones Unidas, no hay una norma legal que defina la "difamación de las religiones".

Sin embargo, ciertos defensores de este concepto han expresado que su objetivo es codificar la "difamación de las religiones" como parte del derecho internacional consuetudinario, ya sea mediante un adendum a la ley existente sobre el discurso de odio o como parte de las leyes existentes en contra de "la incitación a la discriminación, la hostilidad o la violencia"[7]

INSTRUMENTOS LEGALES INTERNACIONALES

Los defensores de la "difamación de las religiones" pertenecientes a la OCI han acudido a dos instrumentos legales diferentes para combatir un discurso que podrían considerar blasfemo o excesivamente ofensivo para ciertas religiones: El Pacto Internacional para la Eliminación de todas las Formas de Discriminación Racial ("ICERD", por sus siglas en inglés) y el Pacto Internacional sobre Derechos Civiles y Políticos ("ICCPR", por sus siglas en inglés).

En 2007, el Consejo de Naciones Unidas sobre Derechos Humanos nombró a un Comité Ad Hoc para la Elaboración de Normas Complementarias que identificaran las lagunas en el ICERD y proporcionara recomendaciones sobre la forma de colmarlas.[8] Por lo tanto, el presidente del Comité Ad Hoc, el Embajador Idriss Jazairy de Argel, se dio a la tarea de elaborar un documento de trabajo a favor de un protocolo alterno al ICERD, el cual obliga a los Estados a aplastar cualquier discurso que pudiera considerarse una "difamación a las religiones".[9]

Las resoluciones más recientes sobre la "difamación de las religiones" se refieren cada vez más no solo a la "difamación de las religiones", sino a la "difamación de las religiones y la incitación al odio por razones religiosas", como si ambos actos fueran sinónimos, o incluso estuviesen relacionados.[10] Es más, recientemente se ha prestado mayor atención el Artículo 20 del ICCPR, que declara lo siguiente: "Cualquier apoyo al odio por razo-

---

[7] ICCPR, Art. 20; Statement of Mr. Ekmelledin Ihsanoglu, OIC Secretary General, UN Human Rights Council, 4th Sess. (March 12, 2007); First OIC Observatory Report on Islamophobia, May 2007-March 2008, Org. Of the Islamic Conference, p. 8 (March 2009).

[8] Para una descripción más completa del Comité Ad Hoc para la Elaboración de las Normas Complementarias, ver

http://www2.ohchr.org/english/issues/racism/AdHocCommittee.htm.

[9] Carta del Embajador Idriss Jazairy, Presidente del comité Ad Hoc para normas complementarias, re: Documento no oficial sobre las normas internacionales complementarias para fortalecer y actualizar los instrumentos internacionales contra el racismo, la discriminación racial, la xenofobia y la intolerancia en todos sus aspectos (5 de diciembre de 2008)

[10] HRC Res. 10/22, at 78, U.N. Doc. A/HRC/10/L.11 (26 de marzo de 2009).

nes nacionales, raciales o religiosas que constituya una incitación a la discriminación, la hostilidad o la violencia quedará prohibido por la ley".[11]

Como se invoca rara vez y tiene pocos precedentes de jurisprudencia, algunos expertos internacionales han pedido una explicación del significado del Artículo 20 en un Comentario General (una nota explicativa emitida por un grupo de expertos conocido como el Comité de Derechos Humanos de la ONU).[12] El Comité de Derechos Humanos ya ha iniciado un comentario general similar sobre el Artículo 19, que trata de la libertad de expresión, incluyendo las situaciones en las que ésta está sujeta a restricciones.

Aunque en todo el mundo existen leyes sobre la incitación y se aplican de manera apropiada para impedir actos que representen un peligro inminente para los grupos más vulnerables, la comunidad internacional debe tener cuidado de no bajar el umbral del discurso que equivale a incitación. La incitación debe limitarse necesariamente al discurso que alienta a otro a cometer crímenes en contra de un tercero. No incluye el lenguaje insultante que puede motivar a otro a cometer crímenes en venganza por lo que percibe como ofensa. Los Relatores Especiales de la ONU también han reconocido los problemas que representa la vaguedad de las expresiones que contiene el Artículo 20 y que se refieren a la incitación a la "hostilidad": "Definir qué expresiones pueden pertenecer a la categoría de la incitación a cometer *genocidio*, *violencia* o *discriminación* puede resultar más fácil que determinar las expresiones que equivalen a la incitación a la *hostilidad*... La noción de incitación a la *hostilidad*, sin embargo, puede estar más sujeta a definiciones subjetivas que dependen mucho de la perspectiva".[13]

ASÍ QUE ¿CUÁL ES LA SOLUCIÓN?

En primer lugar, los gobiernos deben recordar el derecho positivo que dice que la ley existe para proteger la capacidad de buscar y expresar la verdad en un ambiente seguro. A menudo, este derecho a expresar su conciencia se lleva a cabo en un foro público pluralista; así, resulta inevitable

---

[11] ICCPR, Art. 20.

[12] Asma Jahangir, Relator Especial sobre libertad de religión y creencias, ha sugerido en varias ocasiones que un comentario general sobre el Artículo 20 del ICCPR podría ayudar a clarificar su interpretación.

[13] "Libertad de expresión e incitación al odio por razones raciales o religiosas", Comunicado conjunto de Githu Muiga, Relator Especial sobre formas contemporáneas de racismo, discriminación racial, xenofobia y formas relacionadas de intolerancia, Asma Jahangir, Relatora Especial sobre libertad de religión y creencias y Frank La Rue, Relator Especial sobre la promoción y protección del derecho a la libertad de opinión y expresión, evento paralelo de OHCHR durante la Conferencia de Examen de Durban, Ginebra, 22 de abril de 2009.

que las verdades que se afirman entren en conflicto unas con otros, y que se creen debates, e incluso disputas. Pero el derecho internacional no garantiza el derecho a no sentirse ofendido, ni tampoco garantiza a persona alguna que no se verá confrontada por sus creencias.

En segundo lugar, debemos recordar que existen instrumentos legales que ya se ocupan adecuadamente de la discriminación, la difamación de la persona y la incitación a la violencia. Estas leyes están redactadas para enfrentar situaciones específicas que amenazan la seguridad del libre intercambio de pensamientos, conciencia y creencias. Deben aplicarse con mayor eficiencia y equidad, pero no necesitan interpretarse de una forma tan amplia que se preste al abuso por funcionarios gubernamentales con malas intenciones.

Finalmente, la comunidad internacional no debe depender tanto de las leyes. La autoridad de la ley constituye un aspecto esencial del buen gobierno y la democracia, pero se complementa con una sociedad civil activa. Las tendencias sociales de discriminación y creación de estereotipos deben contrarrestarse con la educación y la diplomacia pública. La promoción del respeto requiere comprender que las personas con creencias diferentes están dotadas con una dignidad humana que les otorga el derecho a expresar dichas creencias. A menos que los gobiernos valoren esa dignidad por encima de su propia practicidad política, la libertad religiosa está en peligro desde Islamabad, hasta Beijing y París.

Así que, ¿qué importancia tiene esto para cada uno de nosotros? Es importante porque ya no se trata sólo de un problema de la ONU, de una nube en el cielo que no llegará a amenazar el paraíso de nuestra isla. Tiene que ver con la capacidad del gobierno para limitar nuestra libertad de expresión, para dictar nuestra teología, controlar nuestros programas de televisión, mandarme al infierno y confiscar mi osito de peluche.

Tres reflexiones
sobre libertad religiosa

Haciéndola bien y haciéndola mal
La libertad religiosa en los Estados Unidos de Norteamérica

Kevin "Seamus" Hasson
Fundador del Fondo Becket para la libertad religiosa[1]

Antes de empezar, les pido disculpas por adelantado a los que aman el español por todo el daño que le voy a hacer. Si notan que estoy temblando un poquito no es porque les tenga miedo. Tengo Parkinson que es muy bueno para hacer Margaritas, pero no para mucho más.

El mito fundador de los Estados Unidos dice que los refugiados religiosos (piligrims) vinieron de Inglaterra en busca de la libertad religiosa, que la encontraron y todos fuimos felices. No fue tan simple en ese tiempo, no ha sido simple desde entonces y no es así de simple ahora. Les voy a contar tres historias y hacerles tres preguntas que, espero, clarifiquen el mito y también apunten el camino a seguir con rumbo a la libertad religiosa en nuestro hemisferio, no sólo en Estados Unidos.

A los fundadores de las colonias de Maryland y Pensilvania sí les interesaba encontrar la libertad religiosa para todos, pero no todos eran así. Los más famosos de los otros son los de Plymouth, en Massachusetts Bay, una colonia fundada en Boston. Ellos no buscaban la libertad religiosa, más bien querían obtener más terreno. No buscaban escapar de las guerras religiosas de su tiempo, buscaban abrir una nueva etapa de la discusión para ganarles a sus adversarios. Los puritanos de Boston estaban tratando

---

[1] Discurso pronunciado el 26 de septiembre de 2009 en el Simposio "Voces: Estado Laico y Libertad Religiosa". Kevin "Seamus" Hasson es fundador del Fondo Becket para la Libetad Religiosa, una institución que se dedica a defender esta libertad en el mundo sin importar la filiación religiosa, beneficiando a creyentes, agnósticos y ateos por igual. Seamus padece Parkinson y, sin reparar en ello, estudió español con el fin de hablarle en su idioma al público mexicano. Su esfuerzo merece todo nuestro reconocimiento. Así, hemos dejado el texto casi en su forma original, corrigiendo algunas cosas para facilitar su lectura. Honor a quien honor merece. Kevin es autor de un magnífico libro que lleva por título, *The Right to be Wrong. Ending the Culture War Over Religion in America*, San Francisco, Encounter Books, 2005. Su agudo sentido del humor nos recuerda a K.G. Chesterton. N del E.

de crear un modelo de gobierno que inspirara a los cristianos ingleses de una manera que se arrepintieran y se volvieran puritanos ellos mismos, punto en el cual los colonos de Boston regresarían triunfadores. Para que este plan funcionara, la colonia de Massachusetts Bay tenía que ser la más pura de las puras. No podían tolerar a pecadores que no se arrepientan, ni heréticos que no fuesen corregidos.

Entonces en 1652, cuando el movimiento Quaker creció en Inglaterra, estaban aterrados. Los Quakers eran los más radicales de Inglaterra. No aceptaban la autoridad de los clérigos ni de las escrituras, sólo la luz que brillaba por dentro, la voz de Dios. Se pueden imaginar que, en cualquier situación en la que muchas personas están escuchando sólo a la voz de Dios, cosas muy interesantes empiezan a pasar. Por ejemplo, la luz interna les pedía a los Quakers que entraran desnudos a servicios religiosos gritando ¡hipocresía! Esto alarmó mucho a los buenos puritanos de Boston. En 1656, antes de que hubiera algún Quaker en este hemisferio, los colonos de Boston pasaron una ley que no permitía a ningún Quaker vivir en su colonia, desnudo o vestido, y establecieron flagelaciones para todo quien desobedeciera la ley.

De todas maneras, la luz interna acabó mandando una buena cantidad de Quakers a este lado del mundo. Estaban muy preparados para que les pegaran como pago por sus sermones. El siguiente año, los legisladores se juntaron de nuevo y anunciaron que, a los Quakers que no obedecieran les cortarían un oído por su primera ofensa, el segundo por la segunda y, por la tercera, les quemarían la lengua con un hierro candente. Pero la luz interna de todas maneras los invitaba a regresar.

En octubre de 1658, los buenos puritanos y sus legisladores se juntaron de nuevo y ordenaron pena de muerte a los Quakers que insistían en regresar. Mary Dyer regresaría cuatro veces para hablar contra la colonia puritana de Boston (sin contar otros dos viajes que tomó para hablar contra la colonia puritana en New Haven) y la colgaron solemnemente en Boston Common el primero de julio de 1670.

Esa es la historia y aquí está la pregunta. ¿Por qué no matarla? Ella conocía las leyes y, con ese conocimiento, fue contra la ley y fue juzgada apropiadamente. ¿Por qué no matarla?

Hoy en día esta es una pregunta horrible. Por supuesto que no puedes ejecutar a una persona por evangelizar. Entonces, ¿por qué no quitarle tan sólo sus oídos y quemarle la lengua con un hierro, ella sobreviviría? Por supuesto, no podemos hacer eso tampoco. ¿Qué tal si sólo la flagelan? ¿Se le olvidaría, no? Pero, otra vez, hoy no podemos hacer eso tampoco. Pero, ¿por qué? No es porque fuera ilegal pues era un requisito de la ley. No es porque fuera contra la Constitución pues todavía no había Constitución. Mientras piensan en esto, les cuento otra historia.

Todos dicen que, una vez que se aprobó la Constitución, todo eso se arregló. Desafortunadamente, la Constitución original no tenía la primera enmienda que tenemos hoy. El artículo sexto dejó abierta la posibilidad de hacer exámenes religiosos a los oficiales del gobierno en cada Estado de la Unión. El gobierno federal no podía hacer exámenes religiosos, pero los Estados eran libres para hacer lo que quisieran. Once de las primeras trece colonias hacían exámenes a los puestos en el gobierno y querían conservarlos. ¿Verdaderamente la Primera Enmienda cambio todo esto? La verdad es que no. La Primera Enmienda solo cubrió al gobierno federal y dejó a los Estados libres para perseguir a los que quisieran. Por ejemplo, en Massachusetts hubo una religión establecida hasta 1832 y, en 1854, aprobó políticas anticatólicas que incluían órdenes de búsqueda para meterse en los conventos. En Vermont, tarde en el siglo XIX, se aprobó el requisito de que todos los que tuvieran un puesto en gobierno tenían que "profesar la religión protestante."

Esta fue mi segunda historia. Aquí está mi segunda pregunta. Si tú fueras el secretario de Estado en Vermont en el siglo XIX y un católico o judío aplicara para tener una posición en el gobierno ¿serías anticatólico o antisemítico?, ¿por qué no serlo? No sería porque no fuera legal pues era un requisito de la ley. No sería porque fuera contra la Constitución pues ya tenían una Constitución, aunque no aplicaba en Vermont para este asunto. Mientras consideran estas preguntas, aquí está mi tercera historia.

Empezando 1940, la Suprema Corte de los Estados Unidos decidió acabar con el problema. Sin preocuparse por hacer una enmienda a la Constitución decidieron que la palabra libertad en la Enmienda Catorce, que sí aplicaba en los Estados, se incorporara a la Primera Enmienda. Esto resolvió muchos problemas, pero causó más problemas nuevos. La Primera Enmienda simplemente decía que el Congreso de la Union no podía aprobar una ley con respecto al establecimiento de una religión. Esa frase quería decir que el Congreso no podía establecer o crear una religión oficial para el país entero y, del mismo modo, tampoco podía quitar o suprimir la religión establecida en ciertos Estados. En resumen, el Congreso no podía establecer ni quitar una religión en un Estado, tampoco podía crear una ley con respecto al establecimiento de una religión en la Unión.

Ahora bien, ¿qué pasa cuando incorporamos estas frases a la palabra "libertad"? ¿Qué quiere decir? En otras palabras, ¿cómo hace sentido una ley cuando ya no sabes lo que dice? La respuesta es que buscas encontrar otro significado para esta ley. Y por los últimos sesenta años nuestra Corte Suprema ha estado corriendo como niño en una fiesta de cumpleaños, buscando algo para explicar la primera enmienda. Un grupo de ministros miraba constantemente hacia el secularismo filosófico. Un segundo grupo miraba a la historia. Y un tercer grupo sólo miraba al techo, a veces votando con uno, a veces con el otro, creando un caos. Como resultado, la ley de religión en Estados Unidos ha sido una gran variedad de cosas y ha dejado a nuestro gobierno inseguro de sí mismo y de sus relaciones exteriores.

Por ejemplo, en 1988, el gobierno Chino detuvo a un niño llamado G que ha estado detenido desde ese momento, si es que sigue vivo. Él no cometió ningún crimen. Sólo está deteniendo porque los budistas de Tíbet creen que es la reencarnación del Panchen Lama. Cuando nuestro Departamento de Estado, o el Fondo Becket, denuncia a China por seguir deteniendo a G, los chinos siempre responden que estamos interfiriendo en sus políticas internas.

Esta fue mi tercera historia. Mi tercera pregunta es: ¿por qué no tienen la razón? No es porque sea ilegal pues las leyes chinas lo requieren. No es porque vaya en contra de la Constitución, porque ésta no aplica.

Ahora, demos un paso para atrás y consideremos las tres preguntas: ¿Por qué no deben ejecutar a Mary Dyer? ¿Por qué no ser antisemítico y anticatólico? ¿Acaso tienen la razón los chinos?

Lo que yo sugiero es que todas estas preguntas son en verdad una sola. ¿De dónde viene la libertad religiosa? Parece obvio, está dictada por las leyes. Pues, si es así, debes pensar que Mary Dyer tiene que morir, los anti semíticos anticatólicos tenían razón y los chinos también la tienen porque la ley requiere las tres cosas. Pero, ¿qué tal si la libertad religiosa viene de algo distinto? ¿Qué tal si Mary Dyer debe vivir, que el antisemitismo, anticatolicismo, siempre está mal y los chinos no tienen la razón? Entonces debes pensar igual que yo, que James Madison y Thomas Jefferson. Que la libertad religiosa no está dictada por las leyes, pero viene de algo que no cambia con el tiempo y viene de quién somos. Viene de la verdad que somos personas que tenemos intelectos libres y que somos libres de tomar decisiones por nuestra consciencia, para descubrir la verdad y abrazar los que creemos que hemos encontrado.

Esta es la filosofía implícita en la Declaración de los Derechos Humanos de las Naciones Unidas. También es la antropología explícita en *Dignitatis Humanae*.[2] Y estoy convencido que ésta es la solución a las guerras culturales. Siendo honestos, debemos decir que nuestra libertad religiosa no viene del gobierno y que el gobierno no puede restringirla, excepto en situaciones en verdad de emergencia.

¿Qué diferencia hace esto que digo? Una historia más. El año pasado, un policía rural amenazó con apresar a la clase de primera comunión por tomar vino sin tener 21 años de edad. Los tuvo que dejar en paz y el pueblo entero se rió de él. Pero, ¿qué tal si no los hubiera dejado? ¿No tendrían la libertad religiosa los niños de hacer su primera comunión porque

---

[2] Declaración sobre la libertad religiosa del Concilio Vaticano Segundo de la Iglesia Católica Apostólica Romana.

no había una ley que decía que podían? No, si el policía hubiera insistido. Entonces, el fiscal debería haber dejando el caso y el juez también, el jurado no participar y el gobernador perdonado a los niños y corrido al policía. Todo, no sólo en nombre del sentido común, sino en el nombre del derecho natural a la libertad religiosa.

En conclusión. Lo que viene por delante para la libertad religiosa es que nuestros gobiernos se acuerden de sus límites y que las personas insistan en ejercer su dignidad.

La primera libertad[1]

Carl A. Andreson
Caballero Supremo de los Caballeros de Colón

Mi discurso de esta mañana se intitula "La Primera Libertad", pero es probable que la mayoría de los norteamericanos no comprendan el significado de la frase. Los que como yo han estudiado Derecho, y todos los que han realizado un estudio detallado de la Constitución de Estados Unidos, saben cuál es "la primera libertad" que se menciona en la Carta de Derechos: "El Congreso no hará ley alguna por la que adopte una religión como oficial del Estado o se prohíba practicarla libremente." Todos los otros derechos de la Primera Enmienda —expresión, prensa, reunión— vienen después.

Si se pide a una persona escogida al azar que identifique una libertad asociada con la Primera Enmienda, es mucho más probable que mencione "la libertad de expresión" o "la libertad de prensa" que "la libertad religiosa", lo que no debe sorprendernos. Gran parte de nuestra información en esta área proviene de los medios de comunicación y sus propios intereses los llevan a enfatizar la parte de la Primera Enmienda que se refiere a ellos.

Hace tres años, la fundación John and James Knight Foundation invirtió un millón de dólares en una encuesta que forma parte de su proyecto de investigación "El Futuro de la Primera Enmienda". Esta encuesta masiva, realizada por la Universidad de Connecticut, reunió las opiniones de más de 100,000 estudiantes de educación media superior de 544 escuelas de todo Estados Unidos. Planteaba a los estudiantes 63 preguntas sobre toda clase de cosas, desde la quema de la bandera hasta si "debería permitirse a los músicos cantar canciones cuya letra fuera ofensiva para otras personas". Pero ninguna de las 63 preguntas de la encuesta mencionaba siquiera la religión.

La principal "conclusión" de la encuesta fue que "los estudiantes de nivel medio superior tienden a expresar poco aprecio por la Primera Enmienda. Cerca de las tres cuartas partes dijeron que no saben qué opinar

---

[1] Discurso pronunciado en Bridgeport, Connecticut, 29 de abril de 2007.

al respecto o que la dan por sentada". ¿Se gastó un millón de dólares para llegar a esta profunda revelación? Por cierto, ¿les mencioné que la fundación Knight Foundation fue creada por dos de los propietarios de lo que era el imperio editorial Knight-Ridder hasta que fue vendido el año pasado?

Si escriben en Google la frase "Primera Enmienda", obtendrán una avalancha de entradas de grupos cuyo principal interés es el periodismo. En el primer lugar de la lista se encuentra **Freedom Forum**, lanzado por Al Neuharth, fundador de USA Today y ejecutivo de Gannett Publishing. A su vez, Freedom Forum financia y opera **First Amendment Center**, que le da algún espacio a la religión, pero que también deja ver su origen. En la búsqueda de Google también obtendrá un enlace al *Manual de la Primera Enmienda*, publicado por el Comité de Reporteros para la Libertad de Prensa. El *Manual de la Primera Enmienda* cuenta con diez capítulos sobre temas que incluyen "difamación", "derechos de autor", "fuentes confidenciales", "prohibición de publicación" y, el que es mi favorito, "grabaciones clandestinas". Pero —adivinaron— ni una palabra sobre la Primera Libertad de la Primera Enmienda. Bien, ya comprendieron la idea y, por favor, no me malentiendan, me gustan mucho *algunos* periódicos. ¡Está, por ejemplo, el **Fairfield County Catholic**! ¡Es estupendo!

El hecho es que, cuando la mayoría de los norteamericanos piensa acerca de la Primera Enmienda, lo primero que se le viene a la mente no es la libertad religiosa. Y cuando sí tiene en mente las cláusulas sobre religión de la Primera Enmienda, invariablemente piensa en la frase "separación de la Iglesia y el Estado", a pesar de que esta expresión no aparece en ningún lugar de la Constitución ni en la Carta de Derechos.

Probablemente la mayoría de ustedes sabe que la frase proviene de Thomas Jefferson, quien la usó en una carta escrita en 1802 a un grupo de bautistas de Connecticut en Danbury, a unas 25 millas de aquí. A los bautistas de esa época les agradaba Jefferson y en 1800 habían apoyado su elección a la presidencia. Jefferson había encabezado la separación del Estado de la Iglesia Anglicana en Virginia y también fue el autor de los Estatutos para la Libertad Religiosa, adoptados por el poder legislativo de Virginia en 1786. La Primera Enmienda de la Constitución de Estados Unidos, ratificada en 1791, excluyó el establecimiento de una religión oficial a nivel *federal*. Pero no impedía que los *Estados* tuvieran iglesias oficiales, y los bautistas se irritaron porque la Iglesia Congregacional era oficial en Estados como Connecticut, donde la separación del Estado no llegó sino hasta 1818.

Fue así como la Asociación Bautista de Danbury envió lo que entonces se conocía como una "petición" al Presidente Jefferson, en la que al principio afirmaban que sus "sentimientos están uniformemente del lado de la Libertad Religiosa [...]; que ningún hombre debe sufrir en su nombre, persona o bienes debido a sus opiniones religiosas; que el poder legítimo del gobierno civil no se extiende más allá de la capacidad de castigar al hombre que *obra mal con su prójimo*". Pero a pesar de que los bautistas no estaban obligados a contribuir al apoyo económico de la Iglesia Congregacional desde 1729, se quejaron con Jefferson de que aún eran ciudadanos de segunda clase:

> Los privilegios religiosos de que gozamos (como minoría del Estado) los gozamos como favores concedidos y no como derechos inalienables, y los favores que recibimos a costa de dicho reconocimiento degradante son inconsistentes con los derechos de los hombres libres.

Como lo dijo un historiador, "Jefferson vio la petición de Danbury como una oportunidad inesperada, pero bienvenida". Otro dice que la respuesta de Jefferson "estaba probablemente motivada por un pícaro deseo de lanzar una pedrada a la jerarquía federalista congregacionalista de Connecticut, cuyos líderes lo habían denunciado dos años antes como 'infiel' y 'ateo'."

Jefferson recibió en octubre la carta de los bautistas de Danbury, pero pasó los siguientes meses reflexionando acerca de su respuesta, pidiendo consejo tanto a su Fiscal General como a su Director General de Correos. Mientras esperaban la respuesta de Jefferson, un grupo de bautistas de Cheshire, Massachusetts, decidió hacer algo para expresar su admiración por el Presidente Jefferson. Los granjeros de la zona aportaron fondos y ayudaron a hacer un gigantesco queso que pesaba (después de su maduración) 1,235 libras. Una delegación lo transportó a Washington en un carro y lo entregó al Señor Jefferson en la Casa Blanca el día de Año Nuevo de 1802. Me supongo que fue recibido con mayor entusiasmo en enero que si hubiera sido en julio, por ejemplo, cuando por su aroma no lo habrían agradecido tanto.

Sucedió que el 1º de enero fue también el día en que finalmente Jefferson envió su famosa carta a los bautistas de Danburty. La oración clave en la carta era:

> Contemplo con soberana reverencia este acto de todo el pueblo norteamericano que declaró que su legislatura 'no hará ley alguna por la que adopte una religión como oficial del Estado o se prohíba practicarla libremente', levantando así un muro de separación entre Iglesia y Estado.

En esta carta hay un **par de puntos** que me gustaría abordar. **Primero,** es obvio que "muro de separación" no significaba lo mismo para Jefferson que para la Suprema Corte de Justicia que exhumó la carta y elevó la frase "muro de separación" a rango de principio constitucional 145 años después en el caso *Everson vs la Junta de Educación*. Dos días después de que Jefferson enviara la carta, asistió a los servicios religiosos del domingo que tenían lugar en la Cámara de Representantes de Estados Unidos, donde el ministro bautista que había llevado el queso a la ciudad era el predicador del día. Es más, ¡durante los siete años siguientes continuó asistiendo a los servicios en la Cámara baja casi cada domingo!

Segundo, después de todos los esfuerzos de los bautistas de Danbury para obtener la carta de Jefferson, cuando finalmente llegó, la leyeron y rápidamente la metieron en un cajón sin utilizarla. Después de esto, durante muchos años se desconoció su existencia. Por mucho que los bautistas de Danbury favorecieran la separación del Estado y por mucho que creyeran en la libertad religiosa, la noción de "muro de separación" entre iglesia y Estado, en los albores del siglo XIX, era excesivamente radical para ellos, como para la mayoría de la gente.

Tercero, en la carta de Jefferson hay otra parte menos conocida, que expresa un sentimiento con el que todos estaban de acuerdo cuando se fundó la nación y que yace en el corazón del concepto norteamericano de libertad religiosa. Inmediatamente después de emplear la frase "muro de separación", Jefferson llama a las cláusulas sobre la religión de la Primera Enmienda una "expresión de la voluntad suprema de la nación en beneficio de los **derechos de conciencia**".

Ciertamente, las cláusulas sobre la religión se comprenden mejor como una expresión de la obligación del gobierno de respetar los derechos de conciencia. Tener una iglesia oficial a menudo significaba verse forzado a proporcionar apoyo económico o de otro tipo a una fe con la que algunos no estaban de acuerdo, lo cual constituye una violación a su conciencia individual. Y permitir el "libre ejercicio de la religión" sin la interferencia del Estado, significaba honrar al componente más importante del derecho de conciencia: el derecho a decidir cómo reconocer y adorar a Dios, e incluso a no hacerlo.

El mismo Jefferson había redactado 20 años antes el documento que enunciaba este principio cuando realizó el anteproyecto de los Estatutos para la Libertad de Religión en Virginia. Empieza así: "Por cuanto Dios Todopoderoso creó la mente para que sea libre, todos los intentos de influir en ella, ya sea por medio de castigos o penas temporales o por incapacitación civil, tienden sólo a engendrar hábitos de hipocresía y perfidia". Obligar a un hombre a dar contribuciones para la propagación de "opiniones en las cuales no cree, es un pecado y una tiranía", continúa. Y finalmente, "los derechos aquí consignados son los derechos naturales de la humanidad". Los Estatutos de Virginia siguen formando parte de la constitución moderna de Virginia y a lo largo de los años fueron copiados por muchos otros Estados.

Durante los primeros años de la república, los católicos en Estados Unidos eran relativamente pocos y la mayoría de ellos se encontraban en Maryland. Para 1814 había solo cerca de 2,000 católicos en toda Nueva Inglaterra. En 1830, aquí en Bridgeport, había exactamente 17 católicos.

Pero para los años 1850, con las oleadas de inmigrantes irlandeses y alemanes llegaron católicos por millones, lo cual provocó una intensa reacción nativista. A mediados del siglo XIX, los nativistas se congregaron en torno al Partido Know-Nothing, que estaba más interesado en privar de sus derechos a los católicos que en honrar la tradición de libertad religiosa tan preciada para los fundadores.

Pronto estos inmigrantes católicos descubrieron que a veces tendrían que luchar por el respeto a los derechos de conciencia religiosa. Las que hoy llamamos escuelas "públicas" se conocían entonces como escuelas "comunes", porque entre otros temas enseñaban la religión "común": una especie de Protestantismo de mínimo común denominador. Cuando los padres católicos objetaron el uso obligatorio de la Biblia del Rey Jaime y de libros de texto que denigraban a los "papistas", fueron desairados. Y cuando los católicos pidieron una parte del dinero de los impuestos destinado a las escuelas comunes para que pudieran abrir sus propias escuelas, se redescubrió repentinamente la noción de "separación de la iglesia y el Estado" y se convirtió en una forma muy en boga de negar financiamiento a escuelas "sectarias", refiriéndose evidentemente a las escuelas católicas.

Así, desde mediados del Siglo XIX, los católicos en Estados Unidos tuvieron un gran interés personal por la libertad religiosa y especialmente por los derechos de conciencia. Renunciamos a la lucha por obtener una porción del financiamiento de los contribuyentes para las escuelas y simplemente las construimos y las financiamos nosotros mismos. La primera escuela católica en Bridgeport abrió sus puertas en una casa privada en 1851 con 25 estudiantes. Con el tiempo, se construirían escuelas católicas en cada rincón de este y muchos otros Estados. A menudo fueron construidas por católicos inmigrantes pobres que contribuyeron con mano de obra debido a que no podían aportar dinero. Y muy a menudo, la construcción de las escuelas católicas fue solo el primer obstáculo. Durante los años 1920, cuando el renaciente Ku Klux Klan persuadió al poder legislativo en Oregon de que promulgara una ley que prohibiera de hecho las escuelas católicas, los Caballeros de Colón entablaron un juicio y llevaron el caso hasta la Suprema Corte de Estados Unidos, donde lo ganamos.

A lo largo de los años, la visión norteamericana de los derechos humanos, incorporada a nuestra Constitución, se ha convertido en un modelo para el reconocimiento de dichos derechos en todos lados. En 1948, la Asamblea General de las Naciones Unidas adoptó la Declaración Universal de Derechos Humanos que, en su Artículo 18 que dice:

> Toda persona tiene derecho a la libertad de pensamiento, de conciencia y de religión; este derecho incluye la libertad de cambiar de religión o de creencia, así como la libertad de manifestar su religión o su creencia, individual y colectivamente, tanto en público como en privado, por la enseñanza, la práctica, el culto y la observancia.

Cuando en 1995 el Papa Juan Pablo II se dirigió a la Asamblea General de las Naciones Unidas, dijo que la Declaración "continúa siendo en nuestro tiempo una de las más altas expresiones de la conciencia humana". Hoy, 60 años después de la adopción de la Declaración Universal de los Derechos Humanos y 216 años después de la ratificación de la Primera Enmienda de la Constitución de Estados Unidos, los derechos de conciencia son atacados una vez más, ahora al servicio del aborto y de los grupos de presión por los derechos gay.

En Connecticut existen 30 hospitales con unidades de cuidado intensivo, y sólo cuatro de ellos son hospitales católicos. Pero los grupos de presión a favor del aborto sencillamente no están dispuestos a tolerar el hecho de que en estos cuatro hospitales la conciencia —una conciencia católica— no les permite administrar fármacos abortivos a pacientes cuando el resultado pueda ser la muerte de un ser humano embrionario. Y la semana pasada, aunque parezca increíble, la cámara alta votó para forzar a los hospitales católicos a violar una enseñanza católica fundamental.[2]

Los senadores que votaron para forzar a los hospitales a violar la fe católica o no entienden los requisitos de la Primera Enmienda mejor que los estudiantes de nivel medio superior de la encuesta de 2004, o simplemente no les importa que, en la "Primera Libertad", la Constitución proteja un derecho fundamental de conciencia. Y los legisladores católicos que se unen a este ataque al derecho de conciencia religiosa harían bien en meditar cuidadosamente estas palabras del Papa Benedicto XVI, publicadas hace un mes en *Sacramentum Caritatis*:

> El culto agradable a Dios nunca es un acto meramente privado, sin consecuencias en nuestras relaciones sociales...pero tiene una importancia particular para quienes, por la posición social o política que ocupan, han de tomar decisiones sobre valores fundamentales, como el respeto y la defensa de la vida humana, desde su concepción hasta su fin natural, la familia fundada en el matrimonio entre hombre y mujer, la libertad de educación de los hijos y la promoción del bien común en todas sus formas. Estos valores no son negociables. Así pues, los políticos y los legisladores católicos, conscientes de su grave responsabilidad social, deben sentirse particularmente interpelados por su conciencia, rectamente formada, para presentar y apoyar leyes inspiradas en los valores fundados en la naturaleza humana.

Claro que hay católicos pro aborto que argumentarán que *su* derecho de conciencia les concede el derecho de *oponerse* a las enseñanzas de la Iglesia. Después de todo, el Catecismo de la Iglesia Católica dice claramente que el "hombre tiene el derecho de actuar en conciencia". Pero también dice que "hay que formar la conciencia y esclarecer el juicio moral" y que

---

[2] En Estados Unidos de Norteamérica, el poder legislativo en cada Estado de la Unión es bicamaral. El discurso se refiere al Senado del Estado de Connecticut. N del E.

"en la formación de la conciencia, la Palabra de Dios es la luz de nuestro caminar".

El derecho de conciencia no es simplemente un asunto de creencia sincera o firme convicción. Una conciencia bien formada es crucial y tenemos que trabajar en ello. El Catecismo señala que cuando el hombre "no se preocupa por buscar la verdad y el bien y, poco a poco, por el hábito del pecado, la conciencia se queda casi ciega", entonces, "la persona es culpable del mal que comete". En otras palabras, no es pretexto la falta de preocupación por la diferencia entre el bien del mal.Tampoco lo es el autoengaño.

Esto es especialmente crítico cuando la persona que juzga posee la capacidad de ejercer el poder coercitivo del Estado para forzar a otro a violar su conciencia. Esta semana, el senado votó para ejercer el poder coercitivo del Estado para forzar a los hospitales católicos a violar la enseñanza católica. Eso es insostenible e imperdonable.

Los hospitales católicos de Connecticut eran, como muchas otras instituciones católicas aquí, producto de enormes sacrificios de los fieles que nos precedieron. En los primeros años del siglo XX, las Hermanas de la Caridad de Santa Elizabeth, quienes ya manejaban hospitales, escuelas y orfelinatos en otros Estados, aceptaron ayudar a levantar el Hospital San Raphael en New Haven. Aunque los católicos locales se las arreglaron para recaudar $23,000 dólares para adquirir una gran casa en Chapel Street, se necesitaban al menos $100,000 dólares más para convertirla en hospital. Las hermanas hipotecaron su propio convento para recaudar dinero. Consideraban que si conservaban el título de propiedad y tenían el control financiero, nunca se verían obligadas a comprometer su misión. Durante el primer año, cuatro monjas que llegaron a New Haven para poner en funcionamiento el hospital dormían en el ático, que era muy frío en invierno e insoportablemente caliente en verano. En St. Vincent, aquí en Bridgeport, hicieron sacrificios similares, y también en St. Frances en Hartford y en St. Mary en Waterbury.

Pues bien, los católicos de hoy somos los guardianes de este maravilloso legado de sacrificio y devoción. Los que construyeron los hospitales católicos, las iglesias y las escuelas de nuestro Estado vivían su fe de manera real y concreta. Su amor por los demás, reflejado en su vida de caridad y sacrificio, nunca recibirán toda la recompensa que merecen. Pero como agradecimiento podemos hacer una cosa: poner todo de nuestra parte para proteger el legado que nos dejaron y al mismo tiempo proteger la Primera Libertad, que es el legado más preciado de los fundadores de nuestra nación. Debemos recordar a todos cuán importantes son realmente los derechos fundamentales de la libertad religiosa y la libertad de conciencia.

La Eucaristía que esta mañana celebramos juntos es un sacramento de unidad, un suceso cósmico en el que nos unimos con Dios y nos unimos unos con otros en una representación del sacrificio que sobrepasó a todos los demás.

En la Exhortación Apostólica *Sacramentum Caritatis* o *Sacramento del Amor,* el Papa Benedicto XVI declaró que "La misión primera y fundamental que recibimos de los santos Misterios que celebramos es la de dar testimonio con nuestra vida". Entonces hoy, cuando salgamos de aquí, demos testimonio de la fe que nos llama a amar a todo ser humano, especialmente a los más pequeños y a los más necesitados. Y convenzamos a los legisladores de este Estado de la seriedad con la que asumimos nuestra obligación de amar —y proteger— a estos pequeños. Oremos por los que han votado o votarán para intentar forzarnos a darle la espalda a esta nueva vida. Tomemos la decisión de lograr que en Connecticut, en Estados Unidos y en todo el mundo, se honre nuestro derecho de conciencia otorgado por Dios.

La vida pública, la libertad religiosa y la vocación de los laicos

Charles J. Chaput, O.F.M. Cap.
Arzobispo de Filadelfia

Quiero comenzar agradeciendo a los organizadores del Simposio Internacional "Voces: el Estado laico y la libertad religiosa" por haber tenido la valentía de realizarlo. Serví por dos periodos como miembro de la Comisión de los Estados Unidos sobre la Libertad Religiosa. El congreso de mi país creó esta comisión en el año 1998. Existe por mandato de ley para promover la libertad religiosa en el mundo como un derecho humano básico.

Durante mi servicio en la Comisión me di cuenta de tres cosas: primero, que la mayoría de los países afirma respetar la libertad religiosa. Segundo, que muchos de esos países mienten al decir que respetan la libertad religiosa. De hecho algunos restringen la libertad religiosa y otros no la ven como un asunto importante. Tercero, que a menos que ciudadanos laicos ordinarios luchen vigorosamente y sin excusas en la vida pública para defender la libertad religiosa, ésta se perderá.

La política es la arena en la cual se da la lucha entre la verdad y la mentira, la justicia y la injusticia. En ningún país la política será honesta y su gobierno jamás servirá a las necesidades de su pueblo, a menos que integre las convicciones más profundas de los ciudadanos de su país en el debate público. En cualquier nación, pero de manera especial en una nación de católicos, las personas católicas tienen la tarea de hacer presentes sus creencias en cada problema social, económico y político que enfrente el país. Esto no es un privilegio por ser católico, es un derecho. Es una exigencia del Evangelio. Por supuesto, debemos hacerlo respetando a las otras personas y sus derechos. Siempre debemos tratar a los demás con caridad, justicia y prudencia. Pero ese respeto, caridad y justicia no deben ser la excusa para quedarnos callados.

Si vivimos nuestra fe solamente en nuestras prácticas privadas y no la vivimos en nuestras acciones públicas, incluyendo la participación política, estaremos viviendo una mentira. Nos estaremos engañando a nosotros mismos, porque si no tenemos el celo y el coraje de dar testimonio de nuestra fe, es porque no nos la tomamos en serio. Y al hacerlo no sólo nos engañamos a nosotros mismos, sino que engañamos a nuestros compatriotas. El mejor regalo que le podemos hacer a nuestra democracia es el testimonio público de nuestras convicciones. La democracia depende en gran medida de un debate honesto, franco y público de ideas. Si mantenemos nuestras creencias morales y religiosas al margen del debate político de nuestro país, debido a un malentendido afán por mostrar buenos modales, no estamos siendo educados, al contrario, le estamos robando al país una oportunidad de conversación pública.

Quiero compartir tres ideas: la naturaleza del Estado, la naturaleza de la fe cristiana y la naturaleza de la vocación laica. Pero antes de hacerlo, debo hacer dos importantes advertencias acerca de mi persona.

Mi primera advertencia es la siguiente: *amo a mi país*. Pertenezco a la tribu Potawatomi por parte de mi madre. Estoy muy orgulloso de ello. Y porque estoy orgulloso de ser indio, estoy también consciente de los muchos errores y pecados en la historia de los Estados Unidos. Pecados en contra de los indios norteamericanos, pero también en contra de otros países, incluyendo los de América Latina. Pero también estoy consciente de la gran generosidad y bondad de mi país y de las muchas virtudes de sus instituciones políticas. De eso también me siento muy orgulloso.

Mis reflexiones se enmarcan en mi vida como Obispo católico de Estados Unidos. Las historias de Estados Unidos y América Latina tienen muchas diferencias en su cultura, idioma, religión, política y leyes. Estas diferencias son importantes. Sin embargo, también creo en la verdad que está en el corazón de la *Exhortación Apostólica Iglesia en América*: somos un continente, una Iglesia y una comunidad de creyentes en el Señor Jesucristo. Éstas no son tan sólo palabras bonitas para mí. Tuve la fortuna de servir como delegado nombrado por su Santidad el Papa Juan Pablo II al Sínodo de América en 1997 y lo que aprendí de esa experiencia es lo siguiente: el Evangelio de Jesucristo no tendrá futuro en el continente americano, a menos que ese futuro sea compartido y sufrido por todos nosotros juntos, como una misma familia de fe. La unidad que nace de nuestro bautismo es más profunda y más fuerte que cualquiera de nuestras diferencias. Sin embargo, repito, mis palabras están marcadas por mi realidad como obispo católico de Estados Unidos. Así que, por favor, tomen de mis palabras aquello que les sirva e ignoren el resto.

Como segunda advertencia debo apuntar lo siguiente: *Ni los obispos, ni los sacerdotes, ni los diáconos, pueden hacer el trabajo que corresponde a los laicos.* Creo en esto profundamente. Mi labor como obispo es ser un buen pastor. En otras palabras, ser guía para los fieles de mi iglesia local. La palabra pastor viene del latín *"pascere"*, que significa alimentar. Mi labor principal como obispo es alimentar, es decir, enseñar la fe, proclamar el Evangelio, motivar y consolar a mi pueblo, corregirlo cuando sea necesario y gobernar la vida interna de la Iglesia con amor y justicia.

Puede ser que existan muchos momentos en los que un obispo, o grupo de obispos, tenga que hablar públicamente sobre las consecuencias morales de algunos asuntos públicos. Pero el principal liderazgo de la Iglesia Católica en la sociedad, es decir, en la vida política, económica y social de una nación, tiene que ser llevado a cabo por los fieles laicos católicos. La palabra clave aquí es *fieles,* y no quiero que la perdamos de vista. Tenemos que formar a líderes laicos católicos que conozcan y amen las enseñanzas de la Iglesia, que den testimonio de esas enseñanzas en sus vidas privadas, pero también en su servicio público. Cuando existen esos líderes laicos, estos apóstoles laicos, el clero no puede, ni debe, interferir con el liderazgo que les corresponde por derecho bautismal, por vocación.

Una vez mencionadas estas advertencias, permítanme entonces desarrollar los tres puntos que mencioné al principio: la naturaleza del Estado, la naturaleza de la fe cristiana y la naturaleza de la vocación laica.

Comencemos con el primero de ellos: *la naturaleza del Estado*. Dije hace un momento que amo a mi país. Estoy consciente que todos amamos a nuestros países. Para los cristianos el patriotismo es una virtud. Amar las mejores cualidades de nuestra patria es algo noble. Esta es la razón por la cual el servicio militar y el servicio público no son sólo vocaciones socialmente positivas, sino que incluso podemos afirmar que son buenas y honorables.

Comenzando con el Nuevo Testamento y siguiendo con los documentos del Concilio Vaticano Segundo, los cristianos siempre hemos creído que la autoridad civil tiene el derecho de autonomía, separado de la autoridad sagrada. Incluso en aquellos países donde la Iglesia y el Estado han permanecido históricamente ligados, las leyes seculares nunca han estado del todo subordinadas al liderazgo religioso. Esta es una diferencia principal entre el pensamiento político cristiano y el musulmán.

El filósofo Remi Brague escribió en, *La ley de Dios: la historia filosófica de una idea*, acerca de estas dos religiones mundiales:

> En el campo político, éste no se alcanzó de la misma manera. El Cristianismo ganó su lugar en el mundo antiguo incluso en contra del poder político del Imperio Romano, el cual persiguió a los cristianos por casi tres siglos antes de adoptar la religión Cristiana. Por el contrario, el Islam, después de un período pequeño de luchas, triunfó estando su fundador todavía con vida. Después de eso, conquistó, por medio de la guerra, el derecho a operar en paz, e incluso el derecho a dictar las condiciones de supervivencia a los adeptos de las otras religiones del libro sagrado. En términos modernos, podemos decir que el Cristianismo conquistó al Estado a través de la sociedad civil; el Islam, por el contrario, conquistó a la sociedad civil a través del Estado.

De hecho, Brague afirma que "desde sus inicios, el cristianismo se situó aparte del mundo político, y sus textos fundacionales dan testimonio de cierta desconfianza en las cosas políticas".

De acuerdo al pensamiento cristiano, los creyentes deben respeto y obediencia a las leyes civiles en todo aquello que no viole gravemente la ley moral. Cuando Jesús dijo a los fariseos y a los herodianos que "den al César lo que es del César y a Dios lo que es de Dios", reconocía que el César tiene derechos. Por supuesto que dejó muy en claro que el César no es dios y que el César no tiene derechos sobre las cosas que pertenecen a Dios.

Para decirlo en términos modernos: el Estado no es Dios. No es inmortal. No es infalible. Ni siquiera es sinónimo de sociedad civil, la cual es mucho más grande, más diversa y más rica en relaciones humanas que cualquier partido político o burocracia gubernamental. A final de cuentas, todo aquello que es importante para la vida humana pertenece a Dios y no al César: nuestro intelecto, nuestros talentos, nuestra libre voluntad, las personas que amamos, la belleza y bondad del mundo, nuestro espíritu, nuestra integridad moral, nuestra esperanza de vida eterna. Estas son las cosas que verdaderamente importan. Estas son las cosas por las cuales vale la pena luchar. Y ninguna de ellas viene del Estado.

Como consecuencia, la virtud más importante que los líderes políticos modernos deben aprender y que los ciudadanos católicos deben ayudarles a aprender, exigiéndoselo, es la modestia. Modestia de apetito y modestia en el ejercicio del poder. La soberanía del Estado es un buen principio, pero cada Estado está atado a verdades más grandes que nos unen a todos. Estas verdades son representadas no sólo por el cristianismo y el judaísmo, sino también por la Declaración Universal de los Derechos Humanos, la cual establece el derecho que tiene cada ser humano a la libertad de creencia, a la libertad de practicar la religión que prefiera, a la libertad de enseñanza religiosa y expresión pública de ésta, a la libertad de reunirse pacíficamente, a la libertad de compartir información e ideas a través de los medios de comunicación; y también el derecho a tomar parte activa en el gobierno de su país (ver artículos 18-21). Cualquier Estado que interfiera con estos derechos básicos pone en duda su propia legitimidad como Estado.

Mi segundo punto es el siguiente: *la naturaleza de la fe cristiana*. Los católicos creemos que cada vida humana tiene un significado único e interrelacionado. Fuimos hechos por Dios para ser amados y para amar a los demás. Por eso estamos aquí, ése es nuestro propósito, es el sentido de nuestra vida. Pero esta afirmación tiene consecuencias muy prácticas, incluso consecuencias políticas. Para los cristianos el amor no es simplemente una emoción. El verdadero amor es un acto de la voluntad, una decisión sostenida que se demuestra no sólo por lo que decimos o sentimos, sino por lo que hacemos por el bien de los demás.

Desde el momento en que Dios creó los seres humanos y garantizó nuestra dignidad llamándose nuestro Padre, tenemos obligaciones familiares los unos con los otros. Esto se aplica de manera especial al interior de la iglesia, pero se extiende al mundo entero. Significa que nuestra fe, además de tener consecuencias personales, tiene consecuencias sociales. Y esas consecuencias sociales incluyen la dimensión cívica de nuestra vida compartida, dicho en otras palabras, nuestra vida política.

La fe católica, la fe católica genuina, es siempre un asunto personal, pero nunca un asunto privado. En el decálogo, los primeros tres mandamientos gobiernan nuestra relación con Dios, pero los siguientes siete describen nuestras obligaciones con los demás. La carta de Santiago nos advierte que una fe sin obras es una fe muerta (2,17), y nos pide que seamos aquellos que ponen en práctica la palabra y no nos contentemos con oírla (1,22). El Evangelio de San Juan nos dice que conoceremos la verdad y la verdad nos hará libres (8,32); no dice que la verdad nos dará comodidad ni nos ganará respeto, sino que nos hará libres, libres en el sentido real de la palabra, es decir, capaces de ver lo que es correcto.

Esa libertad cristiana debe ser usada para el servicio de los demás. El trabajar por la defensa de la santidad de las personas humanas y la dignidad de la familia humana es una obligación que nace de nuestra libertad cristiana. San Agustín escribió que un Estado que no es gobernado por la justicia no es más que una pandilla de ladrones. Por eso es que, en la búsqueda de la justicia, el católico se involucra en el mundo político. Lo hace porque, como dice el Papa Benedicto XVI en su encíclica *Deus Caritas Est*: "la justicia es la aspiración y el criterio intrínseco de toda política". De hecho, el orden justo de la sociedad y del Estado "es la responsabilidad central de la política".

El Reino de Dios no es de este mundo. No hay nada que podamos hacer para cambiar eso. Pero Jesús nunca nos absolvió de sufrir y sanar el mal del mundo. Jesús nunca nos eximió de la solidaridad con los pobres, los hambrientos, los niños nonatos, los inmigrantes, las familias separadas y las personas discapacitadas que sufren las consecuencias de naciones y sociedades egoístas.

La Iglesia no puede quedarse callada en la vida pública y ser fiel a Jesucristo al mismo tiempo. La Iglesia tiene que ser la semilla de mostaza en el ambiente político, transformando cada fibra de la vida política, económica y social. Debemos siempre recordar este hecho fundamental de la democracia: *el trabajo respetuoso y firme en la formación de las conciencias públicas no viola la libertad de nadie.* Dar testimonio activo de nuestras convicciones y promover lo que creemos sobre asuntos morales clave en el ambiente público no es coerción. Es honestidad. Es decir la verdad. Es vital para la salud de la democracia. Y es también una obligación, no sólo de nuestra fe católica, sino de nuestra ciudadanía.

Mi tercer y último punto es el siguiente: *la naturaleza de la vocación laica*. En mayo del año 2009, hablando a una convención de la diócesis de Roma, el Papa Benedicto XVI hizo un comentario que muchos pasaron por alto. Dijo que la Iglesia necesita "cambiar la mentalidad, particularmente en lo que se refiere a los laicos. Ellos no deben ser más vistos como colaboradores del clero, sino ser verdaderamente reconocidos como corresponsables del ser y hacer de la Iglesia, por lo tanto urge promover un laicado maduro y comprometido".

Los cristianos estamos en el mundo, pero no somos del mundo. Pertenecemos a Dios y nuestra patria es el cielo. Pero estamos aquí por una razón, para cambiar el mundo, por el bien del mundo, en el nombre de Jesucristo. Esta labor es de cada uno de nosotros y nadie la hará por nosotros. Y la idea de creer que esto se logrará sin involucrar las leyes, las estructuras, las políticas públicas, los malos hábitos y las causas más profundas que sostienen la injusticia en nuestros países, es una falsa ilusión.

Los laicos no son discípulos de segunda clase en esta tarea. De hecho no hay miembros de segunda clase en el cuerpo de Cristo. No existe una creatura que se pueda llamar cristiano de segunda clase. El bautismo es un sacramento de redención, pero también un sacramento de equidad en el amor de Dios. Los laicos tienen *exactamente la misma dignidad* que los clérigos y religiosos, y este momento de nuestra historia clama de manera urgente por laicos maduros, inteligentes, celosos y fieles a la Iglesia.

Los sacerdotes y los obispos no pueden hacer el trabajo que corresponde a los laicos. Eso no es lo que Cristo nos ha llamado a hacer. Eso no es lo que la Iglesia nos ha formado para hacer. Nuestra tarea es llevar a Jesucristo al mundo y llevar el mundo a Jesucristo. Corresponde a las mujeres y hombres laicos que han escuchado la palabra de Dios, y que aman a la Iglesia por la verdad que enseña, dar testimonio católico en la sociedad, cambiarla y santificarla en el nombre de Cristo.

Cada vida cristiana, cada decisión que tomamos en la vida cristiana, es un asunto de eternidad. Los laicos, no el clero, tienen la tarea de evangelizar el mundo secular y sólo los laicos pueden hacerlo como Dios quiere que se haga.

Por eso digo a los laicos que nunca se avergüencen de su bautismo. Nunca tengan miedo de las consecuencias de su fe. Siéntanse orgullosos de su identidad católica porque grande es la bendición que este mandato representa. Pónganla en práctica. Compártanla con los demás. Más que ningún otro país en el hemisferio, México y su suelo han sido santificados por la sangre de mártires. Todos los católicos de América, del sur y del norte, debemos honrar ese pasado. Debemos encontrar en éste, una vez más, la confianza de vivir y predicar nuestra fe en todo lo que hagamos, sin ofrecerle disculpas a nadie por hacerlo. Así, no tendremos la necesidad de preguntar cómo es eso de la nueva evangelización, lo sabremos porque la estaremos viviendo en nuestra vida diaria.

Índice

	Pág.
PRÓLOGO	XI
INTRODUCCIÓN	XV

Los fundamentos

Fundamentos de la libertad religiosa	3
JORGE E. TRASLOSHEROS	
El fenómeno religioso	4
La libertad religiosa, ¿concesión o derecho?	7
El debate de laicismo vs laicidad y el papel del Estado	8
Algunas reflexiones finales	11
La libertad de creencias y el teorema dinámico fundamental de una sociedad democrática	13
FERNANDO PLIEGO CARRASCO	
Introducción	13
La importancia del teorema dinámico fundamental en las sociedades democráticas	14
La libertad de creencias y el teorema fundamental de una sociedad democrática	16
Casos importantes de conflicto entre moral individual y normas democráticas	20
El fundamentalismo religioso	20
El déficit normativo de las instituciones democráticas	21
La privatización de las creencias personales o laicismo antirreligioso	21
El caso de México: los conflictos de la doble moral	23
Los problemas para construir la democracia y el bien común en México	24
La relación entre moral individual y responsabilidades públicas en el proyecto de nación	27
Conclusión	32

Fundamentos filosóficos y antropológicos del derecho humano a la libertad
religiosa 35
RODRIGO GUERRA LÓPEZ

Introducción. 35
Por una gramática de la acción 37
El significado filosófico de la Declaración sobre libertad religiosa del
Concilio Vaticano II 40
Las evidencias elementales 43

La libertad religiosa frente al derecho internacional y mexicano

La libertad religiosa y su protección jurídica en el ámbito internacional 47
JORGE ADAME GODDARD

Introducción. 47
Qué es la libertad religiosa. 48
La protección jurídica internacional de la libertad religiosa 52
Convenio de Ginebra relativo al trato de los prisioneros de guerra
(Ginebra, 1949). 52
Régimen del Pacto Internacional de Derechos Civiles y Políticos. 53
El Pacto de derechos sociales, económicos y culturales (Nueva York, 1966) . 57
La Convención Americana sobre Derechos Humanos 57
El Protocolo adicional de la Convención Americana sobre Derechos
humanos, en materia de derechos económicos, sociales y culturales
(«Protocolo de San Salvador», San Salvador, 1988) 59
La Convención sobre los Derechos del Niño (Nueva York, 1989) 59
La Convención Internacional sobre Protección de los Derechos de todos
los Trabajadores Migratorios y sus familiares (Nueva York, 1990) 59
La Declaración sobre la eliminación de todas las formas de intolerancia y
discriminación fundadas en la religión o en las convicciones (Asamblea
de la ONU, 25 de noviembre de 1981) 60
Evaluación del régimen internacional de la libertad religiosa. 61

Los principios fundamentales de la Constitución mexicana en materia religiosa
y la cultura del derecho de libertad religiosa 65
RAÚL GONZÁLEZ SCHMAL

1a parte

Preámbulo. 65
El principio de la separación del Estado y las iglesias. 68
El principio de la libertad religiosa 71
Las asociaciones religiosas. 73

Los actos de culto público 74
Los ministros de culto 75
Un nuevo modelo de Estado laico 78

2a parte

Hacia una cultura del derecho de libertad religiosa. 79
    La naturaleza humana como sustento de la cultura de libertad religiosa. . . 81
    Creyentes y no creyentes... 83
    El pluralismo religioso 85
    El principio ético de la solidaridad en el ámbito religioso 87

Voces desde América Latina

La libertad religiosa en Colombia. Balance parcial y algunas oportunidades de cambio.. 93
SERGIO GONZÁLEZ SANDOVAL

    Introducción.. 93
    Breve reseña histórica de la evolución constitucional del Derecho de Libertad religiosa en Colombia 93
    La libertad religiosa en la actual Constitución Política de Colombia 95
    Relación entre la Constitución y los diversos tratados y convenios internacionales.. 96
    Desarrollo legislativo del principio constitucional..................... 97
    Desarrollo administrativo de la libertad religiosa..................... 98
    Desarrollo Jurisprudencial.. 100
    Oportunidades de cambio 101
    Necesidad de mayor divulgación del derecho 102
    Hacia un derecho eclesiástico 103
    Visibilización del derecho de libertad religiosa en medio del conflicto.... 104

Secularización, laicidad y libertad religiosa en Chile..................... 107
JORGE PRECHT PIZARRO

    Secularización 107
    Laicismo 109
    Libertad religiosa 112
    Conclusión 118

Desafíos para la Libertad Religiosa en Argentina 121
OCTAVIO LO PRETE

    La religión en la cultura de los argentinos 121
    ¿Necesidad de una reforma constitucional?......................... 124
    Necesidad de una ley de libertad religiosa 128

Otros desafíos 131
A modo de conclusión 132

La libertad religiosa en América del Sur. Actualidad y desafíos 135
JUAN G. NAVARRO FLORIA
Oír las voces de la libertad religiosa: laicismo o pluralismo 136
La multiplicación de las voces: ¿a quién debemos escuchar? 138
El problema de los límites 141
El despertar de las voces dormidas 143
Las voces de la conciencia 146
La necesidad de un fortalecimiento del sistema interamericano 148
Reflexión final 149

Voces desde América del Norte

Bosquejo de una libertad religiosa parcialmente aherrojada: Canadá 153
ERNEST CAPARROS
Introducción 153
Québec: de la protección constitucional de las religiones cristianas a su sustitución por una "religión de estado" amorfa y relativista, impuesta totalitariamente. 157
    Las etapas legislativas 157
La batalla para "amputar" la conciencia de médicos y personal sanitario .. 167
Conclusión 172

Libertad religiosa, democracia estable y seguridad internacional 175
THOMAS F. FARR
Un concepto amplio de la libertad religiosa 178
El argumento a favor de la libertad religiosa internacional y la seguridad internacional. 180
Conclusión 184

Voces en el debate global

Religión, libertad religiosa y derechos humanos: Integración, colaboración o conflicto? 189
PAOLO G. CAROZZA

Estado laico y libertad religiosa. Un debate en curso 205
MARY ANN GLENDON

Los modelos y la realidad 207

La difamación de las religiones. ¿El final del pluralismo? 213
L. BENNETT GRAHAM

Historia de una Resolución de las Naciones Unidas 213
Los temas candentes del debate.................................. 217
    El choque de civilizaciones.................................. 217
    Discriminación religiosa 218
    ¿Libertad de expresión contra libertad de religión?................ 218
    La política en la escena..................................... 219
    Tensiones entre musulmanes y judíos.......................... 219
Difamación de las religiones: una solución problemática para un problema real 220
    Cuál se supone que es el objetivo de las leyes tradicionales contra la difamación?.. 220
    Los instrumentos legales existentes 221
    Raza contra religión... 223
    Implementación nacional 225
    ¿Hacia dónde se dirigen las negociaciones?...................... 227
    Entonces, ¿cuál es la solución?................................ 228
Epílogo 230

Acallando la búsqueda de la verdad. Un panorama general de la "Difamación de las Religiones" 231
J. KENNETH BLACKWELL

El Crisol de las Naciones Unidas................................. 233
¿Cuál es el problema?... 234
Instrumentos legales internacionales 236
Así que ¿cuál es la solución?..................................... 237

Tres reflexiones sobre libertad religiosa

Haciéndola bien y haciéndola mal. La libertad religiosa en los Estados Unidos de Norteamérica 241
KEVIN "SEAMUS" HASSON

La primera libertad 247
CARL A. ANDRESON

La vida pública, la libertad religiosa y la vocación de los laicos 255
CHARLES J. CHAPUT, O.F.M. CAP., Arzobispo de Filadelfia

Esta obra se terminó de componer, imprimir y encuadernar
el 15 de junio de 2012 en los talleres
Castellanos Impresión, SA de CV,
Ganaderos 149, col. Granjas Esmeralda,
09810, Iztapalapa, México, DF

La tipografía de este libro se realizó con
fuente Palatino en cuerpo de 10/12 pts.,
y caja de 28 x 45 picas.